Für Rudi als
Ginny an
Stams / Tirol.

Bodo

30.11.18

EINHAND UM DEN ATLANTIK

Guido Dwersteg

DELIUS KLASING VERLAG

Bibliografische Information der Deutschen Nationalbibliothek
Die Deutsche Nationalbibliothek verzeichnet diese Publikation
in der Deutschen Nationalbibliografie; detaillierte bibliografische
Daten sind im Internet über http://dnb.dnb.de abrufbar.

1. Auflage
ISBN 978-3-667-10427-4
© Delius Klasing & Co. KG, Bielefeld

Lektorat: Birgit Radebold, Sigrun Künkele, Petra Krumme
Karte: inch3, Bielefeld
Text und Fotos: Guido Dwersteg
Schutzumschlaggestaltung: Felix Kempf, www.fx68.de
Layout: Axel Gerber
Druck: CPI – Clausen & Bosse, Leck
Printed in Germany 2016

Alle Rechte vorbehalten! Ohne ausdrückliche Erlaubnis
des Verlages darf das Werk weder komplett noch teilweise
reproduziert, übertragen oder kopiert werden, wie z. B.
manuell oder mithilfe elektronischer und mechanischer
Systeme inklusive Fotokopieren, Bandaufzeichnung und
Datenspeicherung.

Delius Klasing Verlag, Siekerwall 21, D – 33602 Bielefeld
Tel.: 0521/559-0, Fax: 0521/559-115
E-Mail: info@delius-klasing.de
www.delius-klasing.de

Inhalt

Prolog 6
Anfänge 8
Weltmeister 19
Der Traum vom Atlantik.................................... 21
Vorbereitung und Co. 24
Deutschland und Holland 29
Die Sache mit dem Schlaf................................. 41
Im Ärmelkanal 44
Master of Desaster...58
Von Le Havre nach Roscoff............................... 61
Dave 82
Über die Biskaya..86
Am Scheideweg.. 103
Bis ans Ende der Welt und darüber hinaus 107
Abschied 122
Portugal 124
Atlantic Kestrel 142
Sechs Tage zu den Kanaren 145
Medizin & Co. 162
Fluchtpunkt Cabo Verde.................................. 163
Fragen... 179
Über den Atlantik 186
Wieder zu Hause 223
Karibik.. 225
Café Sport 236
Rolling home.. 238
Azoren 275
Zurück in die alte Welt 280
Epilog 290
Danksagung 295
Anhang 296

Prolog
Juli 2014, Landerneau/Frankreich

... Ich habe Schmerzen. Vor etwa drei Stunden hat mich ein Krankenwagen von Camaret-sur-Mer ins Hospital nach Landerneau gebracht: ein kleines Vorstadtkrankenhaus mit überaus freundlichem Personal und, zu meiner besonderen Freude, einem perfekt Deutsch sprechenden Arzt namens Nicolas.

Hinter mir liegt eine mehr als einwöchige Leidenszeit. Zunächst dümpelte ich ganze fünf Tage bei Schwachwind bzw. Flaute weit vor der französischen Küste und wusste kaum noch ein und aus. Die letzte wirklich lange Etappe meiner Reise führte mich dabei vom spanischen La Coruña über die Biskaya Richtung Bretagne. Aus den anfangs noch erträglichen Rückenschmerzen waren schon am zweiten Tag krampfartige Dauerbeschwerden im Hintern sowie brennende Gefühlsstörungen im linken Bein geworden. Aber jetzt war ich nun mal unterwegs. Umkehren nach La Coruña hätte keinen Sinn gemacht. Und Hilfe rufen? Na, so schlimm war es dann ja wohl hoffentlich doch nicht.

Unter Zuhilfenahme starker Schmerzmittel und mit möglichst wenig körperlichen Aktivitäten erreichte ich am Vormittag des 22. Juli endlich die kleine Marina von Camaret. »Geschafft! Jetzt erst mal ruhen und regenerieren«, dachte ich mir da noch. Als nach zwei Tagen jedoch immer noch keine Besserung eintrat, suchte ich Hilfe beim hiesigen Dorfarzt. Der Hafenmeister war dabei so nett, mich zu fahren – Gehen war in der Zwischenzeit keine wirkliche Option mehr.

Der Lokalmediziner war, gelinde gesagt, ein totaler Reinfall. Ich muss das leider so deutlich sagen, denn trotz meiner Qualen dauerte die Untersuchung gerade mal geschätzte 30 Sekunden. Danach stand ich mit einem Rezept in der Hand sowie

30 Euro weniger in der Tasche wieder auf der Straße. Der Apotheker von Camaret versorgte mich anschließend mit den verordneten Medikamenten, einfachen Schmerztabletten in einer etwas höheren als der ansonsten üblichen Dosierung. Tags darauf ging dann gar nichts mehr, und ich rief den Krankenwagen.

Nun liege ich in der Notaufnahme von Landerneau. Nicolas – mein neuer, Deutsch sprechender Lieblingsarzt – hat mich umfassend befragt und die verordneten Medikamente erst einmal entsorgt. Eine nette junge Dame nimmt nun die weiteren Untersuchungen vor. Ich hoffe, sie ist nicht besonders empfindlich, denn seit den fünf Tagen auf der Biskaya war ich nur einmal kurz duschen, und das ist jetzt auch schon wieder drei Tage her. Aber meine Sorgen sind unbegründet. Routiniert und robust werde ich von ihr auf den Kopf gestellt. Nur die Befragung nach Ausfällen jeglicher Art (ja, auch der Stuhlgang spielt natürlich eine Rolle) gestaltet sich angesichts meiner doch recht rudimentären Französischkenntnisse etwas holprig.

Eine knappe Stunde später bin ich dann im Paradies. Mit frischem Krankenhausleibchen liege ich in einem Einzelzimmer. Auf dem Tisch vor mir ein dampfender Teller Bohnen mit Kartoffelpüree und durch ein paar Kanülen tropft irgendeine wohltuende Droge in meinen Körper. Ich bin schmerzfrei, seit Tagen das erste Mal. Ich fühle mich wie als Kind nach der samstäglichen Badewanne. Eingewickelt in eine warme Decke, der Stramme Max steht vor mir und gleich geht die Sportschau los. In diesen wohligen Gefühlsbrei aus Geborgenheit und Sicherheit bahnt sich eine weitere Erkenntnis, für die ich vorher noch gar nicht so richtig Platz hatte: Ich habe es geschafft! Ich bin doch tatsächlich allein um den Atlantik gesegelt. Allen Unkenrufen zum Trotz und mit einer nicht gerade klassischen Langfahrtyacht habe ich in den letzten zwei Jahren über 10 000 Seemeilen zurückgelegt. Während ich in den Schlaf gleite, wandern meine Gedanken zurück, weit zurück zu den Anfängen meines großen Abenteuers.

Anfänge
Die Jahre 2008 bis 2009

Der lange Weg zum ersten Segelschein

Das Herz schlägt mir bis zum Hals. Gerade ist der DSV-Prüfer an Bord gekommen. Ein älterer Herr mit grauem Vollbart, der von Beginn an keinen Zweifel daran aufkommen lässt, wer hier heute das Sagen hat. Es ist April 2008 und ich bin 37 Jahre alt.

Während der vergangenen Woche habe ich zusammen mit etwa 20 Gleichgesinnten die Praxisausbildung zum Sportküstenschifferschein (SKS) absolviert. Fünf Tage mit unzähligen Manövern wie Wenden, Halsen, Beiliegen und Boje-über-Bord. Im Jahr zuvor habe ich bereits die Sportbootführerscheine Binnen und See erworben. Aus meinem ursprünglichen Plan, mit einem kleinen Motorboot auf der heimischen Mosel herumzuknattern, ist mittlerweile ein ambitioniertes Vorhaben geworden: Ich will Segler werden, und das als ausgemachter Binnenländer. Die nächste Küste ist von meiner Heimatstadt Koblenz über 300 Kilometer entfernt und mit Wassersport hatte ich bislang nicht wirklich viel am Hut. Einzig zwei Wochenendausflüge auf einem holländischen Plattbodenschiff waren bis dato meine Berührungspunkte mit dem Segeln. Und jetzt sitze ich hier im Cockpit einer Bavaria 37 und bin aufgeregt wie ein Schuljunge vor einer wichtigen Klassenarbeit. Natürlich lasse ich mir davon nichts anmerken – in meinem Alter sollte man die schlimmsten Prüfungsängste ja bereits hinter sich gelassen haben. Dem ist heute aber ganz und gar nicht so, denn die Sache ist mir wirklich wichtig. Ich will diesen blöden Schein haben und möglichst bald als richtiger Skipper lossegeln.

Die theoretische Prüfung ging bereits heute Vormittag über die Bühne und sollte eigentlich hingehauen haben. Aber ein bisschen Restunsicherheit bleibt natürlich immer. Gerade wenn eine

Horde erwachsener Männer mit zu viel Adrenalin im Blut nach der Prüfung aufgeregt durcheinanderschnattert und am Ende zu jeder Prüfungsfrage 20 richtige Antworten kursieren. Schon komisch, wie sich das alles entwickelt hat. Binnen kürzester Zeit bin ich zu so etwas wie einem Segeljunkie geworden, wenn auch erst mal nur auf dem Papier. Seit vergangenem November habe ich einmal pro Woche im Schulungsraum einer Sportbootschule gesessen und meine Nase in nautische Lehrbücher und Seekarten gesteckt. Und dieser wöchentliche Termin hat sich nach und nach tatsächlich zu einem regelrechten Highlight entwickelt. Klar, dass ich es kaum erwarten konnte, endlich meine Füße auf eine richtige Segelyacht zu setzen. Denn auch das habe ich bis zu Beginn dieser Woche noch nie getan.

Um meiner Nervosität keinen weiteren Entfaltungsraum zu geben, melde ich mich spontan als Erster zur Prüfung. Ich stehe sowieso gerade am Ruder, und das gebe ich mittlerweile nur noch ungern aus der Hand. Also los: Maschine an, Crew einweisen und ab geht die Fahrt hinaus aufs holländische IJsselmeer. Die für mich zweifellos aufreibenden, aber ansonsten doch eher undramatischen Prüfungsdetails erspare ich uns an dieser Stelle. Nur so viel sei gesagt: Natürlich schieße ich gleich bei der ersten wirklich relevanten Aufgabe einen Riesenbock. Aber Gott sei Dank gibt es ja immer noch den zweiten Versuch. Und der hat gesessen.

Am Abend herrscht dann endlich Gewissheit: Ich habe bestanden! Du meine Güte, was bin ich stolz. Und natürlich fühle ich mich sogleich als vollwertiger Segler, dem nun alle Türen zu den sieben Weltmeeren weit offenstehen. Aber vielleicht ahnt ihr es schon – das relativierte sich bereits kurze Zeit später.

Erster Törn, erste Katastrophe

Die SKS-Prüfung ist gerade mal sechs Wochen her, und natürlich will ich so schnell wie möglich meine Fähigkeiten als

Skipper unter Beweis stellen. Auch die eine oder andere kritische Frage von meiner Freundin Ruth kann mich davon nicht abbringen. Daher ist schnell ein Boot gechartert, eine Bavaria 30. Schön klein und sicher auch für einen Anfänger wie mich gut zu handeln.

Nach einer unruhigen Nacht in der Marina der Charterbasis machen wir uns am Vormittag des folgenden Tags zur Abfahrt bereit. Ich bin nach wie vor guter Dinge und mache mir nicht wirklich viele Gedanken um das, was in den nächsten Tagen auf uns zukommen wird. Das ändert sich allerdings bereits beim Ablegemanöver, denn das klappt so überhaupt nicht. Merkwürdig, ich war doch bei der SKS-Prüfung so souverän aus der Box gefahren und anschließend sogar noch durch eine Schleuse. Nun treibt uns der Wind quer an den Boxen vorbei und wir verpassen die neben uns liegenden Yachten nur um Haaresbreite. An einem Holzpoller kommen wir schließlich zum Stehen und dank Ruths beherzten Zugreifens gelingt uns dann doch noch die Ausfahrt aus dem Hafen. Seither ist mir der Begriff Hafenkino geläufig, denn binnen kürzester Zeit bildete sich während unseres Ablegedisasters am Steg ein Grüppchen gaffender Wassersportler, die zum Teil lachend oder kopfschüttelnd dem Geschehen folgten. Eine Unart, die ich übrigens bis heute hasse wie die Pest.

Die Schleusendurchfahrt ins IJsselmeer meistern wir trotz zittriger Knie und zweier großer Frachtschiffe in derselben Kammer recht gut. »Das Schlimmste liegt jetzt wohl erst mal hinter uns«, denke ich. Doch nun kommt es erst richtig dicke. Kaum haben wir die Segel gesetzt und etwas Abstand zur Küste gewonnen, wird Ruth zusehends grüner im Gesicht. Es dauert nicht lange und bei ihr geht nichts mehr. Als neue nautische Spitzenkraft denke ich mir: »Zeit für einen Beilieger.« Das ist bei Seekrankheit im Grunde nicht die schlechteste Idee, in der Bucht vor Lemmer mit ihren zahlreichen Untiefen allerdings das Dümmste, was mir einfallen konnte. Es dauert nur etwa zehn Minuten, bis wir so weit abgetrieben sind, dass unsere EOLIENNE den Grund berührt. Schnell versuche ich noch, die Situation mit der Maschine zu retten, was sich allerdings als zwecklos erweist. Denn die im flachen Wasser brechenden Wellen spülen uns immer weiter Richtung Land und schließlich legt sich unser Boot gefährlich auf die Seite. Die Brandungswellen schlagen jetzt über das Deck und ins Cockpit. Für einen endlosen Moment bin ich wie gelähmt.

Nach einigen Sekunden habe ich mich wieder im Griff, springe unter Deck und nehme die Charterunterlagen zur Hand. Darin findet sich der deutliche Hinweis, sich möglichst nicht von einem der vielen privaten Rettungsdienste am IJsselmeer bergen zu lassen. Denn oft würden diese horrende Gebühren für ihren Einsatz verlangen. Erster Ansprechpartner in Seenotfällen sei daher immer die KNRM, die Königliche Niederländische Rettungsmannschaft.

Per Handy alarmiere ich die Rettungsleitstelle in Den Helder und gebe unsere Position durch. Diese verspricht schnelle Hilfe und so beginnt das lange Warten. Unendliche 15 Minuten später erblicken wir in der Ferne ein großes Schlauchboot, das mit hoher Geschwindigkeit auf uns zuhält. Endlich, Hilfe naht. Im Schlauchboot sitzen zwei Männer in Überlebensanzügen, die ihr Boot nun längsseits bringen und gleich eine Leine übergeben wollen. Wie zuvor gelesen, frage ich, ob die Helfer von der KNRM seien. Der Mann mit der Leine antwortet nur ausweichend und versucht erneut, mir das Seil zuzuwerfen. Noch einmal frage ich, woher die Retter kommen. Dem Helfer missfällt meine Fragerei ganz offensichtlich. Er bespricht sich kurz mit seinem Kollegen und verneint dann meine Frage. Sie wären vielmehr ein privater Trupp aus Enkhuizen. Offenbar haben die beiden den Funkspruch der Leitstelle in Den Helder mitgehört und sich gleich auf die Socken gemacht. Folglich lehne ich die Annahme der Bergeleine ab. Weitere endlose Minuten des Wartens vergehen. Etwa zehn Minuten später taucht ein weiteres Schnellboot auf. Dieses Mal können wir schon von Weitem erkennen, dass es sich um die KNRM handelt. Der private Hilfsdienst macht sich daraufhin vom Acker.

Die Retter der KNRM machen dann schnell Schluss mit dem Punk. Sie erkundigen sich kurz nach der Anzahl der Personen an Bord und ob jemand verletzt sei. Anschließend wird mir eine Schleppleine zugeworfen, die ich an Bord befestige. Mit den beiden 150-PS-Außenbordern ist es für die Seenotretter ein Leichtes, uns freizuschleppen. Leider wird dabei ein Stück der vorderen Fußreling abgerissen, aber das ist mir ehrlich gesagt gerade so was von egal. Zurück im tiefen Wasser starte ich die Maschine und teste, ob es Schäden am Saildrive oder Ruder gibt. Alles scheint in Ordnung zu sein und auch der Kiel ist wohl noch dran. Wir bedanken uns von Herzen bei den netten, kompetenten Helfern, deren Dienste übrigens völlig kostenlos sind. Lediglich nach einer Spende wird gefragt. Dem komme ich natürlich gern nach.

Unter Maschine und mit eingezogenem Schwanz fahren wir zurück zur Charterbasis, wo uns der Basisleiter schon am Steg erwartet. Offenbar hat der auch schon von unserem Malheur gehört. Wir machen die Leinen fest und schnaufen erst einmal durch. Was für ein Tag. So hatte ich mir das nun wirklich nicht vorgestellt. War ich doch der Meinung, mit meinem frisch erworbenen SKS ausreichend zum Führen einer Yacht gerüstet zu sein. Aber das war ganz offensichtlich ein Irrtum. Aufgeben kommt jedoch auch nicht infrage. Als sich der Vercharterer erkundigt, ob wir nun genug haben, verneine ich sofort und kündige vollmundig für den nächsten Tag unser erneutes Auslaufen an. Die Gesichter von Ruth und dem Vermieter werden daraufhin ein kleines Stückchen länger.

Der Rest des Törns verläuft besser. Zwar sind insbesondere die Hafenmanöver nichts für schwache Nerven, aber im Großen und Ganzen kommen wir doch ganz gut zurecht. Die abgeschlossene Kautionsversicherung hat sich trotzdem bezahlt gemacht. Denn allein die Fußreling hat gleich mal ein paar Hunderter verschlungen.

Mit ein paar Jahren Abstand kann ich über diese erste Woche auf eigenem Kiel schmunzeln. Damals war das allerdings alles nicht so lustig. Dennoch bin ich nach wie vor der Meinung, dass es für alle frischgebackenen Skipper wichtig ist, so schnell wie möglich eigene Erfahrungen zu sammeln. Auch wenn am Anfang so einiges schiefläuft. Das sprichwörtliche Learning by Doing ist eine harte, dafür aber auch lehrreiche Schule. Eine erfahrene zweite Hand ist bei einem Anfängertörn jedoch immer Gold wert. Das weiß ich heute besser.

Der Segelvirus hat mich infiziert

... dem ist eigentlich nicht viel hinzuzufügen. Außer vielleicht noch ein paar Randnotizen zu meinem weiteren seglerischen Werdegang.

In den Jahren 2008 und 2009 folgen noch so einige Törns. Entweder als Skipper oder Teil einer Crew. Neben dem IJsselmeer bin ich dabei auf der Nordsee, im Mittelmeer und erstmals auch auf dem Atlantik unterwegs.

Auf Nord- und Wattensee mache ich mich mit den Gezeiten und den insoweit notwendigen navigatorischen Kniffen vertraut. Auf einem Törn rund Nordholland spüre ich zum ersten Mal die Kräfte des Tidenstroms und navigiere durch die engen Fahrwasser der Wattensee. Nach und nach lerne ich so, zwar mit Respekt, aber ohne Angst auch schwierige Aufgaben anzugehen. Überhaupt wird schnell klar, dass es nur einen Weg gibt, ein erfahrener und guter Segler zu werden: Segeln, segeln und noch mal segeln.

Mit dem Mittelmeer entdecke ich 2009 ein völlig neues Revier. Auf einem Törn rund Elba steuere ich erstmals eine Segelyacht von 50 Fuß Länge. Da fühlt man sich als Rockie gleich wie der Rudergänger der TITANIC. Ebenso eine Premiere ist das im Mittelmeer übliche rückwärtige Anlegen mit Anker oder Muringleine. Unter der Anleitung eines erfahrenen Skippers (ja, ich habe dazugelernt) gelingen die Manöver aber meist im ersten Anlauf, und so wächst auch hier mein seglerisches Selbstvertrauen immer weiter.

Ein ebenso lehrreicher wie wichtiger Törn ist eine Fortbildung mit dem Schwerpunkt Hafenmanöver. Wie schon die Erfahrungen meines ersten eigenständigen Törns gezeigt haben, sind gerade die Hafenmanöver eine knifflige Sache. Eine Yacht auf freiem Wasser zu bewegen, ist angesichts des meist großen Platzangebots ja noch relativ leicht. Mit einer 40-Fuß-Yacht in einem engen Hafen zu manövrieren, ist hingegen eine echte Herausforderung. Wenn dann noch etwas Wind oder mangelnde Revierkenntnisse hinzukommen, kann es schnell mal eng werden. Hat man die grundsätzlichen Regeln für das Manövrieren unter Maschine aber erst einmal verinnerlicht, wird aus der nervösen Ansteuerungsunruhe nach und nach so etwas wie eine konzentrierte Routine. Natürlich kann auch dann mal ein Hafenmanöver in die Hose gehen. Das ist aber KEINE SCHANDE! Einzig die immer wieder gleichen blöden Kommentare der in allen Häfen dieser Welt ansässigen Experten können schon mal nerven.

Im Winter 2009 buche ich mich auf den Kanaren in die Koje einer Pogo 40 ein, einem echten Offshore-Racer, der sich in vielerlei Hinsicht von einer normalen Yacht unterscheidet. Ich will euch nicht mit den ganzen technischen Details langweilen, aber doch so viel sagen: Segeln mit über 20 Knoten ist einfach nur geil. Und was ich zuvor schon geahnt hatte, war in der Zwischenzeit zur Gewissheit geworden: Mit dem Segeln habe ich eine neue Leidenschaft entdeckt, die mein Leben verändern sollte.

Ein eigenes Boot muss her

Ein Boot zu kaufen, ist gar nicht so einfach, wie man meinen sollte. Aber der Reihe nach. Wie in der segelfreien Zeit üblich, stöbere ich schon im Winter 2008/2009 immer wieder mal in diversen Internetbörsen nach gebrauchten Booten und hänge so meinen Tagträumen vom Segeln nach. Wirklich viel Ahnung von Booten habe ich zugegebenerweise nicht. Schließlich blicke ich gerade mal auf eine gute Handvoll Törns zurück. Ähnlich wie viele Führerscheinneulinge beim Auto beschränke ich mich bei meinen Recherchen also auf das, was ich kenne. Kauften sich zu meiner Zeit die meisten Fahranfänger das klassische Fahrschulauto Golf, halte ich nun Ausschau nach einmastigen GFK-Yachten. Und davon gibt es eine ganze Menge.

Zur ersten Besichtigung kommt es im Frühjahr 2009 in Enkhuizen am IJsselmeer, wo ein Niederländer eine Optima 92 anbietet. Die im Internet gezeigten Bilder und Beschreibungen versprechen eine gepflegte Yacht von gut neun Metern Länge aus den späten Achtzigern. Vor Ort angekommen, weicht mein Interesse dann jedoch schnell der Ernüchterung. Um es kurz zu machen: Das Boot ist in einem desolaten Zustand. Nicht nur, dass der Eigner mich eine geschlagene Stunde warten lässt. Nein, das Boot macht schon von Weitem nicht den Eindruck wie auf den zuvor ausgetauschten Bildern, was daran liegt, dass diese schlicht und ergreifend über zehn Jahre alt sind. Der hat sie ja wohl nicht alle! Obwohl ich eigentlich jetzt schon die Nase voll habe, schaue ich mir den Rest dieses »Topangebots« dann doch noch etwas näher an. Der Rumpf ist stumpf und zeigt deutliche Gebrauchsspuren. O.k., damit muss man bei einem Boot dieses Alters wahrscheinlich leben. Nicht aber mit knöchelhoch stehendem Wasser im Cockpit, vergammelten Beschlägen und grünspanigen Leinen. Im Boot sieht es dann sogar noch schlimmer aus. Beim Betreten des Salons schlägt mir feucht-muffige Luft entgegen. Alles scheint klamm oder gar feucht zu sein, insbesondere die verschlissenen und zum

Teil aufgeplatzten Polster. In der Bilge steht ebenfalls Wasser. Der Motorraum ist dann der Oberklopper. Die Optima hat einen hydraulischen Antrieb, was eigentlich keine schlechte Sache ist – sofern nicht, wie hier, literweise Hydrauliköl und Wasser in der Motorbilge schwappen. Jetzt reicht es mir aber wirklich. Ich verabschiede mich und suche das Weite.

Ein anderes Desaster erwartet mich etwas später in einer Lagerhalle im deutschen Binnenland. Nahe des Rursees wird ein zwar altes, aber laut Beschreibung »Boot in gutem Zustand« angeboten. Besonders reizvoll ist der Umstand, dass das Boot zusammen mit einem Lkw verkauft werden soll, auf dem das Schiff transportiert werden kann. Details wie Werft und Typ weiß ich heute nicht mehr. Die habe ich wahrscheinlich sofort nach der Besichtigung von der Festplatte gelöscht. Denn nicht nur der Lkw, sondern auch das Boot ist ein Fall für den Sondermüll. Ebenso wie alles Übrige in der Messiehalle, die bis unters Dach mit Gerümpel angefüllt ist. Weitere Details erspare ich uns.

Carpe Diem

Die Sommermonate 2009 plätschern so dahin. Abgelenkt vom schönen Wetter schläft meine Suche nach einem eigenen Boot etwas ein. Das ändert sich erst wieder im Herbst. Erneut hänge ich stundenlang vor dem Computer und durchforste die Bootsbörsen nach einem passenden Angebot. Mein Preislimit hat sich in der Zwischenzeit ein gutes Stück nach oben bewegt und so suche ich nun auch nach Booten im Bereich bis 35 000 Euro. Zur Not muss ich eben mein recht neues Auto verkaufen und auf einen älteren Wagen umsteigen. Irgendwann im November 2009 sticht mir dann eine Anzeige für eine Bavaria 32 Holiday ins Auge. Als Erstes fallen mir die grüne Sprayhood sowie die ebenfalls grünen Lazy-Jacks auf. Das gefällt mir spontan gut, denn bei gefühlten 99 % der übrigen Yachten war beides stets blau. Grün, cool! Und schön sieht das auch noch aus.

Obwohl das Angebot mit 45 000 Euro doch ein gutes Stück über meiner persönlichen Schmerzgrenze liegt, klicke ich mich in die Details. Eine Bavaria 32 Holiday von 1997. Weitere Recherchen ergeben, dass diese Holiday-Reihe und das Baujahr für gute Qualität und ein ordentliches Platzangebot stehen. Auch der Rest passt: Ein rein privat genutztes Boot aus zweiter Hand, gute Ausstattung, nicht zu alt, wenige Motorstunden und scheinbar sehr gepflegt. Wenn da nur der Preis nicht wäre …

Kurzerhand kontaktiere ich den Anbieter und vereinbare schnell einen Termin für eine Besichtigung. Zusammen mit Eigner Klaus fahre ich Anfang Dezember Richtung Holland. Wir verstehen uns auf Anhieb gut und tauschen uns schon während der Fahrt ausgiebig über das Boot aus. Viele Fragen bleiben da also nicht mehr offen. Jetzt gilt es, sich noch einen persönlichen Eindruck zu verschaffen. Gespannt und aufgeregt erreichen wir schließlich die Marina Friese Hoek in Lemmer. Dort ist es schweinekalt und es hat in den letzten Tagen sogar etwas geschneit. Auf dem Parkplatz der Marina stehen jede Menge Yachten dicht an dicht im Winterschlaf. Irgendwo dazwischen muss sie sein.

Und dann ist sie plötzlich da: CARPE DIEM. Wirklich viel ist erst mal nicht zu sehen, denn Deck und Rumpf sind von einer riesigen Persenning eingehüllt. Dennoch ist der erste Eindruck erfreulich. Eigner Klaus hat das Boot offenbar mit viel Liebe und Herzblut gepflegt. Im Grunde sieht alles wie neu aus. Allein die Art und Weise, wie CARPE DIEM für das Winterlager vorbereitet worden ist, spricht für sich. Fast schon etwas zu pingelig. Kurzum, ich bin begeistert. Besonders das ungewöhnlich große Platzangebot unter Deck lässt mich schwärmen. Hier finde selbst ich Riesenbaby ausreichend Platz.

Innerlich ist zu diesem Zeitpunkt bereits eine Vorentscheidung gefallen. Bemüht, mir das nicht anmerken zu lassen, fahre ich zusammen mit Klaus wieder zurück Richtung Heimat. Ich erbitte noch etwas Bedenkzeit und vereinbare für die nächsten

Tage ein erneutes Gespräch. Die letzten 100 Kilometer Richtung Koblenz rauschen dann ohne nennenswerte Festplatteneinträge an mir vorbei. Im Geist bin ich bereits mit CARPE DIEM unterwegs. Trotzdem gehe ich in den nächsten Tagen durch ein wahres Wechselbad der Gefühle. Tausend Fragen und Gedanken schwirren mir durch den Kopf. Kann ich mir das echt leisten? Lohnt die Anschaffung eines eigenen Boots? Was wird Ruth wohl dazu sagen? Nach drei Tagen Hirnakrobatik ist dann genug gegrübelt und die Entscheidung gefallen – ich will Bootseigner werden.

Schnell werde ich mit Klaus handelseinig. Unglaublich ... jetzt bin ich also tatsächlich Besitzer einer Segelyacht. Ein schönes und zugleich bizarres Gefühl. Habe ich damit bislang doch immer etwas Mondänes verbunden oder zumindest ein Hobby, das sich nur die Reichen und Schönen leisten. Höchste Zeit, mit diesen Klischees aufzuräumen!

Weltmeister

13. Juli 2014, zurückgelegte Distanz seit Fehmarn: circa 9000 Seemeilen

Ich schreie in die einsame Atlantiknacht hinaus. Deutschland ist Fußballweltmeister ... unglaublich, ebenso wie das Wetter. Seit über einer Woche dümple ich mit CARPE DIEM im Niemandsland zwischen Azorenarchipel und spanisch-portugiesischer Küste umher. Diese letzte lange Etappe vor dem europäischen Festland entpuppt sich immer mehr als echte Nervenprobe. Aber gerade jetzt ist mir das ziemlich wurscht, denn Mario Götze hat vor etwa 20 Minuten das 1:0 gegen Argentinien erzielt. Natürlich konnte ich das Spiel nicht im Fernsehen verfolgen, dafür aber im Radio, auf BBC World. Auf Englisch und völlig verrauscht haben dort zwei Reporter live aus dem Maracanã-Stadion in Rio de Janeiro berichtet, während ich im stockfinsteren Salon auf der Backbordbank lag und angestrengt ihren Kommentaren lauschte. Zu Hause würde ich nicht unbedingt auf die Idee kommen, in einem völlig dunklen Raum Radio zu hören. Aber hier ist das gerade irgendwie normal.

»Bin ich froh, hier zu sein?«, geht mir durch den Kopf. Gar nicht so leicht zu beantworten. Es wäre jetzt auch nicht schlecht, mit ein paar Freunden zu Hause durch die Kneipen zu ziehen und Deutschlands vierten Titel zu feiern. Hinzu kommt, dass die letzten Tage doch ganz schön an meinem Nervenkostüm gezerrt haben. Seit acht Tagen notiere ich mickrige Etmale um die 80 Seemeilen in meinem Logbuch. Daneben immer wieder mal Kommentare wie »Ich glaub, ich komme nie an!« oder »Wo ist nur der Wind?«. Schwachwind und Flaute sind wirklich nicht so mein Ding, das merke ich immer wieder. So ist es auch schon auf den bisherigen Etappen meiner langen Reise gewesen. Dann doch lieber etwas mehr Action und dafür das Gefühl, wenigstens vom Fleck zu kommen. Möglicherweise wäre das anders, wenn noch jemand mit an Bord wäre. Aber so werde ich gerade in den Schwachwindphasen immer wieder auf mich selbst zurückgeworfen, bin genervt und werde ungeduldig. Und dann sind seit gestern auch noch meine Zigaretten alle. Ja, ja ich weiß, rauchen ist blöd und ungesund. Aber zurzeit habe ich nun mal Lust drauf, und ich Hirsch habe schon wieder zu wenig Tabakvorräte eingepackt.

Im Radio wird jetzt die Siegerehrung übertragen. Ich stelle mir vor, wie die Jungs auf der Empore stehen und den Weltpokal in die Luft recken. Im Hintergrund sicher die üblichen Verdächtigen wie Kanzlerin Merkel, FIFA-Boss Blatter und Bundespräsident Gauck. Da könnte man fast ein wenig sentimental werden. Für die Jungs und ihren Stab hat sich nach vielen erfolglosen Anläufen endlich ein Lebenstraum erfüllt. Ähnlich wie bei mir ...

Der Traum vom Atlantik
Winter 2011

Krise

Das Jahr 2011 war kein besonders gutes für mich. Anfang Februar bemerkte ich erstmals einen hellen Piepton in beiden Ohren. Schenkte ich dem Ganzen anfangs noch relativ wenig Beachtung, verschärfte sich die Situation in den kommenden Wochen dramatisch. Ich litt ganz offensichtlich an einem Tinnitus. Meine Hoffnung auf spontane Heilung erfüllte sich leider nicht. Vielmehr drängte sich der Ton immer mehr in den Vordergrund und begann, mein tägliches Leben stärker und stärker zu belasten. Was folgte, war eine schier endlose Odyssee von Arzt zu Arzt. Wirklich helfen konnte mir allerdings niemand. Binnen weniger Wochen geriet ich so in eine psychische Abwärtsspirale. Ohne jeden Zweifel kann ich behaupten, dass jene Zeit zu den schwersten meines bisherigen Lebens gehört hat. War ich doch bislang immer mit einer gewissen Leichtigkeit durchs Leben gegangen. Größere Krisen oder gar Depressionen kannte ich nicht. Umso härter war nun der Aufschlag auf dem Boden der Tatsachen. Mitte März ging bei mir gar nichts mehr. Mein Denken und Handeln drehten sich nur noch um den Tinnitus. Der fatale Mix aus Angst, Hilflosigkeit und Verzweiflung führte geradewegs in eine Depression, weshalb ich mir im März 2011 professionelle Hilfe suchte. Was folgte, war eine dreimonatige stationäre Behandlung in einer psychosomatischen Klinik mit anschließender ambulanter Psychotherapie.

Von der fixen Idee zum echten Plan

Es ist Ende 2011. CARPE DIEM schlummert im Winterlager auf Fehmarn. Trotz meiner gesundheitlichen Beschwerden hat das Jahr rein seglerisch noch einen versöhnlichen Abschluss genommen. Mir geht es in der Zwischenzeit wieder deutlich besser, und im Sommer sind Ruth und ich mit CARPE DIEM sogar noch bis in die Ostsee gesegelt – unsere bislang längste Fahrt und ein ganz schönes Abenteuer. Seit Wochen lese ich nun ein Buch nach dem anderen von einem gewissen Wilfried Erdmann, ein Name, den die meisten Segelinteressierten sicherlich kennen. Wilfried Erdmann segelte Ende der 1960er-Jahre als erster Deutscher allein um die Welt. Später machte er sich dann unter anderem als Extremsegler einen Namen, als er gleich zweimal die Welt nonstop umrundete. Das letzte Mal sogar gegen die vorherrschende Windrichtung. Wilfried ... mein Held.

Nach meiner tiefen Krise sind Erdmanns mitreißende Erzählungen offenbar genau das Richtige für mich. Ich brenne förmlich vor Fernweh. Außerdem ist ja sowieso gerade Winter. Warum also nicht mal ein bisschen rumspinnen? Wäre es nicht cool, auch mal so eine richtig lange Fahrt in bis dato unbekannte Reviere zu machen? Vielleicht so eine Art Törn zurück ins Leben, wenn man es etwas pathetisch ausdrücken will. Aber was genau heißt eigentlich lang? Und mir unbekannte Reviere gibt es ja nun auch noch wie Sand am Meer. Ich spüre regelrecht, wie da etwas in mir keimt.

Es ist irgendwann im Dezember, als ich Ruth erstmals mit meinen Gedanken über eine Soloatlantiküberquerung konfrontiere. Gerade erst die Sorgen über meine Erkrankung halbwegs überwunden, komme ich also gleich mit dem nächsten Extrem um die Ecke. Wirklich begeistert ist sie verständlicherweise erst mal nicht. Trotzdem ist schnell klar, dass Ruth mir bei der Verwirklichung dieses Traums keine Steine in den Weg legen wird. Dafür noch mal DANKE, meine Liebste.

In den folgenden Wochen beginne ich, alle verfügbaren Informationen wie ein Schwamm aufzusaugen. Was würde so etwas kosten? Wie lange würde der Trip dauern? Wann ist die richtige Reisezeit? Welches sind die gängigen Routen? Kann ich eine solche Reise überhaupt mit meiner CARPE angehen? Bin ich seglerisch fit genug? Meine anfangs noch sehr diffusen Vorstellungen von einem Einhandtörn über den Atlantik bekommen langsam Konturen. Speziell die Frage nach dem verfügbaren Budget und dem Zeitrahmen gilt es, gleich am Anfang realistisch zu beantworten. Geld habe ich etwas gespart. Auch wenn ich noch keine wirklich konkrete Vorstellung von den anfallenden Kosten habe, sollte das schon irgendwie passen. Zeit habe ich eigentlich auch. Als selbstständiger IT-Kaufmann bin ich nämlich in der glücklichen Lage, mir meine Arbeitszeit frei einzuteilen und auch mal eine längere Auszeit zu nehmen. Was die übrigen Dinge angeht, so würde ich die notwendigen Informationen und Kenntnisse schon noch auftreiben; so oder so.

Ja ... und irgendwann ist dann der Punkt erreicht, an dem man Farbe bekennen muss. Spätestens dann, wenn man seinen Plan öffentlich macht oder beginnt, Geld zu investieren. Quasi ein Point of no Return, den man trotz fortwährender Unwägbarkeiten hinter sich bringt. Alle Zweifel und Ängste wird man ohnehin nie ganz los. Für mich ist dieser Punkt am 13. Januar 2012 gekommen, dem Tag, an dem ich mein Vorhaben auf meiner zwischenzeitlich ins Leben gerufenen Webseite www.törn.de publik mache. So gebe ich mir quasi selbst einen letzten kleinen Schubser ins kalte Wasser. Jetzt will ich die Sache wirklich durchziehen. Jetzt gibt es kein Zurück mehr.

Vorbereitungen und Co.
Frühjahr 2012

Was, wie, wo?
Große Zettel, kleine Zettel, mittlere Zettel. »So langsam verliere ich hier den Überblick«, stelle ich gerade fest. Mein Vater hätte sicher seine helle Freude an dieser Zettelwirtschaft und würde gleich mal eine Runde mit dem Laubsauger drehen. Seit Wochen schreibe ich endlose Listen und immer wieder neue Merkzettel. Je länger und detaillierter ich mich mit der Materie befasse, desto mehr erscheint mir das ganze Unterfangen wie ein undurchdringliches Labyrinth. Habe ich auf eine Frage eine Antwort gefunden, tauchen an gleicher Stelle sofort zehn neue auf. Mein ohnehin nicht immer vorbildlich aufgeräumtes Büro gleicht mittlerweile der Wirkungsstätte eines Messies.

Um die Sache etwas zu vereinfachen, beschließe ich, die wesentlichen technischen Arbeiten an CARPE DIEM von einer Werft durchführen zu lassen. Aus Büchern, Magazinen und dem Internet habe ich mir dazu die aus meiner Sicht wichtigsten Ausrüstungskomponenten zusammengesucht. Das Finden eines geeigneten Betriebs ist dann jedoch schwieriger als gedacht. Leider können die meisten nämlich nur Teile der anstehenden Arbeiten ausführen. Mein Wunsch ist es allerdings, möglichst nur einen Ansprechpartner für alle Gewerke zu haben, sonst geht hier wirklich alles in die Binsen. Nach ein paar Wochen Recherche und E-Mail-Wahn werde ich schließlich mit der Schiffswerft Laboe fündig. Im Februar 2012 wird CARPE DIEM im Winterlager auf Fehmarn von zwei Werftmitarbeitern besichtigt, die für alle meine Wünsche und Vorstellungen eine Lösung finden und mir ein entsprechendes Angebot schicken wollen. »Hatte der eine Werftmann da gerade ein Dollarzeichen im Auge?«, wundere ich mich noch kurz.

Tatsächlich bekomme ich Ende Februar 2012 Post von der Kieler Förde. Das gut zehnseitige Schreiben verursacht bei mir erst mal Schnappatmung, denn der Auftrag soll gut 17 000 Euro verschlingen. Mit so viel habe ich dann doch nicht gerechnet! Zwei Tage später sind meine wesentlichen Körperfunktionen jedoch wieder hergestellt und eine Entscheidung gefallen. Also gut! Dass ich nicht zum Nulltarif über den Atlantik kommen werde, war mir ja im Grunde schon vorher klar. Und in Bezug auf Ausrüstung und Sicherheit will ich einfach keine Kompromisse machen. Nach ein paar kleineren Nachverhandlungen beiße ich also in den sauren Apfel und erteile den Auftrag.

In die Werft

Der März 2012 ist sibirisch kalt. Der Hafen von Burgstaaken und die küstennahen Gewässer der Ostsee waren bis vor drei Wochen sogar noch zugefroren. Jetzt ist zumindest das Eis weg, und CARPE soll zurück ins Wasser. Winterlagerboss Detlef trichtert mir erst mal eine Kanne Kaffee ein, die sicher auch Tote wieder zum Leben erwecken würde. Natürlich bin ich der Erste, dessen Boot wieder in sein Element kommt, und so geht alles sehr schnell. Am Nachmittag liegt CARPE DIEM längsseits am Steg. Der Motor ist gleich beim ersten Versuch angesprungen, und auch sonst scheint das Winterlager keine ernsteren Schäden hinterlassen zu haben. Zur Feier des Tages gönne ich mir abends ein paar Bierchen in der Hafenkaschemme. Die Nacht ist dann bitterkalt, und die Idee mit dem Bier war wohl doch nicht so gut, denn in der Dunkelheit muss ich gleich mehrmals aus der mollig warmen Koje auf die klirrend kalte Klobrille.

Der nächste Morgen weckt mich mit einem wolkenlosen, tiefblauen Himmel. Nach Katzenwäsche und Minifrühstück geht es unter Maschine los, denn Segel sind wegen des anstehenden Werftaufenthalts keine angeschlagen. Gut sechs

Stunden später taucht dann im Dunst das Marine-Ehrenmal auf. Die Kieler Förde ist erreicht, und nach einer weiteren kalten Stunde vertäue ich die Leinen am Werftsteg in Laboe. Wind gab es heute so gut wie keinen, und auch im Warngebiet Todendorf wurde Gott sei Dank nicht geschossen. Jetzt noch schnell den Bootsschlüssel an der vereinbarten Stelle hinterlegen und anschließend mein Auto auf Fehmarn abholen. Dazu engagiere ich die lokale Taximafia, welche mich um satte 120 Euro erleichtert.

Mitte April meldet die Werft endlich Vollzug. Bis auf einige Kleinigkeiten soll alles fertig sein. Gespannt und aufgeregt springe ich ins Auto und fahre einmal mehr Richtung Norden. Die Kieler Förde zeigt sich mal wieder von ihrer heimeligen Seite. Dichter Nebel und erneute Eiseskälte sorgen zwar für eine urige Stimmung auf dem Werfthof, aber auch eine weitere bitterkalte Nacht in der Koje. Morgens ist dann endlich Zeit, eine erste Runde an Bord zu drehen und die Arbeiten zu begutachten. Als ziemlicher Handwerksmuffel muss ich mich dabei in erster Linie auf mein Bauchgefühl sowie die ablesbaren Fakten verlassen. Sieht eigentlich alles ganz gut aus. Nur falsche Batterien wurden eingebaut.

Insgesamt eine gute Woche quartiere ich mich auf dem Hof der Werft ein. Wenn ich nicht gerade die Werftarbeiter nerve, kümmere ich mich um etwas Yachtkosmetik wie einen neuen Unterwasseranstrich und einen polierten Rumpf. Etwas nervenaufreibend ist dann noch das Kapitel Maststellen. Denn nachdem CARPE wieder im Wasser liegt und das Rigg auf Deck steht, ertönt ein unüberhörbares Klöng, Klöng, Klöng im Mast. Wer mich kennt, weiß, dass ich ein ganz schöner Geräuschneurotiker sein kann. Das geht also gar nicht. Der Mast kommt folglich wieder runter und ab in die Halle zur Fehlersuche. Das ganze Spiel wiederholen wir in den kommenden Tagen insgesamt drei Mal, erst dann ist die genaue Ursache gefunden und beseitigt. Alles scheint nun gut und in bester Ordnung zu sein.

CARPE DIEM schaukelt am Steg und wartet auf die Weiterfahrt Richtung Westen.

Einkaufsmarathon

Bevor im Mai die erste richtige Etappe durch den Nord-Ostsee-Kanal (NOK) ansteht, fahre ich noch einmal kurz nach Hause. Das ist eine Besonderheit meiner Reise, da ich auch in den folgenden Wochen und Monaten immer wieder für kurze Aufenthalte ins heimische Koblenz reise, um Termine wahrzunehmen, Geld zu verdienen und natürlich Zeit mit meiner Liebsten zu verbringen. Außerdem bin ich noch immer mit der Abarbeitung der schier endlosen Einkaufs- und Ausrüstungsliste beschäftigt. Mitunter gleich mehrmals täglich klingeln diverse Lieferdienste an meiner Tür, um immer wieder neue Paketberge zu hinterlassen. Auch meine Nachbarn amüsieren sich prächtig, wenn DPD & Co. abermals niemanden bei diesem Herrn Dwersteg antreffen konnten. Ein Dankeschön geht an dieser Stelle ausdrücklich an die Erfinder des Internets. Wenn ich mir vorstelle, ich hätte all die tausend Dinge tatsächlich Face to Face in einem passenden Fachgeschäft kaufen müssen ... ich wäre wahrscheinlich nie loskommen.

Wenn ich also nicht gerade am Altpapiercontainer irgendwelche Kartons entsorge, staple und sortiere ich zu Hause meine Ausrüstung. Woche für Woche trudeln Leinen, Schoten, Rollen, Blöcke, Seekarten, Segel, Riggbeschläge, Werkzeuge, Bücher, Sicherheitsausrüstung, Satellitentelefon, EPIRB, Lebensmittel und vieles mehr in Koblenz ein. Auf diese Weise entsteht ein buntes Sammelsurium, dessen Bestandteile ich seit Wochen aus Büchern, Blogs und Törnberichten zusammentrage. Denn ein Patentrezept in Sachen Langfahrtausrüstung gibt es nicht, eher so eine Art groben Leitfaden, an dem man sich orientieren kann. Hinzu kommt, dass Art und Umfang der Ausrüstung in nicht unerheblichem Maß von den persönlichen Vorstellungen und Bedürfnissen abhängen. Während zum Beispiel für den einen die Segelperformance besonders wichtig ist und er deshalb 17 Hightechsegel an Bord hat, reicht es anderen, mit zwei Sätzen Gebrauchtsegeln in See zu stechen. Für mich steht insbesondere die Sicherheit im Vordergrund, schließlich soll meine Reise kein One-Way-Trip werden.

Deutschland und Holland
Mai bis Juli 2012

Durch den Nord-Ostsee-Kanal (NOK)

Um halb sechs morgens schäle ich mich aus der Koje. Das fällt mir angesichts der nach wie vor lausigen Temperaturen nicht wirklich leicht. »Wo ist denn nur der Frühling?«, frage ich mein verquollenes Spiegelbild. Im Salon herrschen unglaubliche 5 °C, die meinen Atem kondensieren lassen. Mit steifen Gliedern schalte ich den kleinen Heizlüfter ein, der sofort nach verbrannten Haaren stinkt. Irgendwann legt sich der Mief, und weitere zehn Minuten später sind es bereits lauschige 12 °C. Das Frühstück fällt mit einer Tasse löslichem Kaffee und zwei Scheiben Supermarktbrot spartanisch aus. Ein fast lieb gewonnenes Ritual ist der morgendliche Kampf mit der Nuss-Nougat-Creme. Diese ist mal wieder knüppelhart und wehrt sich tapfer gegen jeglichen Schmierversuch.

Um acht Uhr werfe ich die Leinen los. Dick eingepackt starte ich unter Maschine Richtung Kiel-Holtenau, wo sich die Einfahrt in den Nord-Ostsee-Kanal befindet, die meistbefahrene künstliche Wasserstraße für Seeschiffe der Welt. Wie der Name schon vermuten lässt, verbindet der Kanal Nord- und Ostsee miteinander. Die Strecke von knapp 100 Kilometern will ich heute möglichst in einem Rutsch hinter mich bringen. Kurz nach dem Ablegen dann das erste Ärgernis. Wegen des Schalters für die neue Ankerwinsch kann ich den elektrischen Autopiloten nicht mehr arretieren. Da hat einer der Werftarbeiter wohl einen schlechten Tag gehabt. Im Klartext bedeutet das: Handsteuerung bis zum Erbrechen, und das bei der absehbar langen Motorfahrt durch den NOK. Dafür stimmt aber das Wetter. In strahlendem Sonnenschein folge ich dem Fahrwasser. Trotz der Kälte bin ich guter Dinge und freue mich auf die Elbe.

Etwas hippelig bin ich ja schon, als ich so ganz allein in die Schleuse einfahre. Zum ersten Mal in der neuen Saison sind meine Einhand-Skills gefragt. Neben mir liegt ein riesiger Tanker aus dem Baltikum, der ordentlich Schraubenwasser produziert. Sicher 15 Meter über mir steht der Kapitän an der Reling und ruft mir einen unverständlichen Gruß herunter. Ganz am Ende der Kammer stoppe ich auf, springe auf die rutschigen Planken des Schwimmstegs und mache die Leinen fest. Zurück an Bord beobachte ich dann, wie sich das Schleusentor langsam hinter mir schließt. Aus der Handfunke quäken derweil die Gespräche der Lotsen. Apropos Funk ... ich schalte auf Kanal 12 und rufe den Schleusenmeister an.

»Moin, Moin. Sagen Sie, wo muss ich eigentlich die Passagegebühr für den Kanal bezahlen?«, frage ich. »Bei mir!«, lautet die knappe Antwort. »Oh Scheiße«, denke ich. Das Büro des Zahlmeisters ist nämlich ganz am Anfang der Kammer und das Schleusen sicher schon zur Hälfte durch. Also nix wie los und im Laufschritt zurück zur Einfahrt, über das geschlossene Tor und die Treppe hinauf zur Kasse. Dort steht ein Schleusenmeister, wie man ihn sich vorstellt. Ein Riesenkerl mit breiten Schultern, Rauschebart und jeder Menge Tattoos. Ich bezahle meinen Obolus, und schon geht es im gestreckten Galopp zurück zu CARPE. Gerade wieder an Bord, öffnet sich auch schon das Tor zum Kanal. Die Pumpe geht mir 1 zu 1000 und ich bin froh, als ich weitere fünf Minuten später wohlbehalten wieder aus der Kammer herausfahre.

Dies ist meine zweite Fahrt durch den Kanal. Ähnlich wie bei der Premiere geht mir die Motorerei bereits nach zwei Stunden komplett auf den Keks. Wirklich viel zu sehen gibt es hier nämlich nicht, es sei denn, man begegnet einem der riesigen Seeschiffe. Heute ist hier aber irgendwie nicht viel los. Seit mich mein baltischer Kumpel aus der Schleuse eingeholt hat, fahre ich allein. Viel Zeit, meinen Gedanken nachzuhängen. Jetzt bin ich also tatsächlich unterwegs. Zwar erst mal nur in kleineren

Etappen zurück Richtung Nordsee, aber ... ich bin los. Während ich im vergangenen Sommer zusammen mit Ruth in der Gegenrichtung unterwegs war, dachte ich noch an eine ganze Saison in der Ostsee. Und jetzt fahre ich schon wieder zurück. Mehr noch, ich bin auf den ersten Seemeilen eines hoffentlich erfolgreichen und schönen Törns zur anderen Seite des Atlantiks. »Na ja«, denke ich, »manchmal ist das eben so. Da hat man eine super Idee und schwupps, kommt gleich eine noch bessere hinterher.«

Rund zehn Stunden dauert die Passage durch den Kanal und damit eine gute Stunde länger als bei der Hinfahrt. Frag mich einer warum. Es gab weder Wind, noch weiß ich etwas von irgendwelchen Strömungen im Kanal. In Brunsbüttel verbringe ich dann die Nacht. Obwohl ich bereits zum zweiten Mal hier liege, kenne ich den Ort nicht wirklich. Das ändert sich auch heute nicht. Die kleine Marina befindet sich unmittelbar an der Schleuse zur Elbe und ist ein reiner Stopover-Hafen. Marina ist vielleicht auch etwas übertrieben, denn im Grunde handelt es sich lediglich um ein rechteckiges Karree aus Stegen. Ein Highlight bietet der Hafen allerdings, denn durch die Nähe zur Schleuse kann man hier regelmäßig monströse Frachter und Tanker aus nächster Nähe beobachten. Nur ungefähr 20 Meter beträgt der Abstand zwischen CARPE DIEM und der Schleusenzufahrt. Ist man gerade unter Deck, wenn eines der Seeschiffe vorbeifährt, dröhnen und röhren die Schrauben wie der Antrieb einer Mondrakete.

Der nächste Tag bringt noch einmal Extremmotoring, Wind gibt es nämlich schon wieder nicht. Außerdem fahre ich wegen meiner morgendlichen Lethargie gegen den Tidenstrom der Elbe. Über Grund kommen so gerade mal zwei bis drei Knoten zustande. Entsprechend lang dauert die Fahrt für die eigentlich überschaubaren 20 Seemeilen nach Cuxhaven. Die Stadt und deren maritime Infrastruktur sind für mich Neuland. Umso erfreuter bin ich, als ich beim LCF einen guten und günstigen

Liegeplatz ergattere. Nur sechs Euro pro Tag werden verlangt, da kann man wirklich nicht meckern. Und die Menschen hier sind auch noch nett ... so habe ich mir das vorgestellt. Den schönen Platz beim LCF mache ich gleich für zwei Wochen klar. Die nächste Etappe soll mich dann zusammen mit Ruth über Helgoland weiter nach Westen führen.

Von Cuxhaven nach Scheveningen

Windstärke acht vor Cuxhaven. »Dat kann ja wohl nit wahr sein«, meckere ich mit rheinischem Einschlag. Gestern Abend sind Ruth und ich per Zug in Cuxhaven gelandet und haben bereits die erste Nacht auf CARPE DIEM verbracht. Eigentlich wollten wir heute nach Helgoland starten, aber schon in der Marina des LCF blasen die Böen, dass es eine wahre Freude ist. Leider ist die Marina relativ weit von der Innenstadt entfernt. Trotz des starken Winds verholen wir uns daher in den benachbarten Yachthafen des SVC. Für mich ist das ein besonderer Ort, denn hier hat Wilfried Erdmann nach seiner spektakulären Nonstop-Weltumsegelung im Juli 2001 erstmals wieder festen Boden betreten. Seither ist er sogar Ehrenmitglied in diesem Verein. Mein Anleger gelingt beim böigen Seitenwind nur mäßig. Und wirklich näher an der City ist dieser Hafen leider auch nicht. Ungeachtet dessen unternehmen wir einen ausgedehnten Spaziergang entlang der Waterkant sowie ins Lotsenviertel. Schön hier!

Am nächsten Morgen hat der Wind dann endlich etwas nachgelassen. Wir füllen unsere Dieselvorräte auf und starten Richtung Helgoland. Mit der Tide segeln wir bei gut fünf Windstärken durch das Lüchter Loch Kurs Nordnordwest. Endlich wieder unter Segeln, ich bin ganz selig. CARPE DIEM rauscht wie eh und je mit über sechs Knoten durch die Wellen. Nach den langen Motorstunden auf NOK und Elbe kann ich heute erstmals wirklich testen, ob an meinem Boot alles in Ordnung ist.

CARPE scheint okay zu sein, und auch der elektrische Autopilot ist wieder einsatzbereit, nachdem ich ein Stück des Arretierungshebels abgesägt habe. Einige Wenden später sind wir aus den engen Fahrwassern der Elbmündung heraus und können direkten Kurs Richtung Helgoland anlegen. Der Weg bis dorthin beträgt gut 35 Seemeilen. Eine überschaubare Tagesetappe, die uns vor keine größeren Probleme stellen sollte. Leider erwischt Ruth jedoch die Seekrankheit, und es geht ihr immer schlechter. Etwa drei Seemeilen vor der Einfahrt zum Helgoländer Südhafen erlöse ich sie daher von CARPES Schräglage und berge die Segel. Unter Maschine bewältigen wir das letzte Stück, bevor wir im Päckchen festmachen.

Ich liebe Helgoland. Dieser kleine rote Felsen mitten in der Nordsee hat für mich seit meinem ersten Besuch im letzten Jahr etwas Magisches. Neben der maritimen Gemütlichkeit und den landschaftlichen Vorzügen liegt das sicher auch an den Emotionen, die ich damals gespürt habe. Helgoland war für mich als Segel-Rookie natürlich ein großes Ziel, eben eine echte Hochseeinsel. Entsprechend respektvoll bin ich 2011 zum ersten Mal hierher gesegelt. Bis heute kann ich mich an das Gefühl erinnern, als ich von der Küste weg hinaus aufs offene Meer segelte. An den Atlantik dachte ich damals noch nicht. Vielleicht liegt hier aber auch eine Keimzelle für die Sehnsucht nach Ferne und Weite. Wie auch immer, seither bin ich Helgolandfan.

Der aktuelle Aufenthalt auf der Insel ist nur kurz und beschränkt sich auf einen Spaziergang übers Oberland sowie eine Übernachtung. Unser nächstes Ziel heißt Borkum oder Norderney. Die Tide läuft am frühen Vormittag günstig, und wir machen quer durch eine Tiefwasserreede und ein Verkehrstrennungsgebiet gleich von Beginn an gut Strecke. Dennoch verwerfe ich meinen Plan, in einem Rutsch nach Borkum zu segeln, und lege Kurs Norderney an. Die seit Helgoland südwestwärts laufende Tide steht für ablaufendes Wasser. Das bedeutet, dass wir Norderney erst bei schon relativ niedrigem Wasserstand sehen.

Es gibt zwei Zufahrten zur Insel, nämlich das nordöstlich gelegene Dovetief sowie das westliche Schluchtertief. Beide sind nicht ganz einfach zu befahren, da die starken Tidenströme und der oft kräftige Wind für sich stetig ändernde Wassertiefen sorgen. Eigentlich ist es nicht besonders clever, diese Fahrwasser bei Niedrigwasser zu durchfahren, aber der Wind bläst heute moderat, und vor uns befinden sich gleich drei weitere Yachten, die ebenfalls ins Dovetief steuern. Also versuchen wir es auch und tasten uns unter Maschine langsam voran. Schon kurze Zeit später entpuppt sich meine Idee als nicht so gut. Das Wasser wird immer flacher und in nicht allzu weiter Entfernung beginnen gar die Wellen zu brechen. Zwei der vor uns fahrenden Yachten haben bereits abgedreht. »Ich versuch es noch ein Stückchen«, sage ich zu Ruth, der die Anspannung ebenso wie mir ins Gesicht geschrieben steht. Dann spüre ich plötzlich einen leichten Ruck im Boot. »War das eine Grundberührung?« Ich fürchte ja, also nichts wie raus hier und mit einer Wende um 180° auf gleichem Weg zurück ins tiefe Wasser. Auch die letzte der drei übrigen Yachten tut es uns jetzt gleich. Das war knapp ... und dämlich obendrein. Insgeheim ärgere ich mich über mich selbst. Ich hasse es, solche Fehler zu machen. In einem weiten Bogen steuere ich nun das Schluchtertief an. In der Zwischenzeit steigt auch der Pegel wieder, und so verläuft die zweite Anfahrt problemlos – Gott sei Dank. Das wäre ja die Peinlichkeit des Jahrhunderts gewesen, wenn meine vollmundig angekündigte Atlantiküberquerung schon vor Norderney ein Ende gefunden hätte. Im schönen Hafen des lokalen Seglervereins buchen wir CARPE für zwei Wochen ein, denn es steht eine weitere kurze Heimreise auf dem Programm, die wir tags darauf mit Fähre und Zug antreten.

Pfingsten 2012. Zurück auf Norderney treffe ich letzte Vorbereitungen für den langen Schlag Richtung Holland. Bis zur Insel Terschelling sind es knapp 90 Seemeilen. Mein bis dato längstes Nonstop-Seestück, für das ich circa 18 Stunden Fahrzeit kalkuliere. Um halb zwei morgens ist daher die Nacht vorbei. Zwar habe ich nur circa drei Stunden mehr schlecht als recht geschlafen, aber dennoch bin ich gleich ungewohnt wach. In anderthalb Stunden ist Hochwasser. Dann will ich erneut durchs Schluchtertief hinaus auf die Nordsee fahren, nur dieses Mal in stockfinsterer Nacht. Ganz schön spannend. Nicht zuletzt, weil ich diese Etappe komplett allein angehe. »Mach dir mal nicht so 'n Kopf. Wird schon alles gut gehen«, mache ich mir beim Kaffee Mut. Der Wind ist in der Nacht fast vollständig eingeschlafen. Wenn überhaupt wehen draußen zwei bis drei Windstärkchen.

Unter Maschine verlasse ich die Marina und steuere durch das hier noch breite und gut befeuerte Fahrwasser. Die westliche Landspitze von Norderney querab, biege ich Richtung Schluchtertief ab. Die im Cockpit verstreuten Seekarten leuchten schwach im Licht meiner roten Stirnlampe. Bis zuletzt prüfe ich immer wieder die Position der Leuchtfeuer sowie den richtigen Kurs über Grund. Im Schluchtertief selbst gibt es zwar auch Tonnen, diese sind aber aus irgendeinem Grund nicht befeuert. Gerade hier würde das allerdings Sinn machen. »Soll man hier nachts vielleicht nicht durchfahren?«, überlege ich kurz. Ich muss mich also wohl oder übel auf meine Instrumente verlassen. 280° über Grund ist der Kurs, der mich am Tonnenstrich entlangführen sollte. Ganz langsam taste ich mich im Fahrwasser voran. Vor mir nur pechschwarze Nacht. Auch mit der großen Maglite ist es nicht möglich, die Fahrwassertonnen zu sehen, und der Tiefenmesser springt hektisch zwischen sechs und drei Metern hin und her. Flacher wird es allerdings nicht. Nach einer knappen halben Stunde ist es dann vollbracht. Verschwitzt und irgendwie erlöst erreiche ich das freie Wasser, setze die Segel und lasse CARPE DIEM laufen ... puh!

Die Fahrt nach Westen ist ruhig, aber lang. Der schwache Ostwind lässt uns nur langsam vorankommen, und alle sechs Stunden dreht außerdem der Gezeitenstrom. Während ich mich über mitlaufende Tide freue, nervt der bremsende Gegenstrom ganz schön. Also nutze ich die ruhigen Verhältnisse, um erstmals den Windpiloten in Betrieb zu nehmen. Wirklich Ahnung, wie das Teil funktioniert, habe ich nämlich nicht. Das umfangreiche Begleitmaterial hat mir aber zumindest einen theoretischen Einblick gegeben. Grundvoraussetzung für das Segeln unter Windsteueranlage ist natürlich Wind ... und Fahrt, denn die Kraft für die Bedienung des Hauptruders wird über ein sogenanntes Anströmungsruder erzeugt. Das schmale Blatt wird dazu am Heck des Bootes ins Wasser gelassen. Läuft CARPE DIEM auf dem eingestellten Idealkurs, steht das Ruder gerade und wird vom vorbeifließenden Wasser gleichmäßig angeströmt. Ändert sich der Kurs, wird das Strömungsruder über eine Windfahne am oberen Ende der Anlage schräg gestellt und vom vorbeifließenden Wasser nach rechts oder links gedrückt. Die so entstehende Hebelkraft wird wiederum über ein Seilzugsystem auf CARPES Hauptruder umgelenkt. Im Idealfall soll dieses dann für eine Korrektur zurück zum alten Kurs sorgen. Im Grunde also recht einfach. Eine Handvoll Versuche und Einstellungen später segelt CARPE DIEM dann auch wie von Geisterhand gelenkt gen Westen. So richtig trauen will ich dem Braten aber noch nicht. Für die nächsten zwei Stunden sitze ich daher auf hab acht, um im Fall der Fälle schnell eingreifen zu können. Meine Sorgen erweisen sich allerdings als unbegründet. Sicher und zuverlässig steuert der Windpilot die ersten von voraussichtlich vielen Tausend Seemeilen.

Am Ende sind es gut 20 Stunden, die ich bis Terschelling brauche. Dort hängt an der Zufahrt zur Marina eine rote Fahne, die eigentlich »voll« bedeutet. Ich fahre trotzdem hinein und finde nach einigen Kringeln einen Platz im vierten Päckchen. Um 23 Uhr mache ich dann die Leinen endlich fest. Gerade habe ich den Motor abgestellt, als mein holländischer Nachbar an Deck kommt und meint: »Ich muss morgen früh um halb sieben los.« »Spitze!«, denke ich. Über 20 Stunden auf der Uhr, völlig Banane und gleich schon wieder los. Aber so ist das nun mal im Tidenrevier. Denn das nächste Fenster wäre erst wieder zwölf Stunden später offen. Also ab in die Koje und schnell viel schlafen.

Die übrige Fahrt ins IJsselmeer verläuft undramatisch. Über Harlingen und die Schleuse in Kornwerderzand segle ich nach Hindeloopen. Dort bin ich mit Freunden verabredet, bevor es zwei Tage später weiter nach Stavoren geht. Dies ist mein alter Heimathafen und ein besonderer Platz für mich, denn von hier aus habe ich vor einigen Jahren meinen ersten Törn auf einem Plattbodenschiff unternommen. Später erlebte ich dort meine erste Saison auf eigenem Kiel. In meinem alten Heimathafen de Roggebroek finde ich dann auch ein Plätzchen für CARPE. In den kommenden Tagen erledige ich noch einige kleinere Arbeiten am Boot und teste vor allen Dingen mein selbst erdachtes Aufentersystem. Mich Hand über Hand am Mast nach oben zu hangeln, kann ich in Anbetracht meiner Körpermaße (und -masse) vergessen. Also steige ich mit zwei Seilklemmen am fixierten Großfall empor. Während eine Klemme den Bootsmannsstuhl hält, ist die andere für zwei Fußschlaufen gedacht. So kann ich mich abwechselnd nach oben ziehen und drücken. Sieht nicht besonders clever aus, klappt aber ... irgendwie.

Zwei Wochen später heißt es erneut Leinen los. Dieses Mal gehts allerdings nur für einen kurzen Schlag nach Lemmer, wo CARPE DIEM noch einmal aus dem Wasser kommt, da mir der Ruderschaft Sorgen macht. Dessen Lager sind bei meinem Boot nämlich nur aus einfachem Plastik. Während das untere noch recht solide wirkt, findet sich oben nur eine kleine Halbkugel mit entsprechender Bohrung. Das Ganze liegt in einer passenden Kunststoffwanne und wird lediglich von einem großen Gewindering zusammengehalten. Das soll wohl so eine Art bewegliches Lager sein. De facto klackert der Schaft aber schon jetzt in der Wanne munter hin und her, auch als ich die Verschraubung immer weiter anziehe. Da hat sich irgendein

Ingenieur ein echtes Denkmal gesetzt. Die Lemmersche Werft gibt dennoch ihr Okay. Zusätzlich wird noch ein AIS-Empfänger eingebaut. Da ich kein Radar an Bord habe, soll dieser die nähere Umgebung nach Signalen anderer Schiffe absuchen und so einer etwaigen Kollisionsgefahr vorbeugen. Hoffentlich war es das jetzt mal mit Werftaufenthalten.

Mein weiterer Weg führt mich über das IJssel- und Markermeer nach Amsterdam. Seit meinem Aufbruch in Lemmer schüttet es wie aus Eimern; auf Radio Amsterdam höre ich etwas von 40 Millimetern Niederschlag in 24 Stunden. Echt heftig. Der klassische Stopp in Amsterdam ist eigentlich der Sixhaven, eine kleine, gemütliche Marina auf der Rückseite des Hauptbahnhofs, von wo man schnell im Zentrum Amsterdams ist. Da mir heute aber eher der Sinn nach Ruhe und Entspannung steht, verhole ich mich in den Jachthaven Twellegea. Dieser liegt ruhig in einem Zweig des Nordseekanals und wird von einem privaten Verein betrieben.

Auch am nächsten Morgen schüttet es ohne Ende. Viel Lust, in mein klammes Ölzeug zu steigen, habe ich zwar nicht, will aber auch keinen weiteren Tag in der nahezu menschenleeren Marina verbringen. Also los in den Nordseekanal. Dieser verbindet das Markermeer mit der Nordsee und hat eine Länge von 21 Kilometern. Wie bei Kanalfahrten üblich, sind auch hier die Sehenswürdigkeiten eher rar. Im Stadtgebiet von Amsterdam kann man immerhin noch den einen oder anderen Megabau, zum Beispiel das Musikkonservatorium oder den Bahnhof, bestaunen. Hinter der Stadtgrenze reiht sich dann ein Industriehafen an den anderen. Das ist natürlich auch nicht ganz uninteressant, kann mich bei dem Dauerregen aber nicht so recht begeistern. Kurz vor der Schleuse zur Nordsee hört es dann endlich zu gießen auf. Kurz entschlossen verwerfe ich meinen ursprünglichen Plan, in Ijmuiden zu übernachten, und setze die Segel. Nächster Stopp: Scheveningen. »Wir sind wieder im Salzwasser«, denke ich und hoffe, dass es bis zur anderen Seite des Atlantiks auch so bleibt. Ab hier beginnt für mich absolutes seglerisches Neuland. Entsprechend vorsichtig und aufmerksam navigiere ich. Der Schreck von Norderney hängt mir noch immer in den Knochen. Aber gefährliche Untiefen und enge Fahrwasser gibt es hier erst mal nicht. Scheveningen ist laut Revierführer ein Stadtteil Den Haags und soll Hollands größtes Seebad sein. Im Geist male ich mir einen gemütlichen Ort mit wilden Dünenlandschaften und langen Stränden aus. Als ich nach weiteren 23 Seemeilen ankomme, erinnert der Hafen allerdings eher an eine Betonwüste. Eingerahmt von Hochhäusern und dann auch noch knüppelvoll. Im Päckchen liegend verbringe ich hier die Nacht.

Die Tide läuft erneut früh morgens, sodass ich einmal mehr mitten in der Nacht aus den Federn und hinein ins Ölzeug muss. Bemüht, nicht zu viel Radau zu machen, verlasse ich das Hafenbecken. In der engen Hafeneinfahrt steht eine ganz schön starke Strömung, weshalb ich ordentlich Gegenruder legen muss, um nicht ins benachbarte Flach versetzt zu werden. Ist dann aber alles halb so wild, und so langsam weicht meine anfängliche Unsicherheit in Sachen Tidennavigation einer Art routinierter Aufmerksamkeit. Habe ich am Anfang meiner Nordseekarriere alle Gezeitenberechnungen immer und immer wieder kontrolliert, verlasse ich mich mittlerweile meist auf meine erste Einschätzung. Nur manchmal, wenn ich beispielsweise der Einzige bin, der den Hafen verlässt, beschleicht mich noch ein mulmiges Gefühl. Dann schaue ich doch lieber noch mal in den Tidenkalender. Sicher ist sicher.

Der Mond verschwindet, die Sonne geht auf, und am Horizont verblassen die Linien der Scheveninger Skyline zusehends. Ziel meiner heutigen Etappe soll das belgische Ostende sein, wo ich vor vielen Jahren schon einmal mit dem Motorrad war. Zwar hatte ich damals mit Segeln noch nichts am Hut, wurde allerdings vom Meer schon lange in seinen Bann gezogen. Das gilt besonders für die urwüchsige Nordsee. Überhaupt bin ich eher ein Nordmensch. Auf zahlreichen Reisen durch Irland, Schottland, Dänemark und Norwegen bin ich dieser Vorliebe schon gefolgt. Und nun bin ich unterwegs in die Karibik, das komplette Gegenteil. Ich bin mal gespannt, wie es dort so ist. »Aber erst mal sicher hinkommen«, denke ich. Die See ist nach wie vor freundlich zu mir. Der Wind bläst moderat aus westlichen Richtungen, und CARPE DIEM gleitet mit durchschnittlich sechs Knoten durch die Wellen. Die Selbststeueranlage lenkt sie sicher und zuverlässig, und mein Vertrauen in das mechanische System wächst immer mehr. Daher genehmige ich mir mittlerweile auch mal das eine oder andere kurze Nickerchen. Um nicht richtig fest einzuschlafen, habe ich mir einen kleinen Küchentimer besorgt, der mich alle zehn Minuten aus meinen Träumen wecken soll.

Die Sache mit dem Schlaf

Als Einhandsegler hat man ein zentrales Problem: Man ist allein. Wobei »Problem« vielleicht das falsche Wort ist, denn schließlich ist das Eremitendasein selbst gewählt. Außerdem mag ich es, allein an Bord zu sein. Dennoch ergeben sich aus dieser besonderen Situation auch spezielle Herausforderungen. So tauchte bereits bei den Reisevorbereitungen immer wieder das Thema Schlaf auf. Wie und wann soll man am besten schlafen? Und vor allem wie lange? »Bis zu den wirklich langen Schlägen über die Biskaya und zu den Kanaren wird das Thema wohl nicht so wichtig sein«, beruhige ich mich. Ungeachtet dessen interessiere ich mich natürlich für die Erfahrungen anderer Einhandsegler. Der nahezu gemeinsame Tenor lautet: »Mehr als zehn bis 15 Minuten am Stück sind nicht drin!« Oh Mann ... das klingt hart, gerade für mich als ausgemachten Hardcore-Langschläfer. Die Idee, diesen Rhythmus bereits zu Hause zu trainieren, verwerfe ich schnell wieder, denn das klappt bei mir einfach nicht. Also beschränke ich mich auf entsprechende Versuche während meiner ersten Etappen Richtung Westen. Um die Schlafphasen zu kontrollieren, benutze ich zwei Küchentimer – einen mit Batterie sowie eine Nullachtfünfzehn-Eieruhr, die man mechanisch aufzieht. Und tatsächlich, trotz der ungewohnten Geräuschkulisse im Boot und der stetigen Habachtstellung nicke ich immer wieder kurz ein. Und je tiefer das Nickerchen, umso unangenehmer ist das Erwachen. Das Gepiepe des Timers bzw. das Gerassel der Eieruhr haben sich bis heute tief in mein Gedächtnis eingebrannt.

In der Biskaya folgt dann der erste wirkliche Härtetest. Immer wieder lege ich mich für kurze Intervalle aufs Ohr, und es piept und bimmelt, was das Zeug hält. »Zehn Minuten sind zu wenig«, beschließe ich daher bereits in der ersten Nacht auf

See. Also 15 Minuten, dann 20 und am Ende 30. Als ich nach drei Tagen in La Coruña einlaufe, bin ich trotzdem völlig scholle. »Entweder bin ich für dieses Intervallschlafen nicht geschaffen oder ich mache irgendwas falsch«, notiere ich im Logbuch. In der letzten Nacht habe ich sogar Stimmen gehört, als der Wind durchs Rigg heulte. Das kann ja heiter werden.

Während der mitunter langen Schläge entlang der spanisch-portugiesischen Küste arbeite ich weiter an meiner Schlafperformance. Aber auch hier will sich keine echte Erholung einstellen. 30 Minuten sind hier ohnehin kein Thema. Erstens bin ich dafür zu nah an der Küste, und zweitens gibt es hier jede Menge Schiffsverkehr. Wenn also schlafen, dann nur zehn Minuten.

Der Weg zu den Kanaren bringt dann endlich das ersehnte Erfolgserlebnis. Von der Zehn-Minuten-Theorie habe ich mich mittlerweile verabschiedet; ich lege mich einfach hin und schlafe, wenn es die Umstände erlauben. So etablieren sich nach und nach Intervalle von etwa einer Stunde. Spätestens dann werde ich von selbst wach und checke Kurs und Umgebung. In der Zwischenzeit verlasse ich mich auf das AIS. Nähert sich ein Schiff gefährlich an, schlägt dieses Alarm. Um sicher zu gehen, dass ich auch wirklich wach werde, habe ich mir aus dem Internet einen möglichst nervtötenden Alarmton heruntergeladen, den ich mit dem AIS verknüpfe. Das klappt eigentlich ganz gut. Hundertprozentige Sicherheit gibt es bei einem solchen Vorhaben ohnehin nicht. Selbst wenn man eisern alle zehn Minuten Ausguck hält, kann es passieren, dass man Schiffe in seiner Umgebung übersieht. In hohem Seegang oder bei schlechter Sicht sind die kleinen Navigationslichter anderer Fahrzeuge oft nur sehr schwer zu erkennen, und ab einer Entfernung von fünf Seemeilen sieht man sowieso so gut wie nichts mehr.

In den endlosen Weiten des Atlantiks werde ich sogar noch entspannter. Hier schlafe ich mitunter zwei bis drei Stunden am Stück, denn wenn man müde ist, muss man einfach schlafen, und zwar so, dass es auch was bringt. Letztlich ist das natürlich nur meine persönliche, subjektive Wahrnehmung – am Ende muss jeder selbst entscheiden, wie er mit dem Thema umgeht. Wer mir aber erzählt, dass er wochenlang in Zehn-Minuten-Intervallen schlafen kann, ohne irrezuwerden, ist entweder ein medizinisches Wunder oder auch zu Hause daran gewöhnt, regelmäßig rosa Elefanten zu begegnen.

Im Ärmelkanal
Juli bis August 2012

Belgisches Bier

Gleich ist es so weit. Am Horizont kann ich bereits die Umrisse der riesigen Hafenanlagen erkennen. Rotterdam. Das Revierhandbuch informiert:

»... der Hafen von Rotterdam ist nach Schanghai und Singapur der drittgrößte Seehafen der Welt.«

Klingt spannend, besonders weil in der Anfahrt zum Hafen – der sogenannten Maas Entrance – außerordentlich dichter Verkehr herrschen soll. Den weiteren Anweisungen des Handbuchs folgend melde ich mich über Funk beim Revierdienst an. Ein netter Holländer antwortet: »I see two sail-bootjes. Are you the closest to the shore?« »I think so«, antworte ich knapp. Was weiß ich, wer da noch alles rumfährt. Wenig später erhalte ich die Erlaubnis zur Passage der Maasmündung und lege Kurs auf das entsprechend markierte Fahrwasser an. Die Maschine läuft der Vorschrift entsprechend auf Stand-by mit. In der Ferne zeigen sich bereits die ersten großen Seeschiffe, und noch glaube ich, dass ich schnell genug bin, um noch vor ihnen die Einfahrt zu passieren. Pustekuchen! Die Riesenschiffe, sind so unfassbar schnell, dass es bereits genügt, nur fünf Minuten nicht genau hinzuschauen, und – zack – schon sind sie da. Insgesamt fünfmal muss ich ausweichen bzw. die Schoten so weit fieren, dass die Frachter, Tanker und Kreuzfahrtschiffe an mir vorbeikommen. Erst dann ergibt sich eine etwas größere Lücke, die es mir erlaubt, die Zufahrt zu queren. Wieder unter Deck werfe ich einen Blick auf das AIS. Hier wimmelt es nur so von Signalen, sodass man vor lauter Schiffsnamen fast kein Wasser mehr sieht. In der Detailansicht kann ich zusätzliche Daten auslesen. Neben Start- und Zielhafen, ihrer Identifikationsnummer

MMSI und der Ladung findet sich auch die Geschwindigkeit über Grund. »Dat is ja der Hammer!«, entfährt es mir. Mit bis zu 25 Knoten kacheln die Ozeanriesen in die Hafenzufahrt. Kein Wunder, dass die so schnell da sind. Der Wind bläst jetzt mit drei bis vier Windstärken aus südwestlichen Richtungen. Mit Rotterdam im Kielwasser beginne ich daher aufzukreuzen, wozu ich den elektrischen Autopiloten nutze. Zwar könnte ich das Manöver auch mit dem mechanischen Windpiloten bewerkstelligen, aber so ist es doch etwas einfacher. Das Verfahren ist sehr simpel. Zunächst wird der Windpilot von der Steuerung ausgekuppelt und per Handsteuerung etwas abgefallen, um so Fahrt aufzunehmen. Dann werden der elektrische Autopilot aktiviert, die Vorschoten auf Stand-by genommen und der neue Kurs in Zehnerschritten am Autopiloten eingestellt. Zum Wenden fahre ich mit einer Kursänderung von 120° durch den Wind. Das ist sicher und ausreichend. Sind die Schoten wieder dicht, kann man meist noch etwas anluven. Fertig. Halsen ist schon etwas schwieriger. Denn leider kann ich nicht beeinflussen, mit welcher Geschwindigkeit der elektrische Autopilot mit dem Heck durch den Wind fährt. Ist die Kursänderung zu schnell, hat man kaum Zeit, die Großschot ordentlich dichtzuholen bzw. nach der Halse schnell zu fieren. Immerhin wollen die Vorschoten ja auch etwas Aufmerksamkeit haben. Bei moderaten Verhältnissen kann man es aber trotzdem mit dem Elektropiloten schaffen, und zwar so: Erst auf einen sicheren Raumwindkurs gehen, die Großschot durchholen, per Autopilot rund achtern gehen, die Großschot schnell und weit auffieren sowie möglichst zeitgleich damit beginnen, die Fock überzuholen. Zugegeben, anfänglich ist das ganz schön viel Hantiererei und sieht nicht immer besonders elegant aus. Aber mit der Zeit bekommt man doch schnell Übung und Routine. Wenn es mal etwas kräftiger bläst, kann man das Einhandhalsen auch anders bewerkstelligen. Manch einer holt dazu beispielsweise vor der Halse kurz das Vorsegel ein, sodass er sich beim Halsen nur um das Groß kümmern muss. Bei den heute gängigen Rollanlagen ist das keine schlechte Lösung, denn Bergen und erneutes Setzen des Vorsegels sind damit in Nullkommanichts erledigt. Ich selbst habe mir bei stärkerem Wind allerdings ein anderes Verfahren angewöhnt, und zwar die Wende. »Wie bitte?«, wird sich jetzt vielleicht mancher denken. Aber ich meine das ganz ernst. Anstatt zu halsen, kann man nämlich auch einfach wenden. Zunächst luvt man vom Raumwindkurs langsam auf einen Amwindkurs an. Das ist natürlich eine ganz ordentliche Kursänderung, und man bekommt schnell das Gefühl, wieder nach Hause zu segeln. Aber wir sind ja auch noch nicht fertig. Aus dem Amwindkurs fahre ich nun die Wende und falle anschließend wieder langsam auf einen Raumwindkurs ab. Das Ergebnis ist der gleiche Kurs, wie ich ihn auch nach einer Halse erreicht hätte.

An Backbord zieht jetzt die Provinz Zeeland vorbei, das vorerst letzte Stück Niederlande, das Land meiner seglerischen Wurzeln. Und nun geht es für mich weiter, in bis dato unbekannte Reviere und Häfen. Etwa 40 Seemeilen später passiere ich die niederländisch-belgische Grenze. »Ein Land mehr im Kielwasser«, lautet der Eintrag im Logbuch. Außerdem schmökere ich im Revierführer Nordsee.

»... die belgische Küste ist recht kurz«, erfahre ich da. »Die nur gute Handvoll Häfen reicht also aus, um ein relativ dichtes Netz an Einlaufmöglichkeiten zu spinnen. Seehafen bedeutet übrigens, dass jenes Refugium unmittelbar an der Nordsee liegt.« »Sapperlot!«, lache ich am Navitisch. Das ist ja mal 'ne Info. »Man muss hier mit Großschifffahrt (insbesondere Fähren), Strömungen, Sandbänken und – bei entsprechender Wetterlage – hohen Wellen rechnen.«

Viel mehr steht da erst mal nicht, dann folgen gleich die jeweiligen Hafeninfos. In Ostende gibt es zwei Yachthäfen mit Gastliegeplätzen, einen im Tidenrevier sowie einen weiteren stadtnah hinter einer Schleuse. Da ich beabsichtige, von

Ostende noch einmal nach Hause zu fahren, entscheide ich mich für die zentrale Marina. Aber Moment mal, wie lange wird die Schleuse denn überhaupt bedient? Auch diese Information finde ich in meinem Revierwälzer: Um 20 Uhr ist dort Zapfenstreich.»Mist!« Ein Blick auf die Uhr genügt, um zu wissen, dass das knapp wird. Was nun? Auf der Karte finde ich schnell einen Alternativhafen, denn gleich neben Ostende liegt Zeebrugge, wo es eine große Marina ohne Schleuse, aber mit Gastplätzen gibt. Ich ändere also kurzerhand meinen Zielhafen und lege Kurs Zeebrugge an. Das ist auch so eine Erfahrung, die ich bereits jetzt verinnerlicht habe: Erstens kommt es anders und zweitens als man denkt. Offenbar ein ungeschriebenes Gesetz beim Segeln, besonders dann, wenn man in einem bis dato unbekannten Revier unterwegs ist. Das Wetter kann einem ja sowieso immer einen Strich durch die Rechnung machen.

Die Anfahrt nach Zeebrugge beginnt. Nichts Dramatisches, viel Platz und keine nennenswerten Untiefen. Dennoch halte ich mich möglichst in der eingezeichneten Zufahrt. Der Wind kommt jetzt von achtern und hat in der Zwischenzeit etwas aufgefrischt, sodass sich im nun flacher werdenden Wasser eine ganz ordentliche Welle aufbaut. Im Niedergang stehend beobachte ich, wie die mächtigen Seen von hinten anrollen. Aus dieser Perspektive wirken die Wasserberge noch höher. CARPE rollt und giert heftig. Der Windpilot steuert trotzdem nach wie vor gut und sicher. Immer wieder schlägt die Windfahne zu beiden Seiten aus und sorgt so für eine Kurskorrektur.

Die Marina in Zeebrugge ist ganz schön groß. Ich lege am Meldesteiger direkt hinter der Einfahrt an, jedoch hat der Hafenmeister leider schon Feierabend gemacht. Also verbringe ich die Nacht gleich dort, wo ich bin. Erst am nächsten Morgen wird mir ein Platz etwas weiter hinten zugewiesen. Nach kurzer Anfahrt mache ich dort, umgeben von riesigen Wohnblöcken und zahllosen Yachten, die Leinen fest. Hier bleibt CARPE für zwei Wochen und kann sich etwas mit den Nachbarbooten unterhalten. Bevor ich per Kusttram zum Bahnhof fahre, erkunde ich noch kurz die nähere Umgebung. Nur ein paar Hundert Meter entfernt liegt beispielsweise ein altes Feuerschiff, das man besichtigen kann. Viel interessanter finde ich allerdings das alte russische U-Boot, das unmittelbar daneben im Wasser liegt und zur sogenannten Foxtrott-Klasse gehört. Diese wurde ab den späten 1950er-bis Mitte der 1980er-Jahre gebaut und konnte ganze vier Tage ohne Unterbrechung in großer Tiefe operieren. Als eingefleischter *Das-Boot*-Fan reizt es mich schon, den stählernen Koloss einmal von innen zu sehen. Am Ende lasse ich es dann aber doch, denn zum einen gibt's bereits eine lange Schlange vor der Kasse und zum anderen habe ich vor nicht allzu langer Zeit in Laboe ein U-Boot besichtigt. Dort befindet sich nämlich U995, das letzte erhaltene Boot der Klasse VII und ein Relikt aus dem Zweiten Weltkrieg.

Die belgische Kusttram ist eine Überlandstraßenbahn und verbindet alle flämischen Küstenorte miteinander – eine echt gute und günstige Sache. Für mich beginnt in den schaukelnden Waggons nun eine kleine Odyssee, muss ich doch zunächst in die Niederlande, wo noch immer mein Auto steht. Was die Kusttram gut vormacht, verbaselt die Bahn anschließend komplett. Denn es dauert eine halbe Ewigkeit, bis ich nach zigfachem Umsteigen und endlosen Wartezeiten mitten in der Nacht im holländischen Sneek ankomme. Die Bürgersteige sind mittlerweile hochgeklappt, und auf den Straßen ist keine Menschenseele zu sehen. Auch am Bahnhof herrscht Endzeitstimmung. Keine Menschen, keine Züge, nichts. Laut Fahrplan fährt erst am kommenden Morgen die nächste Bimmelbahn Richtung Stavoren. Und jetzt ist es kurz nach Mitternacht, und auf sechs Stunden zugigen Bahnsteig habe ich nicht wirklich Lust. »Ein Hotel wäre jetzt cool«, geht mir durch den Kopf. Aber leider ist auch das im völlig verwaisten Sneek nicht zu bewerkstelligen. Nachdem ich vergeblich an einer Handvoll Türen gerüttelt habe, verschlägt es mich in eine Kneipe. Am Tresen zecht eine Gruppe junger Holländer, was die Leber aushält, und lädt mich spontan auf ein Bier ein. Die Bedienung bemerkt natürlich sofort, dass ich kein Einheimischer bin und beäugt mich neugierig. Auf meine Frage nach einem Zimmer oder Hotel ernte ich nur Gelächter. »Um diese Zeit? Am Sonntag? In Sneek? Keine Chance!« »Gibt's denn hier wenigstens ein Taxi?«, frage ich weiter. Ein guter Einfall, wie sich zeigen soll. Denn eine gute halbe Stunde und zwei Biere später steht ein junger Mann mit seinem Volvo vor der Tür. Ein Taxischild kann ich nirgendwo erkennen, und auch im Wagen fehlt das übliche Equipment. Scheint ein Privatwagen zu sein. Mir soll's wurscht sein. Wir einigen uns auf einen Preis, und ab geht die Fahrt. Eine knappe Dreiviertelstunde später sitze ich dann in meinem Auto. Ich bin völlig fertig, und die drei Biertjes aus Sneek tun ihr Übriges. Dennoch starte ich Richtung Heimat, auch wenn es in der Zwischenzeit schon 2.30 Uhr morgens ist. Nach einem erfolglosen Versuch, in einem Autobahnmotel ein Zimmer zu ergattern, sowie einem ausgedehnten Nickerchen auf einem Rastplatz laufe ich schließlich am frühen Morgen in der Koblenzer Heimat ein.

Willkommen bei den Sch'tis

Juli 2012, Ruth und ich sind zurück in Zeebrugge. Dieses Mal sind wir gleich von vornherein mit der Bahn angereist und haben das Auto zu Hause gelassen. Wir wollen in den nächsten Wochen Richtung Bretagne segeln. Wieder ein völlig neues Revier, das mir mit seinen enormen Tidenhüben und Strömungen schon jetzt Ehrfurcht einflößt. Den ganzen Tag war es sonnig, schüttet aber wie aus Eimern, als wir bei CARPE ankommen. Egal, wir versorgen uns mit dem Nötigsten und freuen uns auf die gemeinsame Zeit an Bord. So langsam spricht sich mein Vorhaben wohl auch in der Seglerszene herum, denn bei unserer Ankunft haben wir an der Reling eine Flasche Bier und gute Wünsche für die Reise vorgefunden.

Die kommenden Tage führen uns in Etappen nach Ostende, Dünkirchen, Boulogne-sur-Mer, Dieppe, Fécamp und Le Havre. Obwohl ich hier noch nie zuvor unterwegs war und mein Respekt vor dem Ärmelkanal groß ist, verlaufen unsere Schläge sicher und problemlos. Das liegt nicht zuletzt an einer gewissenhaften Vorbereitung. Unzählige Hafenhandbücher, Revierführer, Seekarten, Tidenkalender und Stromatlanten habe ich in den letzten Wochen in CARPE DIEMS Bauch verstaut. Darüber hinaus stöbere ich immer wieder mal in Foren und Blogs nach Erfahrungsberichten anderer Segler. Der Ärmelkanal verliert so mehr und mehr seinen vermeintlichen Schrecken. Zwar gehört die Enge zwischen England und Kontinent ohne Zweifel zu den anspruchsvolleren Revieren der Nordsee, Angst muss man aber nicht haben. Respekt und Umsicht sind hier eher die passenden Substantive.

Nur ein kurzes Seestück von Zeebrugge entfernt liegt Ostende. Dort machen wir zum ersten Mal Halt, obwohl wir heute eigentlich noch etwas weiterkommen wollten. Aber der böige Wind und die ungünstige Tide haben uns dann doch umdenken lassen. In der Anfahrt und auch dahinter ist viel Platz. Also geht es unter Segeln bis in den Vorhafen, wo wir noch einmal durch eine Schleuse müssen, die wohl letzte auf meinem langen Weg in die Karibik. Bereits in der Schleuse wird an einer langen Schnur ein Anmeldeformular zu uns heruntergelassen und uns ein Liegeplatz zugewiesen. Zeit zum Ausfüllen habe ich wahrlich genug, denn das Schleusen dauert eine halbe Ewigkeit. Ein paar Hundert Meter und zwei Hubbrücken später erreichen wir die Mercator Marina, die sich in fußläufiger Entfernung zum Zentrum befindet. Diese zentrale Lage bezahlt man mit einer ganz ordentlichen Geräuschkulisse, aber ansonsten ist es hier echt nett. Hinter uns liegt eine riesige Dreimastbark, und gleich auf der anderen Straßenseite sehen wir einen gut sortierten Supermarkt. Einzig das Toilettengebäude ist nix für schwache Nerven. Das Zahlenschloss an der Tür hat wohl schon vor längerer Zeit den Geist aufgegeben, und so wird der Lokus von allen möglichen Leuten benutzt. Die Innenstadt und insbesondere die große Flaniermeile direkt am Nordseestrand sind für belgische (Küsten-)Verhältnisse hingegen sehenswert. Nach zwei erholsamen Tagen verabschieden wir uns in der Schleuse vom Hafenmeister und setzen die Segel Richtung Dünkirchen.

Die französische Küstenstadt kündigt sich bereits weithin sichtbar durch eine unschöne und zudem stinkende Industrieanlage an. Die Ansteuerung ist hier etwas schwieriger. Quer durch die sogenannten Flanderschen Sände – ein Gebiet mit zahlreichen Untiefen und Sandbänken – müssen wir die eine oder andere Wende fahren. Das Wetter ist uns aber nach wie vor freundlich gesonnen, und so segeln wir problemlos durch das gut betonnte Fahrwasser. Auch die Hafenanlagen von Dünkirchen sind riesig. Ein breiter Kanal führt in den inneren Bereich, wo es zwei Häfen mit Gastliegeplätzen gibt. Da wir uns das Städtchen anschauen wollen, entscheiden wir uns für die stadtnahe Marina.

Der Name Dünkirchen ist mir noch aus meinem lange zurückliegenden Geschichtsunterricht in Erinnerung. Im Zweiten Weltkrieg kam es hier zur sogenannten Schlacht von Dünkirchen, in deren Verlauf 1940 mehr als 300 000 alliierte Soldaten von deutschen Truppen eingekesselt wurden. In einer bis dahin noch nie da gewesenen Rettungsaktion gelang es der britischen und französischen Armee, alle Soldaten aus dieser aussichtslosen Lage zu retten. Dabei wurde die Stadt jedoch nahezu vollständig zerstört. Entsprechend wenig historische Bausubstanz ist heute noch vorhanden, sodass unser Stadtrundgang bereits nach gut zwei Stunden endet.

Unsere nächste Station heißt Boulogne-sur-Mer. Von hier kommt übrigens ein gewisser Franck Ribéry, seines Zeichens Fußballstar beim FC Bayern. Auch heute lacht die Sonne von einem strahlend blauen Himmel herab. Da fällt das erneut sehr frühe Aufstehen doch gleich etwas leichter. Wind ist zwar bisher noch keiner so richtig aufgekommen, aber dennoch werfen wir gegen sieben Uhr die Leinen los und setzen kurz vor der Hafenmole die Segel. Etwas später passieren wir bereits Calais, wo uns dichter Fährverkehr erwartet. Trotz guter Fernsicht können wir die Kreidefelsen von Dover heute nur erahnen. »Jetzt wäre es nicht mehr weit zur Olympiade«, sage ich zu Ruth. Wäre doch cool, da jetzt mit CARPE zu liegen und sich den einen oder anderen Wettkampf anzuschauen. Allerdings wurde mir vor einigen Tagen erzählt, dass die Tagespreise in den Londoner St Katherine Docks gerade bei 500 Pfund liegen sollen. Das liegt dann doch außerhalb unserer finanziellen Möglichkeiten. Also weiter nach Boulogne. Am Cap Gris-Nez verabschiedet sich der ohnehin schwache Wind dann komplett. Also werfen wir die Maschine an und motoren die letzten Seemeilen.

Boulogne-sur-Mer ist eine Stadt mit typisch nordfranzösischem Gesicht. Neben klobigen Hochhäusern und einer recht rustikalen Innenstadt findet sich auch ein historisches Altstadtviertel samt Burg und Wassergraben. Hier drehen wir eine ausgedehnte Runde und genießen die warmen Sonnenstrahlen. Außerdem ist gerade Kirmes. Zu einer Runde Karussell kann ich Ruth dann aber doch nicht überreden, denn das fast tägliche Geschaukel auf See reicht ihr wohl vorerst. Die Marina ist einfach, aber schön. So langsam spürt man doch etwas mehr internationales Flair. An den Stegen finden sich viele Boote aus England, die für einen Kurzbesuch aus dem Königreich herübergeschippert kommen. Gleich neben uns hat beispielsweise ein nettes älteres Ehepaar festgemacht, dem ich spontan bei ihren Computerproblemen helfen kann. Der Tidenhub beträgt hier jetzt gut sieben Meter, was ungefähr den Ausmaßen eines drei- bis vierstöckigen Wohnhauses entspricht. Das führt zu ungewohnten Perspektiven. Denn während man bei Flut bequem über die Hafenmole schauen kann, verschwindet man bei Ebbe in einem tiefen Loch. Hat man in der Zwischenzeit ein Nickerchen gemacht, wähnt man sich angesichts des völlig neuen Anblicks tatsächlich kurz in einem anderen Hafen.

Eigentlich sind wir auf dem Weg nach Fécamp, als uns am nächsten Tag schon wieder der Wind abhandenkommt. Zu diesem Zeitpunkt haben wir bereits einige Stunden gegen den Wind hinter uns und gefühlte 200 Wenden gefahren. Laut Wetterbericht sollte es heute durchgehend mit drei bis vier Windstärken aus Westsüdwest blasen. Aber die Vorhersagen sind leider schon seit Tagen alles andere als verlässlich. Der sich zusätzlich einstellende Dauerregen lässt uns schließlich über mögliche Alternativen nachdenken. Ich habe sowieso noch einen leicht dicken Hals. Denn als wir morgens in Boulogne-sur-Mer ablegen wollten, gerieten wir unerwartet in Schwierigkeiten. Ein etwas übereifriger Wassersportler meinte nämlich, mal eben so und ungefragt unsere Leinen loswerfen zu müssen, während wir noch mit den Vorbereitungen beschäftigt waren. Bevor ich reagieren konnte, standen wir schon quer an unserem Steg und wurden vom Wind gegen die Nachbarboote gedrückt. Der Mann kann von Glück reden, dass wir dann tatsächlich gleich losgefahren sind. Wäre ich noch einmal auf den Steg gekommen, hätte ich mir den Spezialisten sicher mal zur Brust genommen. So habe ich es bei einer kleinen verbalen Attacke belassen.

Wegen der schwachen, drehenden Winde und des Dauerregens entscheiden wir uns schließlich für Dieppe als Ausweichhafen. Andernfalls würden wir auch noch richtig in den Gegenstrom rasseln. Daher liegen wir später direkt in der Innenstadt von Dieppe. Erst vor Kurzem habe ich den französischen Blockbuster *Willkommen bei den Sch'tis* gesehen. Und genau in diesem Film wähne ich mich dort. Alte Häuserzeilen, unzählige Cafés und ein lebendiger Markt, der sich durch die komplette City erstreckt. Hier gefällt es uns gut. Also bleiben wir gleich ein paar Tage. Viel Wind wird für die nächsten Tage sowieso nicht gemeldet. In der schönen innerstädtischen Marina geht es auch hier mit gewaltigen Gezeiten rauf und runter. Flut vorausgesetzt, kann man hier vom Cockpit aus stundenlang dem Treiben auf der Promenade zuschauen. Daneben laufen immer wieder voll beladene Fischtrawler in den Hafen und entleeren an der gegenüberliegenden Pier ihre Laderäume. Abends kommt das tagsüber quirlige Treiben und Durcheinander dann fast vollständig zum Erliegen. Es beginnt dann die Zeit, sich in eines der vielen kleinen Restaurants an der Promenade zu begeben und die teils exzellenten Fischgerichte zu genießen. Dieppe entpuppt sich so für uns als echter Geheimtipp und wäre als reiner Durchgangshafen viel zu schade gewesen.

Die französische Küste verändert sich nun zusehends; wir sind in der Normandie angekommen. Wie auch auf der englischen Seite des Kanals findet man hier eine wunderschöne Steilküste aus weißen Kreidefelsen. Das, was wir in den letzten Tagen an Wind zu wenig hatten, kommt jetzt offenbar auf einen Schlag. Seit dem Ablegen am frühen Morgen nimmt die Brise stetig zu. Der Windmesser in meiner Hand zeigt mittlerweile durchgehend 25 Knoten an, was nicht nach viel klingt, aber immerhin sechs Windstärken sind. Die Wellenhöhe nimmt auch zu und erreicht sicher gut zwei bis drei Meter. Dabei hatte der Wetterbericht für heute eigentlich moderate vier Windstärken gemeldet. Na, zumindest stimmt die vorhergesagte Richtung.

Wir sind bereits rund sieben Stunden unterwegs, als ich in der Ferne eine Lücke in der Steilküste entdecke. »Das muss Fécamp sein«, rufe ich durch den lauten Wind. Es bläst jetzt schon mit bis zu sieben Windstärken, und immer wieder gehen heftige Schauer nieder. Trotzdem müssen wir ein weiteres Mal wenden, was gar nicht so einfach ist. Drehe ich im falschen Moment durch den Wind und erwische eine der großen Wellen genau von vorn, steht unser leichtes Boot von jetzt auf gleich mehr oder weniger auf der Stelle. Manövrieren geht dann nicht mehr. Also müssen wir mit ausreichend Fahrt und entschieden in die Wende gehen, und die Vorschotmanöver müssen jetzt auch sitzen. Ein back stehendes Vorsegel oder verhedderte Schoten können schnell gefährlich werden. Aber wir sind ein gut eingespieltes Team, und so gelingen die Richtungswechsel auch unter diesen Bedingungen ohne Probleme. Angestrengt sind wir trotzdem, zumal uns nun auch noch die Tide entgegenzulaufen beginnt. Das macht die jetzt mitlaufende Welle zwar etwas weniger steil, verringert unsere Fahrt über Grund aber um weitere ein bis zwei Knoten. Ein Blick auf Uhr und Karte verheißt dann auch nichts Gutes. Denn laut Hafenhandbuch ist die Einfahrt nach Fécamp nicht besonders tief. Hinzu kommt, dass die Wassertiefen aufgrund stetiger Veränderungen des Meeresbodens immer wieder stark variieren können. Für die Ansteuerung wird daher ein Zeitfenster von bis zu maximal zwei Stunden nach Hochwasser empfohlen. Das wird bei unserer gegenwärtigen Geschwindigkeit aber knapp, sodass ich mich dazu entschließe, die Segel zu bergen und die letzten Seemeilen unter Maschine auf direktem Kurs in Angriff zu nehmen. Gut anderthalb Stunden später haben wir es dann geschafft – wir liegen im Hafen von Fécamp. Trotz des noch ausreichenden Zeitpuffers nach Hochwasser hatte ich in der Hafeneinfahrt doch etwas Bammel. Aber wie so oft entpuppten sich die Warnungen als etwas überzogen, und so konnten wir ohne Probleme und mit genug Wasser unterm Kiel in die Zufahrt fahren.

Fécamp liegt wunderschön umgeben von der Steilküste. Der Hafen ist klein und gemütlich, aber leider sind auch hier die Toiletten ein Fall für eine Hepatitis-C-Impfung. Schade eigentlich, denn ansonsten ist es hier echt muckelig. Der Ort selbst ist nett, aber übersichtlich, und der Rundgang durch die City nach zwei Stunden beendet. Dafür machen wir uns am nächsten Tag auf, die umliegenden Küstenhänge zu erkunden. Als nicht gerade ausgemachte Bergziege habe ich beim Aufstieg so meine liebe Not, denn ich muss knappe 130 Kilogramm den Berg hinaufwuchten. Während ich also schnaufe wie eine alte Dampflok, springt Ruth fröhlich vor mir her. Ihr kann es manchmal gar nicht steil genug sein. Vorbei an zahllosen Feriendomizilen und über einen engen Pfad erreichen wir schließlich das Plateau, von dem aus sich eine fantastische Aussicht auf die Stadt sowie die umliegende Steilküste bietet. Die Mühe hat sich also doch gelohnt. Nächster Programmpunkt ist die nahegelegene Seefahrerkirche von Fécamp, an deren Wänden zahllose Bilder gesunkener Schiffe und lange Listen der ertrunkenen Seeleute zu sehen sind. »Genau das Richtige nach dem gestrigen Starkwind«, witzle ich. Aber im Ernst, die vielen Namen auf den Gedenktafeln hinterlassen bei mir doch eher ein beklemmendes Gefühl. Wieder an der frischen Luft, laufen wir noch ein Stück hoch oben entlang der dramatischen Steilküste.

Le Havre, wir kommen! Mit weniger als 30 Seemeilen wird das heute nur ein kurzer Schlag. Das passt gut zum erneut schwachen Wind. Die Tide meint es gerade jedoch nicht so gut mit uns, denn der Wecker rappelt um fünf Uhr in der Früh. »Genau meine Zeit«, stelle ich noch todmüde fest, während ich versuche, mich nicht mit der Zahnbürste zu verletzen. Das Frühstück verläuft auch wortkarg, bevor wir gegen sieben Uhr Fécamp verlassen. Zur Entschädigung gibt es bei der Hafenausfahrt einen Bilderbuchsonnenaufgang zu bestaunen. Zwei weitere Becher Kaffee später ist die Welt dann wieder in Ordnung. Die Fahrt verläuft ruhig, aber dennoch zügig. Vorbei an den berühmten Felsbögen von Étretat sowie dem Ölterminal Antifer, kommt bereits nach knapp drei Stunden die Silhouette von Le Havre in Sicht. Besonders fallen ein sehr hoher Kirchturm sowie die unübersehbaren Hafenanlagen ins Auge. Bereits von Weitem können wir einige riesige Fähren ausmachen. Die große Marina liegt dann unmittelbar hinter den Molenköpfen links. Hier sollte man etwas Abstand zu den hohen Steinwällen rund um den Yachthafen halten, da diese unter der Wasserlinie nur flach abfallen und es so schnell untief werden kann. Gleich am ersten Steg finden wir einen Gastplatz und checken beim Hafenmeister ein.

Die Stadt selber ist für uns nicht besonders attraktiv, denn leider wurde auch Le Havre im Zweiten Weltkrieg nahezu vollständig zerstört. Der anschließende Wiederaufbau musste wie so oft schnell und günstig vonstattengehen. Daher entstanden endlose Häuserblöcke aus grauem Beton in rechtwinkligen Straßenzügen – wirklich schöne Ecken finden sich nur wenige. Einen gewissen Charme hat diese nordfranzösische Stadt jedoch schon. So gibt es beispielsweise viele Museen und auch die riesige St.-Joseph-Kirche ist einen Besuch wert. Aber apropos Zerstörung, auch dazu fällt mir eine Anekdote ein ...

Master of Desaster
Oktober 2012, La Coruña/Spanien, zurückgelegte Distanz seit Fehmarn: circa 1700 Seemeilen

Das war ja klar. Da beauftrage ich einen vermeintlichen Fachmann mit der Nachrüstung eines neuen Windgenerators und erwische den offenbar unfähigsten Mann in ganz Galizien. Sein Name: Emilio. Ich nenne ihn aber nur noch Master of Desaster. Denn es ist tatsächlich ein Desaster, was ich nach einigen Tagen Heimaturlaub in der Marina Real vorfinde.

Vor gut zwei Wochen bin ich in La Coruña eingelaufen. Hinter mir lag die gefürchtete Biskaya, aber alles in allem war die Passage problemlos verlaufen. Der Wind blies meist aus Nordost, nur am dritten Seetag wurde es mit knapp 30 Knoten etwas ungemütlich. Nicht so erfreulich war hingegen die Performance des Windgenerators im Mast. Dieser produzierte nämlich trotz ausreichendem Wind kaum Strom. Am dritten Tag meiner Biskayaquerung waren die Batterien daher am Ende. Das Gerät entpuppte sich als völlige Fehlinvestition, und so war schnell klar, dass ich damit nicht über den Atlantik kommen würde. Es musste ein Ersatz her. Zurück in Deutschland suchte ich im Internet nach einem Fachmann für die notwendigen Arbeiten und fand Emilio. Nach einer Anzahlung von 500 Euro sollte der Auftrag innerhalb der nächsten zwei Wochen erledigt sein.

Nun sitze ich zusammen mit Ruth in CARPES Bauch und spreche meinen Frust in meine Tagebuchkamera. Schon bei unserer Ankunft in der Marina haben wir bemerkt, dass auf dem Boot kein neuer Generator angebracht war. Lediglich ein wackeliger Mast, ohne jegliche Verstrebung, stand achtern an Deck. Beim Hafenmeister fanden wir dann einen Zettel von Emilio vor: »I come at 6 to talk.« Um kurz nach sechs kommt er dann auch. Eigentlich ein netter Kerl, der ein bisschen wie Krusty der Clown von den Simpsons aussieht. Mit Händen und Füßen wird mir von andauernden Unwägbarkeiten und Problemen berichtet. Da hat einer nicht geliefert, hier gibt es gerade kein Material und so weiter und so fort. Morgen soll nun aber alles fertig werden. »Wer's glaubt ...«, raune ich Ruth zu.

Am nächsten Morgen kommt Emilio an Bord und beginnt gleich zu werkeln. Den Mast für den fast 30 Kilogramm schweren Generator will er tatsächlich nur an der Reling verstreben. Dementsprechend wankt das Teil bereits im Hafen gefährlich hin und her. »So geht das nicht«, sage ich zu ihm. »Kein Problem. Ich rufe einen Freund an. Der hat das schon öfter gemacht«, antwortet er. Kurze Zeit später erscheint dann besagter Freund am Steg. Bereits als er mir die Hand gibt, bemerke ich, dass der gute Mann ordentlich einen im Tee hat. Man könnte auch sagen, er ist völlig blau. Er taumelt übers Deck und überschlägt sich fast vor fachmännischen Ratschlägen, die mir die Haare zu Berge stehen lassen. Man solle den Mast doch einfach mit ein paar Seilen abspannen. Das würde schon irgendwie halten. Auch diese innovative Idee lehne ich kategorisch ab.

So vergeht der Vormittag. An Boot und Generator passiert nicht wirklich viel. Dafür bemerke ich, dass weder der Kühlschrank noch die nautischen Instrumente am Steuerstand funktionieren. Sehr merkwürdig. Ich prüfe also das Schaltpaneel in der Naviecke. Auch hier ist alles zappenduster. Weder die Anzeige für den Wassertank noch für die Batteriespannung zeigen etwas an. »Sach ma Emilio. Wat is denn hier mit dem Paneel los?«, frage ich den Niedergang hinauf. »Ja, das hat mich auch schon gewundert. Das war schon so«, meint Emilio. Bemüht, die Ruhe zu bewahren, gehe ich der Sache weiter auf den Grund. Und siehe da, die Platine hinter dem Schaltpaneel ist an einigen Stellen durchgebrannt. So ganz langsam schwillt mir nun doch der Kamm. Ich rufe Emilio hinzu, der sich das Dilemma anschaut und trocken meint: »Das kann ich aber nicht auch noch machen, denn morgen fahre ich für vier Wochen in den Urlaub.«

Das ist der sprichwörtliche Tropfen, der mein inneres Geduldsfass zum Überlaufen bringt. An Deck herrscht nach wie vor völliges Chaos. Kein Generator, ein schwankender Mast mit irgendwelchen Leinen und Strippen, eine Handvoll neuer Bohrlöcher am Heck und als i-Tüpfelchen das Ganze mit ordentlich Sikaflex eingeschmiert. Emilio ahnt wohl schon, was auf ihn zukommt, denn auf meine deutliche Bitte, den ganzen Mist sofort wieder abzubauen und mir mein Geld zurückzugeben, kommt keinerlei Einwand. Vielmehr habe ich den Eindruck, er ist sogar erleichtert. Und plötzlich geht alles zack, zack. Die kippelige Mastkonstruktion und die ohnehin nicht angeschlossenen Kabel sind in Windeseile demontiert und in seinem Seat verstaut. Und auch die 500 Euro Anzahlung hat er gleich passend in der Hosentasche. Zwei Stunden später hocke ich in der Hafenbar, vor mir eine große Cerveza. Das bleibt an diesem Tag nicht die letzte, denn ich bin echt bedient. Nur gut, dass Ruth dabei ist und verhindert, dass ich hier gleich Amok laufe.

Von Le Havre nach Roscoff
August 2012

Eine Reuse und ein Ausweichhafen

Jetzt bin ich also tatsächlich allein unterwegs. Und zwar nicht nur für ein paar Etappen, sondern für den kompletten Weg Richtung Karibik. Diese Erkenntnis trifft mich mit einer Mischung aus Euphorie und Schiss. Es ist sieben Uhr morgens, und vor wenigen Minuten habe ich die Leinen in Le Havre losgeworfen. Ruth ist gestern mit dem Zug zurück nach Deutschland gereist. Ihre Ferien sind nach fast drei Wochen gemeinsamer Fahrt zu Ende, und irgendwie fehlt sie mir schon an allen Ecken und Enden. Die Nacht war wieder mal um 5.30 Uhr vorbei – das frühe Aufstehen ist und bleibt meine persönliche Folter beim Segeln. Daran kann ich mich trotz aller Bemühungen einfach nicht gewöhnen.

Die heutige Etappe soll mich nach Cherbourg-Octeville an der Spitze der Halbinsel Cotentin bringen, was in Hinblick auf Tide und Strom eine vorausschauende Planung erfordert. Denn wenn ich zu spät an der Landspitze von Barfleur ankomme, setzt hier ein Gegenstrom von bis zu drei Knoten. Das würde je nach Verhältnissen Stillstand oder gar Rückwärtssegeln bedeuten. Also lande ich zwangsläufig wieder bei der morgendlichen Schlafentzugsfolter. Nicht genug damit, so früh aus der Koje zu müssen. Nein, es soll dann nach Möglichkeit auch noch alles möglichst fix und wohl organisiert ablaufen, um nicht zu viel Zeit zu verlieren. Aber da stoße ich regelmäßig an meine organisatorischen Grenzen. Wie auch heute, wo ich eigentlich schon wieder etwas zu spät dran bin.

Bereits im Vorhafen setze ich das Groß, und kurz vor den Molenköpfen nehme ich auch gleich die Genua dazu. Der Wind bläst mit drei Windstärken aus Südsüdwest – das passt. Vor

Le Havre befindet sich eine große Reede, in der zurzeit viele Frachter und Tanker vor Anker liegen. Im Zickzackkurs umkurve ich die Ozeanriesen und beäuge neugierig deren Namen und Heimathäfen. Die wenigsten kommen aus europäischen Gefilden. Deutlich häufiger sieht man die Flaggen zentralamerikanischer Staaten wie Panama oder Schiffe aus Asien. Während ich noch immer mit der Müdigkeit kämpfe, male ich mir das Leben an Bord eines solchen Kolosses aus. Wie fühlt sich das wohl an, die meiste Zeit des Jahrs auf den Weltmeeren umherzuschippern? Vermutlich weniger romantisch, als man es sich gemeinhin vorstellt. Jedenfalls würde ich mir so ein Teil doch einmal liebend gern von innen anschauen ...

Nach knapp zwei Stunden habe ich die Reede endlich passiert und erreiche das freie Wasser. Frei ist hier allerdings ein relativer Begriff, denn seit ich die Normandie erreicht habe, sieht man auf See unentwegt wild im Wasser tanzende Markierungsfähnchen. Diese werden von den Fischern zur Kennzeichnung ihrer Reusen und Stellnetze ausgebracht. Und dabei ist es offensichtlich ziemlich wurscht, ob man sich gerade in einer Hafenzufahrt oder einem sonstigen betonnten Fahrwasser befindet. Auch weit draußen sowie auf Wassertiefen deutlich über 100 Metern erblickt man immer wieder die meist roten Wimpel.

Die Fahrt geht gemächlich dahin. Die drei Windstärken lassen CARPE zusammen mit dem Gezeitenstrom durchschnittlich vier bis fünf Knoten Fahrt über Grund machen. Um Punkt elf Uhr ist es dann so weit: Die GPS-Koordinaten fest im Blick, sehe ich die Anzeige des Längengrads von EAST auf WEST springen. Ich habe soeben den Nullmeridian überquert und befinde mich ab sofort in der westlichen Hemisphäre! Zugegeben, eine Äquatorquerung mit anschließender Taufe ist es vielleicht nicht unbedingt, aber dennoch ist dies für mich ein besonderer Moment. Im Seehandbuch lese ich nach:

»Der Nullmeridian ist ein senkrecht zum Erdäquator stehender und von Nord- zu Südpol verlaufender Halbkreis, von dem aus die geografische Länge nach Osten und Westen gezählt wird. Seine Festlegung ist an sich willkürlich, er wurde aber durch internationale Vereinbarung während der Meridiankonferenz 1884 in die Ebene der Londoner Sternwarte Greenwich gelegt und wird daher oft auch als Greenwich-Meridian bezeichnet.«

Zeit, ein Nickerchen zu machen. Erstens bin ich noch immer müde, und zweitens gilt es, den Langfahrtschlafrhythmus weiter zu verinnerlichen. Ich checke also noch einmal die nähere Umgebung und haue mich auf die Salonbänke. Die Eieruhr im Anschlag, gönne ich mir so in Intervallen von etwa zehn Minuten die eine oder andere Mütze Schlaf. Dazwischen steige ich kurz den Niedergang hinauf, prüfe erneut die Umgebung und werfe ergänzend einen Blick auf das AIS. Das funktioniert eine gewisse Zeit lang recht gut. Zumal der Wind noch weiter abflaut und wir nicht wirklich schnell unterwegs sind. Um kurz nach zwei werde ich dann nicht von der bimmelnden Eieruhr, sondern einem lauten Schlag an der Bordwand geweckt. »War das jetzt echt oder hab ich das geträumt?«, schießt es mir kurz durch mein schlaftrunkenes Hirn. Ich entscheide mich für echt und sprinte an Deck. Dort ist zunächst nicht viel zu sehen. Ich hatte schon befürchtet, jetzt vom Kapitän eines Fischtrawlers per Handschlag begrüßt zu werden, doch es ist nach wie vor niemand in Sicht. Trotzdem, irgendwas ist hier faul. CARPE DIEM verliert zusehends an Fahrt, und es scheint, als ob nur noch der vorbeifließende Gezeitenstrom in Bewegung ist. Ein Blick über die Steuerbordreling bringt dann Gewissheit: Dort treibt ein etwa 30 Zentimeter langer Plastikkanister unmittelbar an der Bordwand. Dieser hängt an einer Leine, die unter dem Rumpf verschwindet. »Fuck!«, entgleitet es mir. Ganz offensichtlich bin ich über eine dieser blöden Fahnen gefahren.

Die Instrumente zeigen an, dass CARPE DIEM tatsächlich keinerlei Fahrt mehr über Grund macht. Nur die Logge liefert noch die Geschwindigkeit der vorbeiströmenden Tide. Ich hänge also an irgendetwas fest. Um den Druck aufs Rigg sowie die unterm Schiff vermutete Leine zu verringern, berge ich die Segel. An der eigentlichen Situation ändert das natürlich nichts, und CARPE DIEM hängt nach wie vor bewegungslos an Ort und Stelle fest. Genug Abstand zum Land habe ich und Schiffsverkehr ist Gott sei Dank auch nirgendwo zu erkennen. Darum muss ich mir also erst mal keine Gedanken machen. Nach kurzem Abwägen aller Möglichkeiten nehme ich den Bootshaken zur Hand und angele damit nach der Kanisterleine. Nach einigen Versuchen bekomme ich sie zu fassen und beginne, vorsichtig daran zu ziehen. Kurz darauf macht es plopp, und der Bootshaken verabschiedet sich in die Tiefen des Kanals. Gut, dass mich hier keiner sieht, wie ich nur noch mit dem Gummigriff des Hakens in der Hand blöd umherschaue. Der war dann wohl doch nicht so fest mit der Stange verbunden wie vermutet. Als Nächstes lege ich mich bäuchlings aufs Deck und versuche, die Leine nun mit der Hand zu fassen. Auch das gelingt. Allerdings merke ich schnell, dass die Strippe derart stark unter Zug steht, dass ich auf diese Weise nicht viel ausrichten kann. Offenbar hängt CARPE DIEM mit ihrer ganzen Last in der Leine fest.

»Mal sehen, ob ich etwas mit der Maschine machen kann«, habe ich eine neue Idee. Das ist angesichts einer Leine im Wasser zwar kein wirklich cleverer Gedanke, aber Leine und Kanister befinden sich mittschiffs und damit ein gutes Stück vom Saildrive entfernt. Unmittelbare Gefahr droht da meines Erachtens nicht. Ich schmeiße also den Diesel an und gebe jeweils kurz und vorsichtig Gas in beide Richtungen. Ergebnis: null! Zwar scheint der Propeller frei zu sein, jedoch ist die vermaledeite Reusen- oder Was-weiß-ich-Leine anscheinend bombenfest am Kiel verwickelt. Wenn ich also nicht auf den Fischer warten will, bleibt nur eine Möglichkeit: raus aus den Klamotten und rein ins Wasser. Gesagt, getan. Mit Badeshorts, Taucherbrille, Rettungsgurt und einer am Boot vertäuten Lifeline steige ich seitlich über Bord. Das Wasser ist eiskalt, schätzungsweise um die 15 °C, und kaum im Wasser, spüre ich sofort, wie der Gezeitenstrom an mir reißt. Es erfordert doch einiges an Kraft, nicht gleich von der Bordwand weggespült zu werden. Mit einer Schnur habe ich neben der Lifeline auch einen kleinen Bolzenschneider am Rettungsgurt befestigt, mit dem ich hoffe, die Leine unterm Boot kappen zu können. Der erste Tauchgang. Unterm Schiff ist es naturgemäß zappenduster, weshalb ich erst mal überhaupt nichts sehe. Hinzu kommt, dass auch kein Meeresgrund zu erkennen ist. Nur ein tiefes, schwarzes Nichts gähnt da unter mir. Angesichts der kalten Wassertemperaturen, meiner Aufregung und auch Angst kann man sich leicht ausmalen, wie ich mich in diesem Moment fühle. Ohnehin habe ich echt Schiss, mich mit der Lifeline irgendwo unter dem Schiff zu verhaken und nicht mehr an die Oberfläche zu kommen. Also erst mal wieder nach oben, wo ich feststelle, dass der Strom mich in diesen wenigen Augenblicken gleich ein gutes Stück von CARPE DIEM weggetrieben hat. Und das, obwohl ich auch unter Wasser versucht habe, meine Position zu halten. Hand über Hand ziehe ich mich an der Leine zurück zur Bordwand und verschnaufe dort erst mal. Der nächste Versuch geht schon etwas besser, und ich kann unter dem Schiff das ganze Ausmaß der Verwicklung erkennen: Längs zur Fahrtrichtung hängt eine sicher zwei Meter lange Markierungsfahne direkt am Kiel, deren zugehörige Leine zweimal um den Kiel gewickelt ist, bevor sie schräg nach unten laufend in der Dunkelheit verschwindet. Ich tauche wieder auf, um etwas auszuruhen, und frage die Bordwand unmittelbar vor mir, wie zum Teufel sich eine Leine so um den Kiel wickeln kann. Nächster Tauchgang. Mit zwei, drei kräftigen Schwimmbewegungen bin ich am Kiel und reiße an der Fahne. Die knackt kurz, aber ansonsten passiert nicht viel. Wieder nach oben. So langsam wird's mir hier echt kalt, und ich beginne, regelrecht zu schlottern. Noch einmal atme ich tief durch, halte die Luft an und schwimme unter das Boot. Jetzt reicht es mir. Mit aller Kraft reiße ich erneut an der Fahnenstange. Und tatsächlich, mit einem lauten Krachen bricht die Stange entzwei und baumelt jetzt schräg unter dem Kiel. Noch einmal tauche ich auf, atme ein und schwimme wieder nach unten. In einer letzten Hauruckaktion gelingt es mir dann tatsächlich, die Leine vom Kiel zu lösen.

Zurück an der Oberfläche muss ich mich erst mal erholen. Dort zieht der Strom nun nicht mehr an mir, was ein gutes Zeichen ist, denn damit wird klar, dass CARPE frei ist und jetzt mit der Tide treibt. Der Aufstieg zurück an Deck ist dann noch mal ein echtes Kabinettstückchen. Wegen der Selbststeueranlage am Heck gibt es nämlich keine Badeleiter mehr. Bevor ich ins Wasser gestiegen bin, habe ich daher eine kleine mobile Strickleiter an der Mittelklampe befestigt. Diese emporzuklettern ist aber echt anstrengend, denn ich bin doch erschöpfter, als ich dachte, und auch die Kälte ist mir zwischenzeitlich tief in die Knochen gekrochen. Folglich steige ich steif und ungelenk unter der Reling hindurch an Deck. Trotz der Erleichterung über die gelungene Befreiung bin ich fix und alle. Während meiner Tauchgänge habe ich sicher einen halben Liter Salzwasser geschluckt, weshalb mir nun auch kotzübel wird.»Ich mag mir gar nicht vorstellen, was gewesen wäre, wenn es heute richtig geblasen hätte«, drängt sich ein neues Szenario durch den Brechreiz. Diese Überlegung verdränge ich jedoch schnell und wechsle erst mal in trockene Klamotten. Da der Wind in der Zwischenzeit so gut wie verschwunden ist, verstaue ich die notdürftig geborgenen Segel und schalte die Maschine ein. Unter Deck widme ich mich dann anschließend den navigatorischen Aufgaben.

Die Etappe nach Cherbourg-Octeville wäre auch schon ohne Taucheinlage ziemlich knapp kalkuliert gewesen, da ich schon etwas zu spät gestartet bin. Daher ist jetzt völlig klar, dass ich das Kap bei Barfleur vor der drehenden Tide nicht mehr erreichen werde. Also muss eine Alternative her. Leider Gottes sind die meisten Häfen in dieser Ecke des Kanals nicht besonders tief, sodass die Zufahrten bei Ebbe trockenfallen und man nur in einem engen Fenster rund um Hochwasser die Ansteuerung wagen kann. Als nächstgelegene Ausweichvariante finde ich den Hafen von Saint-Vaast-la-Hougue an der Ostseite der Halbinsel Cotentin, dessen Einfahrt auch trockenfällt. Es ist jetzt kurz vor 15 Uhr, also knapp zwei Stunden nach Niedrigwasser. Bis zur nächsten Flut sind es demnach noch gut vier Stunden. Das Zeitfenster für die Anfahrt nach Saint-Vaast-la-Hougue beträgt laut Revierführer zwei Stunden vor und nach Hochwasser. Um auf der wirklich sicheren Seite zu sein, lieber nur eine Stunde. Das sollte ich schaffen. Mit Maschine und einer heißen Tasse Tee in der Hand mache ich mich auf den Weg. Etwas später kann ich sogar noch einmal die Segel rausholen. »Was der Fischer wohl denkt, wenn er heute Abend seine Reuse einsammeln will?«, spukt es mir kurz durch den Kopf. Viele Sorgen um seine Gemütslage mache ich mir aber ehrlich gesagt nicht. Finden wird er sein Fanggerät wohl trotzdem. Es ist ja schließlich noch der kleine Kanister als Markierung vorhanden. Und die GPS-Position sollte er ja wohl auch irgendwo festgehalten haben. Und überhaupt, wer ein dicht befahrenes Gebiet so mit Netzen zupflastert, der muss auch mit einem gewissen Schwund rechnen. Damit beende ich den Gedanken und wende mich wieder der Seefahrt zu.

Um kurz nach fünf kommt die Küste vor Saint-Vaast-la-Hougue in Sicht. Dort scheint alles voll Wasser zu sein; zumindest sehe ich keine trockenen Stellen. Obwohl ich die Gezeitennavigation während der letzten Stunden sicher noch dreimal geprüft habe, ist die Anfahrt doch ganz schön spannend, denn eine Grundberührung oder ein richtiges Aufgrundlaufen brauche ich heute nun wirklich nicht auch noch. Die Zufahrt zum Hafen von Saint-Vaast-la-Hougue liegt in einer geschützten Bucht. Schön langsam und vorsichtig fahre ich um die vorgelagerte Mole, und das Echolot zeigt gut zwei Meter Wasser unterm Kiel. Dicht hinter dem Molenfeuer geht es dann nach links und weiter parallel zur Mauer Richtung Hafen. Ein Meter Wasser. So langsam wird es dann doch eng. Kurz vor den Docktoren der Marina habe ich schlussendlich nur noch 80 Zentimeter Wasser unterm Kiel. Nur gut, dass hier keinerlei Welle steht. Ansonsten würde das wirklich knapp werden. Unmittelbar hinter der Einfahrt wird das Wasser dann schnell wieder etwas tiefer, und ich habe endlich die Gewissheit, sicher und vor allen Dingen wohlbehalten in einem Hafen angekommen zu sein. Ich finde einen freien Platz am Gästesteg und mache die Leinen fest.

Saint-Vaast-la-Hougue

Saint-Vaast-la-Hougue ist ein wirklich sehenswerter kleiner Ort. Alte steinerne Häuser, enge Gassen sowie viele kleine Geschäfte und Restaurants, die zum Verweilen einladen, verleihen dem Städtchen viel maritime Stimmung. Gerade mal 1900 Menschen leben hier. »Jeder Mist hat auch irgendwie sein Gutes«, denke ich, als ich nach einem kurzen Stadtrundgang in der Hafenbar ein Bier bestelle. Am Nachbartisch spielt ein kleines Grüppchen mit Gitarre, Kontrabass und Quetschkommode auf. Mir geht's gut, und der Stress vom Vortag ist schon wieder fast vergessen. Der Hafen ist angesichts des überschaubaren Orts echt riesig. Sicher gleich mehrere Hundert Liegeplätze gibt es hier, die auch fast alle belegt sind. In der Nähe des Hafenbüros entdecke ich wenig später ein großes Amphibienfahrzeug, mit dem während der Sommermonate Touristen auf die nahe gelegene Île Tatihou geschippert werden. Das nur 29 Hektar große Inselchen beherbergt unter anderem ein Seemuseum und ein Naturschutzgebiet. Im Hafen liegt außerdem die hiesige Fischereiflotte. »Vielleicht rennt ja hier irgendwo der Eigentümer meiner Reuse rum?«, überlege ich. Also geh ich mit der Geschichte hier besser mal nicht hausieren.

Die Wettervorhersage verheißt für die nächsten Tage ordentlich Wind, sogar etwas zu viel für meinen Geschmack, denn die Böen sollen gut sieben Windstärken erreichen. Das muss ich mir nicht antun, und so ist die Entscheidung, zwei Tage zu bleiben, schnell gefallen. Meine Genua braucht ohnehin etwas Pflege und Aufmerksamkeit, da sich dort eine Naht geöffnet hat und dringend repariert werden muss. Auch das ist unbekanntes Terrain für mich. Zwar habe ich ein semiprofessionelles Segelreparaturkit dabei, wie man damit allerdings umgeht, ist mir bisher schleierhaft. Aber Gott sei Dank leben wir ja im digitalen Zeitalter, und so finde ich auf Youtube schnell eine Anleitung à la Sail Repair for Dummies. Am Ende klappt mein erster Nähversuch sogar recht gut, und eine frische Zickzacknaht ziert die zuvor noch schadhafte Stelle.

Fünf Knoten Strom am Cap de la Hague

Der Starkwind hat sich verzogen, und CARPE DIEM und Skipper sind klar zum Auslaufen. In Saint-Vaast-la-Hougue geht das natürlich nicht nach Lust und Laune, sondern nur in Abhängigkeit von den Gezeiten. Eine Besonderheit vieler Häfen der Normandie findet sich auch hier, nämlich das Docktor an der Hafeneinfahrt. Dieses wird während der Niedrigwasserphase geschlossen, um so ein Leerlaufen des Hafens zu verhindern. Das ist sehr interessant und praktisch zugleich, denn ist das Tor geschlossen, führt der Weg in die Stadt über dieses Tor und ist damit gleich ein gutes Stück kürzer. Blöd nur, wenn es in der Zwischenzeit geöffnet wurde und man dann doch den langen Weg zurücklatschen muss. »Was passiert wohl, wenn das Ding mal kaputt ist oder gewartet wird?«, frage ich mich irgendwann zwangsläufig. Wenn ich mir vorstelle, dass der Hafen tatsächlich einmal leerlaufen und dann viele Hundert Kielboote dicht an dicht trockenfallen würden, wird mir ganz anders. Den Hafenmeister will ich mit meinen bizarren Gedankenspielen aber nicht belästigen. Dafür drückt er mir ein kleines Heftchen mit den Öffnungszeiten des Docktors in die Hand. Heute Morgen soll es ab kurz vor neun Uhr schiffbar sein. Um wirklich sicherzugehen, dass auch genug Wasser in der Bucht steht, warte ich jedoch noch etwas länger und werfe erst um 9.30 Uhr die Leinen los.

Heute soll es rund um die Halbinsel Cotentin nach Diéllete gehen, einem kleinen Hafenstädtchen an der Nordwestseite der Landzunge. Die Gezeitennavigation geht mir mittlerweile locker von der Hand. Ungeachtet dessen habe ich am Vortrag aber trotzdem in Diéllete angerufen und die dortigen Verhältnisse für Kielboote abgefragt. Denn auch dort gibt es einen Schutz gegen das Trockenfallen der Marina, allerdings kein Docktor, sondern eine feste Barre bzw. Schwelle. Ab etwa drei Stunden vor Hochwasser sollte ich die Barriere gut und sicher passieren können, so wird mir gesagt.

Die Fahrt geht von Saint-Vaast-la-Hougue zunächst gen Norden zum Pointe de Barfleur, wo ich schon von Weitem den großen Leuchtturm Phare de Gatteville ausmachen kann. Der Strom läuft wie berechnet schon kurz nach Verlassen der Marina mit mir. Was die vielen Netze und Reusen angeht, bin ich heute verständlicherweise besonders sensibilisiert. Mit Argusaugen halte ich daher scharf Ausguck nach allem, was ein solches Fanggerät ankündigen könnte. Das führt mitunter dazu, dass ich Fahnen sehe, wo gar keine sind. Willkommen Paranoia!

Am Leuchtturm von Gatteville biege ich dann links ab und gehe auf Westkurs. Nun flutscht es so richtig, denn der Strom schiebt mit fast drei Knoten genau von hinten. Zuzüglich der eigenen Fahrt von etwa sechs Knoten rausche ich also mit gut neun Knoten nach Cherbourg-Octeville. An den Kaps der Normandie gilt es, sich stets gut frei vom Land zu halten, und zwar in erster Linie, um gefährliche Legerwall-Situationen zu vermeiden. Aber auch deshalb, um den landnah häufig auftretenden Stromverwirbelungen zu entgehen. Hier kann es nämlich gut und gern passieren, dass der Strom dicht unter Land genau andersherum als einige Seemeilen weiter draußen setzt.

Vom Pointe de Barfleur bis zum Cap de la Hague sind es circa 26 Seemeilen. Etwa in der Mitte liegt Cherbourg-Octeville, das ich an Backbord liegen lasse. Die Nähe zu Cherbourg-Octeville wird einem spätestens mit Einsetzen des Fährverkehrs bewusst, denn als einer der großen Häfen Nordfrankreichs starten von hier regelmäßig Highspeedfähren Richtung England. Und Highspeed heißt auch wirklich Highspeed. Kaum hat man die futuristisch anmutenden Schnellboote am Horizont erblickt, sind sie auch schon da. Laut AIS passiert mich beispielsweise die NORMANDY EXPRESS mit sage und schreibe 32 Knoten. Das sind knapp 60 Stundenkilometer! An Land ist das keine Geschwindigkeit, die unvergessliche Rauschzustände aufkommen lässt. Auf dem Wasser ist das allerdings eine ganz schöne Hausnummer.

Der Südwind nimmt im Lauf des Nachmittags immer mehr Fahrt auf. Als ich dann bei sechs Beaufort erneut reffen muss, passiert es: Die Leine des Reffsystems hat sich irgendwo am Lümmelbeschlag verhakt und kann nicht mehr aus dem Cockpit bedient werden. Unvernünftig, wie ich manchmal bin, klettere ich ohne Rettungsgurt und Lifeline zum Mast und versuche, die Leine zu klarieren. Mittlerweile steht sicher eine Welle von zwei bis drei Metern, die zudem kabbelig und steil daherkommt. Am Mast stehend verliere ich dann für einen kurzen Moment das Gleichgewicht und komme ins Straucheln. Mir ist natürlich sonnenklar, dass ich nicht eingepickt bin. Entsprechend groß ist der Schreck und verhältnismäßig ungelenk meine Suche nach Halt. Um Kontrolle ringend und mit einem Arm rudernd finde ich schließlich das Want, das ich leicht panisch umklammere. Das Ergebnis ist ein etwa ein mal ein Zentimeter großer Hautlappen, der sich vom Mittelfinger verabschiedet. Das Blut fließt in Strömen und weh tut das auch noch. Natürlich gelobe ich sofort Besserung und verspreche mir selbst, künftig umsichtiger zu sein und mehr auf meine Sicherheit zu achten.

Später kommt das Cap de la Hague in Sicht, dessen Name

für sich spricht. Denn nicht weit entfernt steht die gleichnamige und berühmt-berüchtigte atomare Wiederaufbereitungsanlage. Überhaupt haben es die Franzosen scheinbar ganz gern nuklear. Während in Deutschland die AKWs abgerissen werden, findet man an der französischen Küste immer wieder monströse Atomanlagen, die sich teilweise sogar noch im Aufbau befinden. Das Cap de la Hague ist außerdem als eine der Stellen mit der stärksten Gezeitenströmung bekannt. Bei Springzeit erreicht diese problemlos über sechs Knoten Geschwindigkeit. Mit respektvollem Abstand gehe ich daher die Passage des Kaps an. Auf der Logge stehen gut sechs Knoten Fahrt. Das Instrument daneben zeigt die Geschwindigkeit über Grund an: 11,3 Knoten! Der Strom schiebt mich also gerade mit fast fünf Knoten von achtern an. Als das Kap querab liegt, wende ich Richtung Süden, was eigentlich noch etwas früh ist, aber bei dieser Strömung kann ich es bereits jetzt wagen. Die Tide trifft CARPE DIEM danach genau von der Seite. Dadurch entsteht ein Unterschied zwischen meinem Kurs durchs Wasser und der tatsächlichen Fahrtrichtung über Grund von 60°. 60° Kursversatz! Das muss man sich mal auf der Zunge zergehen lassen. Während mein Bug jetzt also genau auf das Kap zeigt und man angesichts dessen schon langsam die Notfalltasche bereitlegen will, fahre ich über Grund tatsächlich mit ausreichendem Abstand an der Landspitze vorbei.

Kaum habe ich das Kap passiert, gerate ich in eine heftige Stromturbulenz. Auf der Seekarte sind diese durch kleine stilisierte Wellen gekennzeichnet. Wie der Name schon vermuten lässt, hat auch dieses Phänomen mit den außerordentlich starken Gezeiten zu tun. Man kann sich fast bildlich vorstellen, wie die Wassermassen hinter dem Kap in eine kreiselnde Bewegung geraten und so in Nullkommanichts für eine kabbelige See und unberechenbare Ströme sorgen. CARPE und ich werden daher ordentlich durchgeschüttelt. Einmal fahren wir gar eine Wende, ohne dass ich an der Ruderlage etwas geändert hätte. Kurze Zeit später verschwindet die Turbulenz dann genauso schnell, wie sie aufgetaucht ist. »Nicht von schlechten Eltern, das Revier«, schreibe ich später ins Logbuch.

Diélette

Eine gute Stunde vor Hochwasser fahre ich in den kleinen Hafen von Diélette. Dessen Vorhafen wirkt auf den ersten Blick etwas trist. Eine gute Handvoll Häuser duckt sich an die jetzt schon deutlich grüneren bretonischen Hügel. Außerdem gibt es eine große Betonpier. Oben drauf steht offenbar das Büro des Hafenmeisters und etwas weiter rechts ein großer, weißer Container mit Gastronomie. Die Zufahrt zum Yachthafen liegt im Vorhafen rechts. Obwohl ich ziemlich sicher bin, dass jetzt genug Wasser auf der Barre steht, gerät die Einfahrt dann doch zur Mutprobe. Ganz langsam und auf alles gefasst steuere ich CARPE durch die beiden blinkenden Spieren, aber es gibt kein Rucken, kein Krachen. Alles gut. Hier liegt man an großen Schwimmpontons mit seitlichen Fingerstegen. Schnell wird jedoch klar, dass der Liegeplatz ziemlich unruhig ist. Schuld daran ist der nach wie vor auflandige Wind, der die Wellen direkt in den Hafen treibt. Egal, was ich mit den Leinen auch veranstalte, CARPE DIEM ruckt immer wieder kräftig ein und schaukelt, dass es nur so eine Freude ist. Ein Blick auf die benachbarten Boote lässt mich dann irgendwann einsehen, dass ich das auch durch weitere zwei Stunden Leinengefummel nicht in den Griff bekommen werde. Also gebe ich auf und verhole mich zur Hafenmeisterin, die mir routiniert eine kurze Einweisung in die Marinaeinrichtungen verschafft. Abschließend empfiehlt sie mir einen Besuch des weißen Containers, den ich schon bei der Einfahrt gesehen habe. Denn dort gebe es zwar nur ein Gericht, aber davon reichlich.

Eine Speisekarte erübrigt sich dann in der Tat. Denn als ich eine knappe Stunde später den Weg zum Container suche, prangt schon von Weitem gut sichtbar ein riesiges »Moules & frites«-Schild über dem Eingang. Die Inneneinrichtung des Containers ist eher spartanisch und erinnert mehr an eine Gartenmöbelausstellung als an ein Restaurant. Dafür werde ich aber von der Bedienung überaus freundlich und herzlich begrüßt. Ich bin heute wohl der erste Gast, und so kann ich mir aus den vielen weißen Plastiktischen meinen Favoriten heraussuchen. Bestellt ist dann schnell: »Moules frites et une bière, s'il vous plaît.« Damit beginnt ein denkwürdiger Abend. Das Essen ist lecker und reichlich. Ein dampfender Topf mit Muscheln, in dem ich auch bequem ein Fußbad hätte nehmen können, nebst einem Eimer Pommes füllen meinen Tisch nahezu komplett aus. Kaum habe ich die Portion verdrückt, wird eine weitere an den Tisch geliefert. Auf meine Frage wird bestätigt, dass der Preis von gerade einmal zehn Euro ein All-you-can-eat-Angebot beinhaltet. Ich muss allerdings passen, denn bereits die erste Lage Meeresfrüchte hat mich mehr als satt gemacht. Also bleibe ich fortan beim Bier. Der Container füllt sich derweil immer mehr, und auch der Geräuschpegel erreicht immer wieder neue Sphären. Offenbar findet sich hier und heute das ganze Dorf zu einer gemeinsamen Fressorgie mit reichlich Wein und Palaver ein. Eine knappe Stunde später sitze ich zusammen mit geschätzten 80 Personen im Muschelcontainer. Der Wein fließt in Strömen, und die Berge leerer Muscheln werden stetig größer. Ein weiteres Bier später bin ich dann reif für die Koje. Ich werde von vielen der Anwesenden johlend verabschiedet und steige die steile Gangway zum Schwimmsteg hinab. CARPE DIEM liegt jetzt ganz ruhig, denn bei Niedrigwasser trennt die Barre in der Einfahrt die unruhige See des Vorhafens vom Yachtbecken. In der Nacht träume ich dann von Muscheln, kauzigen Dorfbewohnern und einem Atomkraftwerk. Vielleicht heißt Diéllete ja in Wirklichkeit Springfield und die Dorfbewohner nicht Ledoux oder Lacroix, sondern Simpson.

Very british

Möglicherweise liegt es ja an meinen bizarren Träumen, dass ich schon um sieben Uhr putzmunter aus der Koje springe. Man könnte es auch senile Bettflucht nennen. Jedenfalls beginnt der Tag früh bei strahlendem Sonnenschein. Es folgen die morgendliche Dusche und die immer gleiche Frage, warum in öffentlichen Duschkabinen entweder keine oder nur abgebrochene Kleiderhaken zu finden sind. Ansonsten ist der bloc sanitair aber erfreulich. Gegen halb zehn geht es dann los. Während ich mit CARPE durch die Gasse entlang der übrigen Liegeplätze fahre, stößt ein Engländer unmittelbar vor mir rückwärts aus seiner Box. Nur ein beherzter Schrei sowie Vollgas rückwärts verhindern eine Kollision. Wenn ich nicht schon so früh fit gewesen wäre, wäre ich jetzt definitiv hellwach. Vor der Hafenausfahrt erwarten mich dann drei bis vier Windstärken aus Nordwest. Sehr gut. Also Segel hoch und Kurs Guernsey gesetzt. Auch die Tide läuft bereits mit uns, und so kommen wir gleich gut voran.

Um 11.20 Uhr empfange ich über UKW ein Mayday Relay von Jersey Coastguard. Es wird darum gebeten, nördlich, westlich und östlich von Jersey scharf Ausguck nach einer im Wasser treibenden Person zu halten. Der Rest des Funkspruchs ist leider sehr undeutlich. Wenn ich es aber richtig deute, soll diese Person bereits seit dem Vortag vermisst und beim Angeln in die See gespült worden sein. Spontan erinnere ich mich an die Kapriolen am Cap de la Hague und die starken Strömungen. »Als hilflose Person im Wasser hat man da sicher nur sehr schlechte Karten«, murmele ich im Cockpit sitzend. Natürlich halte ich mich aber an die Anweisungen der Küstenwache und notiere regelmäßig Position sowie die Ergebnisse meiner Bemühungen im Logbuch. Einmal meine ich sogar, etwas im Wasser zu sehen, was sich aber letztlich als Einbildung herausstellt. Schon merkwürdig, was einem der Kopf manchmal für Streiche spielt.

In der Ferne tauchen dann bald die Silhouetten der Kanalinseln auf, große und kleine Eilande mit schroffen Felsküsten und grünen Hängen. Dazwischen immer wieder aus dem Wasser ragende Felsblöcke, die von der See weiß schäumend umspült werden. Vorbei an Sark steuere ich CARPE DIEM zur Südspitze Herms. Die Seekarte zeigt für diesen Bereich wieder viele der kleinen Wellensymbole, und auch im Revierführer wird auf starke Races und Eddys hingewiesen. Das sind doch nette kleine Spitznamen für die teilweise doch gar nicht so niedlichen Wasserturbulenzen. In einigen Hundert Meter Entfernung kann ich bereits weiße Schaumkronen und kabbelige, steile Wellen erkennen. »Sieht ein bisschen wie das Plastikfolienmeer bei der Augsburger Puppenkiste aus«, denke ich noch. Fünf Minuten später bin ich dann mittendrin im Plastikmeer, und CARPE tanzt und springt wild durch die Wellen. Daneben droht sie immer wieder, gefährlich aus dem Ruder zu laufen. Kurzerhand entscheide ich, die Segel zu bergen und den Rest des Wegs unter Maschine anzugehen. Weit ist es sowieso nicht mehr. Die Hafenzufahrt nach St. Peter Port kann ich bereits mit bloßem Auge ausmachen. Wenige Minuten später ist der Turbulenzenstress dann von jetzt auf gleich auch wieder vorbei. Vor der großen Zufahrt zum Vorhafen von St. Peter Port kommt mir dann noch eine der großen Katamaranfähren ins Gehege, der ich großzügig den Vortritt lasse.

St. Peter Port/Guernsey

Der Tidenhub auf Guernsey beträgt zur Springzeit gut zehn Meter. Das entspricht in etwa der Höhe eines fünfstöckigen Hauses. Während der große Vorhafen auch bei Ebbe genug Wasser führt, fallen die Zufahrten zu den beiden Marinas dann komplett trocken. Selbstredend sollte man also bei Niedrigwasser nicht versuchen, dort einen Liegeplatz zu ergattern. Für die Wartezeit bis zur nächsten Flut soll es im Vorhafen einen

Warteponton geben, den ich aber leider erst mal nicht sehen kann. Denn jede Menge einheimische Boote an Muringbojen versperren mir die Sicht. Gut also, dass kurz nach der Zufahrt in den Vorhafen einer der Harbourmaster mit einem Motorbötchen längsseits kommt und sich freundlich nach meinem Tiefgang erkundigt. Mehr oder weniger gleichzeitig wirft er mir eine Infobroschüre an Deck und ruft: »Follow me, I show you where to go.« Im Slalom und immer mit einem Auge auf dem Tiefenmesser geht es mitten durch die vielen kleinen Fischerboote. Ein gelbes Schild kündigt dann den Wartesteg an. Viel ist da Gott sei Dank noch nicht los, und so finde ich problemlos einen Platz zwischen einer knappen Handvoll anderer Wartender. Insgesamt an die vier Stunden gilt es nun zu überbrücken. Die etwa 30 Meter entfernte Zufahrt zur Victoria Marina sieht momentan nicht wirklich wie eine Wasserstraße, sondern eher wie eine archäologische Grabungsstätte aus. Also halte ich ein Nickerchen, koche mir ein leckeres Dosensüppchen, halte den einen oder anderen Schnack mit meinen Nachbarn und beobachte das allgegenwärtige Treiben im Hafen. Um halb sieben ist der Steg proppenvoll, und als die Ampel der Marinazufahrt kurze Zeit später von Rot auf Grün springt, versuchen natürlich alle gleichzeitig, die enge Zufahrt zu passieren. Das Ergebnis sind ein paar Beinahekollisionen, viel Hantiererei und auch etwas Geschrei. Um viertel vor sieben sind die Leinen dann endlich fest. Ich liege im zweiten Päckchen bei einem Franzosen, der scheinbar gerade seine komplette Maschine auseinandergebaut hat. Überall an Deck liegen Teile und Werkzeuge verstreut. Auch der Rest des Schiffs mutet eher wie ein Fall für die Werft an. Dennoch ist der Seemann guten Muts und erzählt eine gute Stunde in gebrochenem Englisch über seine bisherigen Reisen und zukünftigen Pläne – nett!

St. Peter Port ist wirklich eine Reise wert. Das ehemalige Domizil von Victor Hugo und heutige Steuerparadies versprüht mit seinen hügeligen Straßen, Dutzenden bunten Ladenlokalen und Pubs viel maritimes Flair. Ohnehin habe ich ein Faible für alles Britische. Während eines kurzen Landgangs erkunde ich die Innenstadt und ergänze einige Vorräte im Minisupermarkt. Außerdem muss ich mir etwas Geld besorgen, denn mit Euro kann man hier nur bedingt etwas anfangen. Auf Guernsey wird mit dem Pfund bezahlt, vorzugsweise mit dem Guernsey Pound, einer eigenen Währung dieses autonomen Inselstaats. Beim Hafenmeister buche ich mich dann gleich für drei Nächte ein. Das Liegegeld wird naturgemäß auch in der lokalen Währung berechnet und ist mit 22 Pfund doch empfindlich teurer als die kontinentalen Gebühren. Dafür sind die Hafeneinrichtungen aber auch wirklich gut. Abends gönne ich mir ein scharfes Essen beim Inder. »Davon habe ich sicher zweimal was«, denke ich noch.

Die Zeit auf Guernsey vergeht wie im Flug, auch weil ich ein paar Mal meinen Liegeplatz wechseln muss. Das ist manchmal etwas nervig, aber trotzdem normal, wenn man in vollen Häfen vorwiegend im Päckchen liegt. Bevor ich dann am Montagmorgen auslaufen kann, steht ebenfalls ein Hafenmanöver an. Dieses Mal muss allerdings nicht ich, sondern die bei mir festgemachte französische Crew Platz machen. Im Grunde ist das kein großer Akt, wenn man bereit ist, die Maschine einzuschalten. Nicht so aber meine Nachbarn. Der Skipper und zwei Damen bringen geschätzte drei Kilometer Leinen aus und steigen dazu unzählige Male über CARPE auf den Steg und zurück. Naturgemäß wird das Ganze von vielen Worten und Gesten begleitet. Am Anleger findet sich gar ein kleines Grüppchen Segler ein, welches das Geschehen neugierig beobachtet. Irgendwann ist es dann tatsächlich geschafft, und das Boot aus Frankreich gibt den Weg frei. Vorbei an den Harbourmasters, die an der Marinaeinfahrt auf ihren Schichtbeginn warten, tuckere ich hinaus in den Vorhafen. Das mittelalterliche Castle Cornet an Steuerbord geht es dann hinaus aufs freie Wasser.

Der Plan für heute klingt einfach: Ich will zurück zum europäischen Festland, genauer gesagt nach Perros-Guirec. Dieser laut Revierführer besonders schöne Ort ist circa 40 Seemeilen entfernt. Auch dort fällt die Zufahrt trocken, und so muss meine Ankunft innerhalb eines festen Zeitfensters liegen. Der dazu notwendige Wind soll im Tagesverlauf aufkommen. Allerdings ist das mit Vorsicht zu genießen, denn die Wetterberichte sind seit Tagen wieder nicht besonders treffsicher. Gestern war beispielsweise völlige Flaute gemeldet. Trotzdem blies den ganzen Tag eine schöne Brise durch den Hafen, und ich habe mich schon fast ein bisschen geärgert, nicht doch gestartet zu sein. Draußen vor der Mole ist dann auch erst mal Pustekuchen mit Wind. Kaum ein Lüftchen weht, und das Wasser ist platt wie ein Laken. »Na, das wird sicher noch die Landabdeckung sein«, mache ich mir Mut und fahre erst mal unter Maschine weiter. Und tatsächlich. Etwas später kommt eine leichte Brise zwischen zwei und drei Beaufort auf. Die gemeldeten vier sind das leider noch nicht, und auch die Richtung stimmt mit Südwest nicht so wirklich mit der Vorhersage überein. Einen direkten Kurs nach Perros-Guirec kann ich so jedenfalls erst mal vergessen.

In den kommenden Stunden geht es dann munter hin und her. Segel runter, Motor an, Segel hoch, Motor aus und so weiter. Nachmittags stirbt der Wind dann endgültig ab. Meine voraussichtliche Ankunftszeit in Perros-Guirec rückt so immer weiter nach hinten. Hinzu kommt, dass die Tide bald kentern wird und ich dann zusätzlich gegen den Strom fahren muss. Während eines kurzen Telefonats mit dem Hafenmeister von Perros-Guirec erkundige ich mich vorsichtshalber schon mal nach der spätestmöglichen Ankunftszeit. Demnach ist um viertel vor elf der Ofen aus: Dann sind die Docktore zu und nicht mehr genug Wasser vorhanden, um sicher wieder hineinzukommen. Ein Blick auf die Uhr und meine inzwischen »wahnwitzige« Durchschnittsgeschwindigkeit von satten vier Knoten machen dann schnell klar: »Das wird nix mehr.« Was für Perros-Guirec gilt, hat natürlich auch für die übrigen Häfen der näheren Umgebung Gültigkeit. »Heute also keine geruhsame Nacht in einem schönen Hafen«, stelle ich ernüchtert fest. Nach einem Blick auf die Seekarte kommt mir dann eine neue Idee: ankern! In etwa zehn Seemeilen Entfernung befindet sich ein kleines Eiland mit ein, zwei halbwegs geeigneten Stellen. Ich markiere die entsprechenden Positionen auf der Seekarte und ändere meinen Kurs auf besagtes Inselchen.

»So langsam geht's mir ein bisschen auf die E...!«, schimpfe ich um halb zehn abends genervt in meine kleine Handkamera. Seit guten elf Stunden bin ich nun unterwegs, wovon die meiste Zeit der Diesel knattert. Die Tide hat in der Zwischenzeit voll gedreht und läuft nun genau gegen mich. Meine Durchschnittsgeschwindigkeit beträgt seit Stunden nur noch irgendwas um die zwei Knoten über Grund. Die vermeintlich nahe Insel mit meinem Ankerplatz befindet sich daher nach wie vor in weiter Ferne. Außerdem wird es langsam dunkel. Die Anfahrt in das mir bis dato völlig unbekannte Ankerrevier macht das nicht unbedingt einfacher. Im Grunde geht das bei Dunkelheit nur noch nach Plotter und vielleicht der einen oder anderen Peilmarke. So richtig happy bin ich damit nicht, auch weil der Ankergrund hier meist steinig und die nähere Umgebung untief ist. Von den Gezeitenströmen mal ganz zu schweigen. Die erreichen hier gut und gern drei bis vier Knoten, und ich kann mich noch gut an die schreckliche Nacht vor Vlieland erinnern, wo Ruth und ich gezwungen waren, ganz nah am Fahrwasser zu ankern, und dort mitten in der Nacht bei kräftigem Wind und Regen Grundberührung hatten.

So eine Erfahrung macht nicht unbedingt Lust auf weitere Ankereskapaden in einem Gezeitenrevier. Daher entscheide ich mich dafür, heute doch besser nicht zu ankern. Als Alternative soll es in gut 30 Seemeilen Entfernung eine neue, tidenunabhängig erreichbare Marina geben. Aber auch hier gibt es einen Haken, denn der besagte Hafen in Roscoff ist brandneu und bislang in keiner Seekarte verzeichnet. Einzig etwas Mund-zu-Mund-Propaganda und eine undeutliche Lageskizze aus dem Internet geben mir eine ungefähre Ahnung vom Standort der Marina. Entsprechend abenteuerlich gestaltet sich dann auch die Anfahrt.

In der Zwischenzeit ist es drei Uhr morgens. Um mich herum ist es pechschwarz. Keine Molenbefeuerung, keine Marinaeinrichtungen, keine Masten, nichts ist zu sehen. Einzig das große Fährterminal von Roscoff bringt etwas Licht. Immer wieder steige ich in den Salon, um meine Position zu checken. Nach einer Weile entscheide ich, in den Vorhafen des Fährterminals einzulaufen. Dort ist zumindest etwas Licht, und vielleicht kann man sich hier zur Not irgendwo für ein paar Stunden anbinden. Dieser Gedanke ist goldrichtig, denn knapp hinter der Mole des Terminals öffnet sich links eine weitere Zufahrt. Und dort sehe ich zu meiner großen Freude Schwimmstege und Yachten. Der Grund für meinen Blindflug ist auch schnell gefunden. Erstens sind die Stege der neuen Marina nicht beleuchtet, und zweitens ist die Mole bei Niedrigwasser derart hoch, dass alles, was sich dahinter verbirgt, von außen quasi unsichtbar ist. Um halb vier ist es vollbracht: CARPE DIEM liegt an einem der nagelneuen Schwimmstege und meine Wenigkeit in der Koje. Ich bin in Roscoff.

Dave
Mindelo 2012 und Grenada 2014

Eine Folge des Alleinreisens ist, dass man naturgemäß schneller und öfter andere Menschen kennenlernt. Sei es, um Hilfe oder Informationen zu bekommen, sich mit anderen Seglern über die bisherigen Etappen auszutauschen oder einfach sein Bier nicht allein trinken zu wollen. Auch ich habe so während meines Törns viele unterschiedliche Menschen und deren Geschichten kennengelernt. Eine ganz besondere Begegnung stellt dabei ohne Zweifel mein Kumpel Dave dar, den ich erstmals in Mindelo auf den Kapverden getroffen habe und dann später noch einmal auf Grenada.

Dave war damals 63 Jahre alt, ankerte mit seinem kleinen, nur etwa sieben Meter langen Holzboot seit zwei Jahren in der Bucht von Mindelo und hielt sich mit einer Minirente sowie regelmäßigen abendlichen Gesangseinlagen in der Marinabar über Wasser. Aber auch sonst blickte er auf ein bewegtes Leben zurück. Nur wenige Jahre zuvor sah der schmächtige Engländer mit der tiefen Stimme seine Welt zusammenbrechen. Seine Frau wollte die Scheidung, der überwunden geglaubte Prostatakrebs war zurückgekehrt und seinen Job hatte er auch noch verloren. Eigentlich Gründe genug, um das Handtuch zu werfen. Nicht so Dave. Er wollte leben und sich seinen Traum von einem Segeltörn in die Karibik erfüllen. Hier ist seine ungewöhnliche und zugleich bemerkenswerte Geschichte:

»... da lag ich also im Krankenhaus. Mein Herz war gebrochen, und die laufende Chemotherapie zog mich auch körperlich runter. Ich spürte, wie ich jeden Tag ein wenig starb. Nach der ersten Chemo habe ich mich daher gegen jeden ärztlichen Rat selbst aus dem Krankenhaus entlassen. Es musste etwas passieren. Klar, meine Freunde und Familie wussten erst mal nicht, was sie davon halten sollten, und waren sehr besorgt. Kurz darauf begann ich unter Anleitung eines TCM-Arztes eine strenge Diät sowie eine spezielle Kräuterkur. Und es funktionierte! Ich fühlte mich schon bald deutlich besser. Nur mein gebrochenes Herz schien nicht heilen zu wollen. Der Schmerz über meine gescheiterte Ehe drohte, mich zu übermannen.

Die letzten 20 Jahre hatte ich mit meiner Frau ein normales Leben mit Haus, Baum und Hund geführt, obwohl das eigentlich nichts für mich ist. Denn zuvor war ich jahrelang als Roadie für verschiedene Bands in Australien unterwegs gewesen und lebte zwischen Sex, Drugs and Rock 'n' Roll. Das war wild und fantastisch. In den 1980er-Jahren landete ich schließlich in der Karibik, wo ich zehn Jahre lang mit meiner damaligen Partnerin lebte und das Segeln entdeckte. Zuletzt wohnte ich dann auf Haiti, bis ich dort eines Tages meine künftige Ehefrau kennenlernte. Ich verkaufte mein Boot als Anzahlung für ein neues Haus in England und versuchte, die folgenden zwei Jahrzehnte ein bürgerliches Leben als verheirateter Mann zu führen.

Nun war ich geschieden, und wenn ich den Ärzten glaubte, hatte ich nicht mehr lange zu leben. So beschloss ich, meinen alten Traum wieder zu verfolgen, und kaufte mir die PAVANE, ein altes, nur sieben Meter langes Holzboot aus den Sechzigern. Ich fühlte mich nun immer stärker und begann, das Boot für eine Reise über den Atlantik vorzubereiten. Leider hatte ich nach meiner Scheidung nicht mehr viel Geld. Dennoch war ich fest entschlossen. Mein Boot war vielleicht klein und alt, aber ich wusste, dass PAVANE es kann. Auch der unendliche Strom an Skeptikern und Unkenrufern konnte daran nichts ändern. Ich ignorierte die Berufspessimisten irgendwann komplett und widmete mich umso mehr meinem großen Ziel. Auch meine zweite Leidenschaft, die Musik, wurde für mich immer wichtiger. Zu jener Zeit entstand der Titel ›Gotta get away from here‹.

Noch in den Wintermonaten folgte dann ein erster Härtetest. Vom englischen Kent segelte ich über die Nordsee nach

Amsterdam und wieder zurück. Der Wind war stürmisch und kalt. Außerdem lag mein letzter Segeltörn schon viele Jahre zurück. Dennoch stach ich in See. Ich wollte beweisen, dass sowohl ich als auch PAVANE in der Lage waren, das Meer zu bändigen. Zurück in Kent war klar, dass wir es konnten. Und so warf ich im Frühling schließlich die Leinen los und setzte die Segel, um eine Handvoll überraschter Menschen an der Pier zurückzulassen. Dennoch waren gerade die ersten Tage auch für mich voller Zweifel und Ängste. Kann ich das durchhalten? Und wie weit würde ich wohl kommen? Aus Tagen wurden Wochen und aus Wochen Monate. Ich überquerte den Golf von Biskaya und segelte über Spanien und Portugal weiter gen Süden. Ich fühlte mich besser und besser.

Nach einem weiteren Jahr fühlte ich mich, als wäre mir ein neues Leben geschenkt worden. Ich aß gut, genoss die Sonne und hatte meine Kräuterkur abgeschlossen. Wann immer es nur ging, spielte ich in Häfen und Bars auf der Gitarre und sang meine Songs. So auch auf den Kapverden. Fühlte ich mich hier anfangs wie in einem Dritte-Welt-Land, liebte ich bald die staubigen Straßen mit ihren unzähligen fliegenden Händlern und exotischen Düften. Von den schönen Frauen mal ganz zu schweigen. Schon bald gründete ich mit lokalen Künstlern das Projekt ›Country Dave & Friends‹. Wir spielten jeden Tag in den Bars und Cafés von Mindelo und waren fast so was wie lokale Berühmtheiten.

Die Zeit verging wie im Flug. Drei Jahre nach meinem Aufbruch benötigte mein Boot dringend einige Wartungsarbeiten, was auf den Kapverden mangels entsprechender Einrichtungen nur schwer zu realisieren war. Es wurde also langsam Zeit, erneut die Segel zu setzen. Kurz darauf lernte ich Antje kennen, eine schöne Deutschlehrerin, die auf den Kapverden ihren Urlaub verbrachte. Es war Liebe auf den ersten Blick, und sie versprach, mich in der Karibik zu besuchen. Das nahm mir meine letzten Zweifel. Nun sollte es also tatsächlich über den

Atlantik gehen. Obwohl mein Boot in keinem besonders guten Zustand war, verließ ich nach zwei Jahren Mindelo und setzte die Segel Richtung Karibik. Es war eine lange, schwierige Reise, bei der ungewöhnlich viel Wind an den alten Segeln zerrte, das Boot viel Wasser machte und ich tagelang ohne funktionierenden Autopiloten Ruder gehen musste. Aber ich tat, was ich zu tun hatte, und nach fast einem Monat und knapp 2500 Seemeilen erreichte ich die Karibik.

Seit einem Jahr lebe ich nun auf Grenada, genieße das schöne Wetter und mache noch immer jede Woche Livemusik. Antje hat ihr Wort gehalten und mich für einige wundervolle Wochen auf Grenada besucht. PAVANE sieht langsam aber sicher wieder wie ein Boot aus, und so nähere ich mich meiner nächsten Mission: einer Segelreise nach Haiti, um dort alte Freunde zu treffen. Ich bin 65 Jahre alt, noch am Leben und fühle mich großartig.«

Über die Biskaya
September 2012

Einmal ist keinmal

Roscoff ist schön. Das bretonische Nest mit seinen uralten Steinhäusern könnte problemlos als Kulisse für ein Historienepos oder einen Harry-Potter-Film herhalten. Auch die nähere Umgebung ist sehenswert, denn die enormen Gezeitenunterschiede verändern die Küstenlandschaft fortwährend. Wo eben noch Wasser war, tut sich wenig später eine schroffe und weite Felslandschaft auf. Es riecht nach Salzwasser und Watt, und die Bewohner Roscoffs erinnern hier und da ein bisschen an Asterix und Obelix. Vor der Küste findet sich außerdem die kleine, wunderschöne Île de Batz. Die Marina hingegen hat doch eher einen herben Charme, denn sie ist schlichtweg noch eine Baustelle.»Kein Wunder, dass die in keiner Karte verzeichnet ist«, denke ich, als ich am Morgen nach meiner nächtlichen Ankunft erstmals den Kopf aus dem Niedergang strecke. Geweckt wurde ich durch das höllische Dröhnen von gleich drei Baggern, die am nahen Ufer mit Presslufthämmern den Fels zertrümmern. An den Stegen liegen trotzdem schon einige Boote und Yachten. Die Franzosen sind eben hart im Nehmen.

Die Hafenmeisterin wirkt ebenfalls rustikal. »Mit der willst du keinen Ärger haben«, denke ich, doch meine Befürchtungen sind unbegründet. Sie entpuppt sich als wirklich nett und kompetent obendrein. Gleich mehrmals entschuldigt sie sich für die Unannehmlichkeiten durch die nur halb fertige Marina. Denn nicht nur ihr Büro, sondern auch die Toiletten und Duschen sind bislang nur in Containern untergebracht. Wasser und Strom gibt es auch noch nicht an den Stegen. Dafür ist aber auch die Liegegebühr etwas günstiger als normal. Das trifft sich gut, da ich für die kommenden zwei Wochen zurück in die Heimat reise.

14 Tage später sitze ich im pittoresken Roscoff in einem Café und lasse mir die Sonne auf den Pelz scheinen. Um mich herum herrscht buntes Treiben. Ganz offensichtlich ist der Ort ein touristischer Hotspot der Umgebung. Auf mich aber wartet nun die Biskaya. Und was ich über die abends im Revierführer lese, lässt mich schaudern. Sie sei bekannt für ihre häufigen Stürme, und durch den am Festlandschelf steil ansteigenden Meeresgrund komme es zudem häufig zu gefährlichen Wellen und Legerwall-Situationen. Von einer Passage nach Mitte September wird tendenziell abgeraten ... und heute ist der 14. September. Na prima. Meinen Aufbruch habe ich dennoch für übermorgen geplant. Bis dahin gibt es noch einiges zu tun.

Am nächsten Morgen geht es zunächst ächzend und stöhnend hoch in den Mast. Dort hatte ein Marinamitarbeiter während meiner Abwesenheit eine Leine um den Windgenerator gebunden, um diesen zu stoppen. Ich kann mich noch gut erinnern, wie ich in Koblenz auf dem Weg zur Kirmes einen Anruf der Hafenmeisterin erhielt, die mir mitteilte, dass mein Generator gerade die komplette Marina irremachen würde. Ich hatte nämlich bei meiner Abreise blöderweise den Hauptschalter des Bordnetzes ausgestellt, was leider auch die Bremse des Generators deaktiviert, der sich damit so schnell drehen kann, dass seine Flügel gegen den äußeren Schutzkäfig schlagen. Man kann sich lebhaft vorstellen, was das für einen Radau macht. Echt peinlich. Jetzt will ich den Generator erneut in Betrieb nehmen, und wenn ich schon mal im Mast bin, checke ich natürlich auch noch schnell das Rigg und die Beschläge. Sieht alles gut aus, auch wenn der Mast seit meinem Werftaufenthalt in Laboe zeitweise immer noch merkwürdig tickert und knackt. Ein strukturelles Problem kann ich allerdings nicht entdecken. Nächster Punkt auf meiner Checkliste ist das Tanken. Leider ist auch das in der halb fertigen Marina noch nicht möglich. Also muss ich mit einem geliehenen Kanister zum Supermarkt latschen, wo es eine Tankstelle gibt, an der ich 25 Liter Diesel

bunkere. Dabei versorge ich mich gleich auch mit Proviant und Getränken für die nächsten Tage.
Um sieben Uhr rappelt der Wecker. Gut geschlafen habe ich nicht. Ich bin doch ganz schön aufgeregt. Schließlich ist der kommende Schlag über die Biskaya mein erster mehrtägiger Törn überhaupt. Nix mehr mit von Hafen zu Hafen fahren und abends irgendwo gemütlich festmachen und schlafen. »Wie das wohl werden wird«, schreibe ich morgens nachdenklich ins Logbuch. Der Wetterbericht verheißt erst mal ruhiges Wetter. Gemeldet sind zwei bis drei Beaufort aus westlichen Richtungen. Später soll der Wind dann auf Nordost drehen, was für die Passage nicht das Schlechteste wäre. Kurz darauf fahre ich schon durch den Fährterminal hinaus auf die See. Dort ist das Wasser mal wieder völlig platt, und kein Lüftchen geht. Also erst mal weiter unter Maschine. Nach den stromlosen Tagen in der Baustellenmarina müssen meine Batterien ohnehin mal etwas gepusht werden. Vorbei an der Île de Batz geht es auf Westkurs. So motore ich Stunde um Stunde weiter. »Das mit den zwei bis drei Windstärken wird wohl erst mal nix«, schwant es mir bereits. Um drei Uhr nachmittags dreht dann auch noch der Strom. Mit meinem 19-PS-Jockel und der nur zweiflügeligen Schraube bedeutet das nur Schneckenspeed über Grund. Die der Brester Bucht vorgelagerte Île d'Ouessant passiere ich entsprechend schleppend. Um halb zehn abends kommt dann endlich etwas Wind auf. Also Motor aus und Segel hoch. Mit jetzt wieder mitlaufendem Strom laufen wir so ruck, zuck an die zehn Knoten über Grund. »Na endlich!«, frohlocke ich am Navitisch. Biskaya, ich komme.

20 Minuten später ist der Diesel wieder an und mir die Lust vergangen. Der Wind hat sich erneut komplett verabschiedet. Dafür tanzt CARPE gerade wild durch eine Stromturbulenz nach der anderen. 13 Stunden sind seit meinem Aufbruch erst verstrichen, aber ich fühle mich schon jetzt ziemlich alle. Ein Blick auf die Tankuhr bringt meine Laune auch nicht wirklich auf

Touren. Die Dieselvorräte sind bereits zur Hälfte verbraucht. Und das schon jetzt, wo ich noch auf Höhe der Île d'Ouessant herumeiere. Was also tun? Die Wettervorhersage scheint ja nicht so wirklich zu stimmen. Außerdem dreht schon bald die Tide ein weiteres Mal. Das mit den Tiden und Strömen geht mir so langsam, aber sicher ein bisschen auf die Nerven. Im Logbuch vermerke ich: »Du meine Güte, was bin ich froh, wenn das mit diesen Scheißgezeiten und Strömungen endlich mal weniger wird.« Um zehn vor elf fällt dann die Entscheidung: Ich weiche nach Camaret-sur-Mer aus, einem kleinen Fischerort in der Bucht von Brest. Dort will ich zuverlässigeren Wind abwarten und außerdem meine Dieselvorräte ergänzen.

Camaret-sur-Mer

Um fünf Uhr morgens mache ich endlich die Leinen im kleinen Yachthafen von Camaret-sur-Mer fest. Über 20 Stunden Fahrt habe ich hinter mir und fühle mich entsprechend kaputt. Bevor ich aber in die Koje falle, spreche ich noch einen kurzen Kommentar in die Kamera, um auch diesen Moment festzuhalten.

Morgens um zehn bin ich schon auf. Nach einer Tasse Kaffee schlüpfe ich in meine Badeshorts und mache mich daran, das Unterwasserschiff zu erkunden. Grund ist ein merkwürdiges Rütteln im Ruder während der Anfahrt in die Marina. Der Ruderschaft bereitet mir ja sowieso schon seit einiger Zeit Sorgen. Also will ich das doch lieber einmal checken. Das Wasser ist eiskalt, und für einen kurzen Moment fürchte ich, mein Herz würde stehen bleiben. Unterm Schiff prüfe ich, ob der Faltpropeller richtig öffnet und schließt, das Ruder Spiel hat und die Flucht zwischen Kiel, Schraube und Ruderblatt stimmt. Alles scheint in Ordnung zu sein. »Dann weiß ich es auch nicht.« Schnell wieder raus aus der kalten Hafenbrühe und ab in den Ort.

Die kleine französische Gemeinde hat gerade einmal gut 2000 Einwohner und besitzt neben einer kleinen Fischereiflotte auch eine lebendige Kunstszene. Gleich mehrere Galerien und Ateliers entdecke ich auf meinen Weg durch die Straßen und Gassen. Dort werden Gemälde, Skulpturen und Drucke angeboten. Im Sommer liegt der Haupterwerb aber ohne Zweifel im Tourismus. Cafés, Restaurants und Kneipen finden sich insbesondere an der großen Uferstraße entlang des Naturhafens. Ich lasse mich in einem kleinen Bistro mit dem einen oder anderen Crêpe und leckerem Kaffee verwöhnen und studiere auf dem Laptop derweil die Wetterdaten für die kommenden Tage. Heute Abend soll endlich etwas Wind aufkommen. Das trifft sich gut, denn auch die vermaledeite Tide läuft dann zu meinen Gunsten. Die Tendenz für die kommenden Tage ist unverändert: Wind aus Nordost um die vier bis fünf Windstärken. Sehr schön.

Biskaya

Nachdem ich nachmittags noch eine Mütze Schlaf nachgeholt habe, werfe ich um 18 Uhr die Leinen los. Biskaya, second service! An der Tanke ergänze ich noch schnell etwas Diesel und fahre mit der aufziehenden Dämmerung hinaus auf See. Und tatsächlich: Wind! Also setze ich die Segel, schalte den elektrischen Autopiloten ein und bin selig. CARPE DIEM segelt stabil und auf einem guten Kurs gen Süden. »Ich fahre nach Spanien!«, vermerke ich stolz im Logbuch. Das hört sich doch schon richtig weit und exotisch an, oder? Noch vor wenigen Wochen stand ich bibbernd auf Fehmarn und hatte nur eine diffuse Vorstellung von dem, was in den kommenden Monaten auf mich zukommen sollte. Und jetzt bin ich schon auf dem Weg nach Spanien. Geil!

Die erste Nacht auf See zieht sich. An Schlaf ist erst mal nicht zu denken. Im Gegenteil. Immer wieder muss ich an Deck und auf die wechselnden Bedingungen reagieren. In der Zwischenzeit hat es zu nieseln angefangen, und der Wind wechselt munter Stärke und Richtung. Auf dem AIS sehe ich unmittelbar vor mir einen anderen Segler, der auf einem völlig anderen – eigentlich unsegelbaren – Kurs unterwegs ist. Und während ich noch überlege, wie der das macht, gibt es an Deck plötzlich einen Schlag. Ich springe nach oben und sehe ein back stehendes Vorsegel. Auch das Groß hat die Seite gewechselt, obwohl wir nach wie vor auf unserem alten Kurs unterwegs sind. Die Ursache ist dann schnell gefunden. Der Wind hat von jetzt auf gleich einen Sprung von über 60° hingelegt. »Datt is ja der Hammer!«, stelle ich fachmännisch fest und justiere Kurs und Segelstellung neu. Zurück am Navitisch kann ich dann beobachten, dass wir jetzt auf gleichem Kurs wie mein Kollege vom AIS unterwegs sind. Aha, so geht das hier also. Die restliche Nacht verläuft, abgesehen von immer mal wieder aufkreuzenden Fischerbooten, relativ ruhig. In Etappen von 20, später 30 Minuten versuche ich, auf den Salonbänken etwas Schlaf zu finden. So richtig klappen will das allerdings nicht. Zu groß ist noch meine innere Anspannung, und so wirklich bequem ist es auch nicht. Am Bug findet sich derweil eine ganze Gruppe Delfine ein, die stundenlang durch meine Wellen springen. Manchmal kann man sogar unter Deck den einen oder anderen Pfeiflaut hören.

Um zehn Uhr stehe ich auf. Nachdem CARPE die ganze Nacht unter elektrischem Autopiloten gefahren ist, aktiviere ich heute Morgen den Windpiloten. Ich weiß auch nicht, warum ich das jetzt erst mache. Irgendwie hatte ich da im Dunkeln nicht so richtig Bock drauf. Jedenfalls klappt das sofort prima, und CARPE DIEM wird souverän durch die achterliche Welle gesteuert. Das war also meine erste wirklich durchsegelte Nacht. Ein bisschen stolz bin ich ja irgendwie schon. Jetzt gilt es, einen Bordrhythmus zu finden und die Sache mit dem Schlaf weiter zu optimieren. Denn trotz vieler kleiner Schlafetappen fühle ich mich ganz schön matt. Der Wind pustet mit schönen vier Beaufort aus Nordost. Über Legerwall und Monsterwellen am Schelf muss ich mir wohl erst mal keine Gedanken machen. Großartige Segelmanöver sind auch nicht vonnöten. Der zweite Tag auf See kann kommen.

Nach diversen Müsliriegeln und sonstigem Firlefanz stelle ich nachmittags fest, dass es langsam Zeit für eine vernünftige Mahlzeit wird. Ich stelle mich also an den schaukelnden Gasherd und koche einen großen Pott Nudeln. Damit in der unruhigen See nicht gleich alles wieder aus den Töpfen schwappt, ist meine Kochstelle kardanisch gelagert. Das heißt, der Herd schwingt mit den Bewegungen des Schiffs mit und gleicht diese so nach Möglichkeit aus. Außerdem kann ich die Töpfe mit speziellen Klammern über der Flamme arettieren. Die Soße für die Nudeln kommt aus einem großen Supermarktglas und verspricht »original italienische Zutaten« sowie »den Geschmack sonnengereifter Tomaten und Basilikum«. Das Ergebnis ist jedoch eher ernüchternd. »Wenn das eine original italienische Pastasoße sein soll, wird Italien wohl in Kürze aus Protest die Europäische Union verlassen«, meckere ich die Plastikschüssel auf meinem Schoß an. Verständlich wäre das, denn die Pampe taugt bestenfalls als Nudelbefeuchter und Farbtupfer.

Abends um sieben folgt dann eine weitere Premiere: mein erstes Telefonat via Satellitentelefon mit zu Hause. Das Ding sieht original wie mein erstes Handy aus den 1990er-Jahren aus. Etwas klobig mit großen Gummitasten und einer ausziehbaren Antenne. Auch die Bedienung entspricht im Großen und Ganzen einem normalen Mobiltelefon: Nummer wählen, grüne Taste drücken und warten. Nach ein paar Sekunden ertönt kurz ein Freizeichen, gefolgt von einer automatischen Ansage: »You have so und so viel minutes left for your call.« Auf diese Weise wird mir das Restguthaben meiner Iridium-Prepaidkarte mitgeteilt. Etwas später klingelt es auf der anderen Seite. Als Ruth dann abhebt, bin ich froh und gerührt zugleich. Schön, ihre Stimme zu hören. Aber irgendwie klingt sie komisch. Irgendwie laaaannngggsssaaaam und verschnarcht. Ich erkundige mich natürlich sofort, ob alles in Ordnung ist. »Naaaa

klaaar ... waaaaruum?«, kommt es zurück. »Du klingst irgendwie komisch. So langsam ... wie in Zeitlupe«, antworte ich. Ein paar Sätze später klärt sich, dass das Ruth an mir auch gleich aufgefallen ist. Sie wollte aber nicht sofort zu besorgt nachfragen. Vielmehr ging sie davon aus, dass ich wohl etwas übermüdet und geschafft bin. Letztlich ist die Ursache für das Slow-Mo-Gespräch aber etwas Technisches. Denn offenbar sorgt der lange Übertragungsweg über Satellit für eine Verzerrung des Sprachsignals. Das klingt dann wirklich etwas gewöhnungsbedürftig. Das Telefonat halten wir möglichst kurz, denn die Kosten für die Iridium-Verbindung sind nicht von schlechten Eltern. Also nur schnell das Nötigste: »Boot und Skipper sind okay. Alles gut. Melde mich morgen zur gleichen Zeit wieder.«
Bevor ich das ganze Satellitengedöns wieder in seinem wasserdichten Koffer verstaue, schreibe ich noch schnell ein paar kurze Zeilen für meine Webseite und lade diese zusammen mit zwei Bildern ins World Wide Web.

Die zweite Nacht auf See verläuft ganz zufriedenstellend. »Recht gut und mit etwas Schlaf durch die Nacht«, lautet der Logbucheintrag. Dennoch gibt es ein Problem, denn in der Achterkoje knackt und knarzt es seit gestern Abend, dass es nicht auszuhalten ist. Anscheinend hat sich CARPE in der achterlichen Welle so verwrungen, dass die innere Kunststoffhülle des Boots unter Spannung geraten ist. Jedenfalls ist die Geräuschkulisse so laut und nervend, dass ich in der Koje nicht schlafen kann. Folglich habe ich die Nacht zusammengekauert auf der doch etwas zu kurzen Salonbank verbracht. Das geht zwar irgendwie, ist aber nicht wirklich erholsam. Für meinen nächsten Hafenaufenthalt vermerke ich auf der To-do-Liste, dem Knackproblem unbedingt auf die Pelle zu rücken. Der Windpilot hat während der ganzen Nacht perfekt gearbeitet. Obwohl CARPE in der achterlichen Welle ganz schön hin und her eiert, steuert die Anlage sicher und zuverlässig. Ein gutes Gefühl. Geweckt werde ich morgens vom AIS. So ein Gerät ist mittlerweile für die

Großschifffahrt vorgeschrieben, und auch die meisten Sportboote sind damit ausgerüstet. Also eine gute Sache. Ein Radar wäre hier und da vielleicht noch etwas effektiver, allerdings habe ich ehrlich gesagt die Kosten von ungefähr 5000 Euro sowie den Aufwand für die notwendige Energieversorgung gescheut. Der AIS-Empfänger verbraucht da doch deutlich weniger Ressourcen. Ich sende übrigens kein eigenes Signal, sondern empfange lediglich die der anderen Schiffe. Auch dafür habe ich mich ganz bewusst entschieden. Will ich doch meine Position in später vielleicht etwas unsichereren Gegenden nicht um jeden Preis alle Welt wissen lassen.

Der Alarm wird von einem Frachter ausgelöst, der sich mit großer Geschwindigkeit auf unmittelbarem Gegenkurs zu mir befindet. Echt der Hammer, wenn man sich die riesige Fläche der Biskaya im Vergleich zu zwei winzigen Bootspositionen vorstellt. Noch kann ich das andere Schiff mit bloßem Auge nicht ausmachen, denn das ist ab einer Entfernung von zwei bis drei Seemeilen in der momentanen Dünung von etwa zwei Metern sehr schwierig. Also verlasse ich mich zunächst auf die Informationen, die mir das AIS liefert. Dort kann ich, wie schon mal erwähnt, neben Position und Kurs auch Namen, Rufzeichen, Länge, Breite und Tiefgang sowie Geschwindigkeit und Zielhafen erkennen. Wenn ich wollte, könnte ich den Frachter nun anfunken und bitten, seinen Kurs zu ändern. Denn im Grunde müsste er mir als Segler ausweichen. Ich habe mir auf den bisherigen Etappen und auch in der Zeit davor jedoch eine eher defensive Taktik angewöhnt. Gerade bei großen Fracht- und Tankschiffen würde ich mich nicht auf deren Ausweichpflicht verlassen. Oft sind deren Brücken nur spärlich besetzt, und überhaupt wird ein kleiner Segler auch so mal gern übersehen. Von der Trägheit eines solchen Giganten beim Manövrieren oder gar Stoppen gar nicht zu sprechen. Auch Fischerbooten lasse ich grundsätzlich den Vortritt. Wenn diese Netze ausgebracht haben, haben sie ohnehin Wegerecht. Aber auch wenn nicht. Fischer sind da, sagen wir mal, hier und da etwas stur und kompromisslos. Also lieber einen weiten Bogen machen bzw. nach der einfachen Grundregel »Blech vor Plastik« handeln. Die Schiffsbegegnung verläuft dann auch undramatisch. In einer halben Seemeile Abstand passiert mich der unter niederländischer Flagge fahrende Frachter. Der Wind bläst mittlerweile etwas stärker aus Nordnordost und lässt CARPE rasant durch die Wellen rauschen. Die über Iridium geladenen neuen Wetterdaten kündigen außerdem mehr Wind an: In der kommenden Nacht soll dieser auf konstante sechs Windstärken zunehmen. Für die Morgenstunden sind sogar Böen bis zu 35 Knoten im Küstenbereich um La Coruña gemeldet. Wenn ich also mit der aktuellen Geschwindigkeit von durchschnittlich über sechs Knoten weiterfahre, werde ich genau in diesen Starkwind hineinrasseln. »Ich muss langsamer werden!«, lautet also die Entscheidung. Ich berge das Großsegel und segle nur mit gereffter Genua weiter. Der Speed nimmt daraufhin etwas ab, wenn auch nicht so viel wie erhofft. Noch mehr Tuch will ich allerdings auch nicht wegnehmen, denn bei dem doch ganz ansehnlichen Seegang benötigt der Windpilot schon ein Mindestmaß an Fahrt, um sicher und zuverlässig die achterlichen Wellen auszusteuern. »Das ist jetzt aber auch erst mal wurscht«, denke ich. Ich habe nämlich schon wieder 'nen totalen Hungerast. Das ist schon komisch. Man tut ja rein körperlich nicht so wirklich viel während einer solch langen Etappe. Klar, man hantiert schon öfter mal am Boot herum, und auch der Alltag ist auf See spürbar anstrengender als an Land. Dennoch sitzt oder liegt man doch die meiste Zeit irgendwo herum. Trotzdem bekomme ich regelmäßig das Gefühl, regelrecht zu verhungern. Dann muss ich immer schnell etwas essen, um nicht zu unterzuckern oder gar seekrank zu werden. »Offenbar ist der Grundumsatz auf einem schaukelnden Segelschiff bei gleichzeitiger Anspannung doch deutlich höher als vermutet«, vermerke ich diese Erkenntnis auch prompt in meinem Journal.

Nach Nudeln gestern gibt es heute Reis mit einer leckeren Dose Königsberger Klopse in weißer Soße mit Kapern. Mit Reis und Klopsen im Magen sieht die Welt doch gleich wieder anders aus. Auf dem Cockpitboden sitzend schaue ich umher und genieße das abendliche Licht und die Weite der Biskaya. Dann huscht plötzlich etwas vorbei. »War dat jetz 'n kleiner Vogel?«, frage ich mich. Und tatsächlich, einige Augenblicke später entdecke ich das kleine unbekannte Flugobjekt erneut. Ein Spatz, der sogleich zur Notlandung auf einer der Sitzbänke ansetzt. Mir gelingt es noch gerade so, eine der fest installierten Kameras einzuschalten, und kann den Augenblick so einfangen. Der kleine Kerl ist scheinbar ganz schön im Eimer. Kaum gelandet, rutscht er von der Bank und plumpst irgendwo zwischen Steuerstand und Backskiste auf den Boden. Dort sitzt er nun, pumpt wie ein Maikäfer und wirkt recht orientierungslos. Nach einigem Hin und Her gelingt es mir, den Sperling einzusammeln und in den Salon zu tragen. Aus einer zusammengerollten Wollmütze baue ich ihm ein kleines Nest, in dem er es sich gleich bequem macht. Ein Blick auf die Karte verrät, dass ich noch mehr als 200 Kilometer vom Festland entfernt bin. »Junge, Junge, da hast du dich aber ganz schön verflogen«, starte ich eine kurze Mensch-Vogel-Konversation. »Nur gut, dass ich gerade in der Gegend war.« Mit etwas Wasser und ein paar Brotkrümeln versuche ich außerdem, den kleinen Kerl etwas zu päppeln. Der will aber nicht so wirklich zur Ruhe kommen. Das ganze Geschaukel und Gequietsche scheint ihm nicht geheuer zu sein. Immer wieder startet er aus seinem Nest und flattert wild durch den Salon. Die ganze Aufregung sorgt außerdem für regelmäßige Darmentleerungen auf Pantry, Polstern und Ablagen. »So macht das keinen Sinn«, beschließe ich nach einer Weile und verfrachte den neuen Mitsegler in die Bugkoje. Dort ist er halbwegs sicher untergebracht und kann sich meinetwegen austoben. Wenn ich morgen nah genug am Festland bin, will ich ihn wieder in die Freiheit entlassen.

Der Hafen von Burgstaaken (Fehmarn) im Winter 2012.
CARPE DIEM wird aus dem Winterschlaf geweckt.

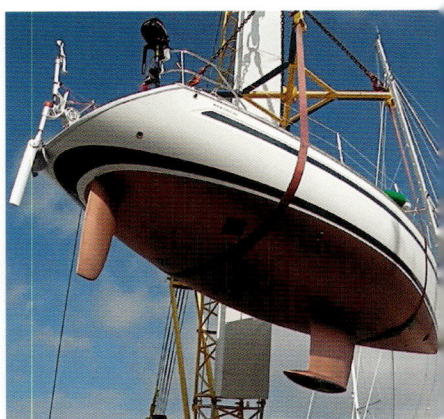

▲ Einkaufsmarathon und Proviantbunkern
▲ zu Hause.

▲ Die erste Etappe durch den Nord-Ostsee-
  Kanal.

▲ CARPE DIEM in der Schiffswerft Laboe.

▲ Zwischenstopp auf Terschelling
  (Niederlande).

- Der schöne Stadthafen von Dieppe (Frankreich).
- Mein Liegeplatz in Dieppe bei Flut ...
- ... und die gleiche Stelle bei Ebbe.

▲ Erstmals Windstärke sieben im Ärmelkanal.
▲ Blick von der Steilküste auf Fécamp (Frankreich).

▲ Aufbruch mit dem Sonnenaufgang in Fécamp.

◀ Regelmäßiges Aufentern zur Riggkontrolle in den Mast.

▼ Der Salon mit Tisch, Bänken, Naviecke und Pantry.

- ▶ Emilios Meisterwerk nach zwei Wochen in La Coruña (Spanien).
- ▼ Baiona, die letzte Station am spanischen Festland.
- ▼ Delfine am Cabo da Roca (Portugal).

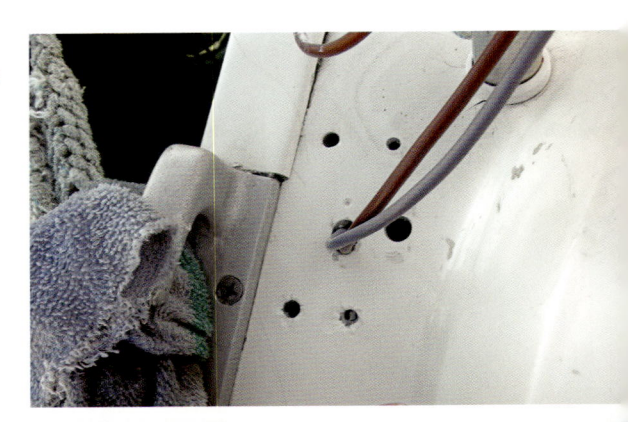

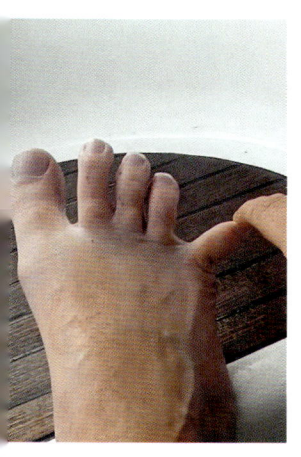

- Unfall auf See Richtung Kanaren: Der kleine Zeh ist kaputt.
- Sechs Tage Starkwind und hohe Wellen auf dem Weg nach Gran Canaria.
- CARPE am Schwimmsteg in der Marina Mindelo (Kapverden).
- Endlich ist mal was kaputtgegangen: Elektronikprobleme in Mindelo.

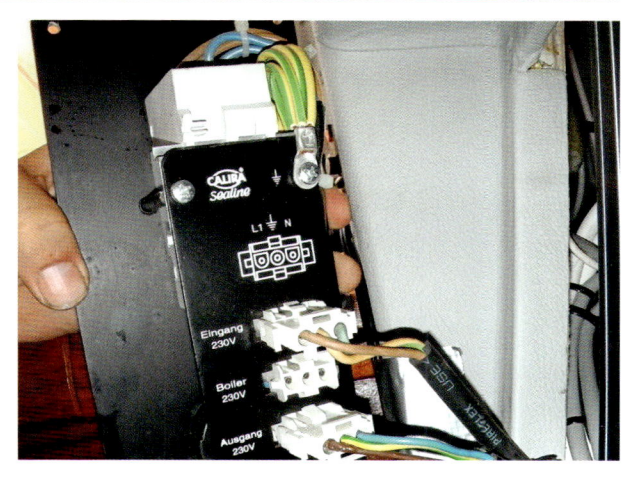

▲ Die Marina in Mindelo auf São Vicente (Kapverden).
▲ Schiffsfriedhof und dramatische Landschaften bei Mindelo.
▲ Eine typische Hafenszene auf den Kapverden.

Die dritte Nacht auf See bringt den angekündigten Wind um die sechs Beaufort. Die Genua habe ich noch einmal gerefft, sodass wir jetzt nur noch mit einem kleinen Bettlaken unterwegs sind. CARPE DIEM donnert trotzdem nach wie vor mit über sechs Knoten Richtung Spanien. Offenbar geht es oder will sie nicht langsamer. Schlaf finde ich in dieser Nacht so gut wie keinen. Zweimal werde ich vom AIS aus meinem dösigen Dämmerzustand geweckt. Und das Knacken und Knarzen in der achterlichen Koje ist noch mal lauter geworden. Mittlerweile kullert da auch irgendwas hinter der Innenverkleidung hin und her. Auch mache ich mir immer wieder Gedanken über meinen kleinen Passagier. Entsprechend müde und geschafft erlebe ich die Dämmerung des dritten Seetags. Um acht Uhr morgens pfeift es mit Böen bis zu 35 Knoten aus Nordost. Das sind immerhin acht Windstärken, und ich müsste lügen, wenn mir das nicht einen ganz schönen Respekt einjagen würde. Als ich etwas später ins Cockpit klettere, geht gerade die Sonne auf und gibt den Blick auf die aufgewühlte See frei. Nur gut, dass der Wind nach wie vor achterlich einfällt. So ist die gefühlte bzw. scheinbare Windgeschwindigkeit nicht ganz so heftig. Trotzdem fliegt immer wieder die Gischt, und CARPE rollt wild von einer Seite zur anderen. Ein weiteres Problem ist die Stromversorgung meiner kleinen Yacht. Trotz des starken Winds produziert der Windgenerator im Mast offenbar kaum Strom. Schon wieder sind die Batterien fast leer, und so droht die Energieversorgung meiner Navigations- und Funktechnik in die Knie zu gehen. Um die Batterien zumindest etwas aufzuladen, lasse ich trotz CARPES unruhiger Lage für circa zwei Stunden den Motor mitlaufen. Der mir so wärmstens empfohlene Generator entpuppt sich langsam, aber sicher als völliger Schrott. Schon jetzt ist mir klar, dass ich damit nicht über den Atlantik komme. Bevor ich mir darüber aber weitere Gedanken mache, will ich erst mal sicher ankommen. Entsprechend groß ist die Freude, als ich wenig später am Horizont Land entdecke. »Land in Sicht!«, schreie ich übermütig in den Wind. Ein erfahrener Langfahrtsegler hätte mich angesichts dieser doch übersichtlichen Etappe von gerade einmal gut 300 Seemeilen jetzt vielleicht belächelt. Aber ich bin heilfroh, endlich die spanische Küste zu sehen, und brülle meine Freude nur so hinaus. Jetzt kann doch eigentlich nichts mehr schiefgehen. Ich werde heute in Spanien die Leinen festmachen und bin allein über die Biskaya gesegelt. In meine Freude und Erschöpfung mischt sich zugegebenerweise auch etwas Stolz.

Mittags hat Rasmus endlich ein Einsehen und stellt die Windmaschine ab. Die Sonne scheint, es ist angenehm warm und am Bug springen einmal mehr einige Delfine durch die Wellen. Die Küste ist jetzt bereits zum Greifen nah, und auch hier zeigt sie sich felsig und schroff. Die Restwellen des Vormittags rauschen immer wieder machtvoll gegen die zerklüftete Landschaft. Ein imposantes Schauspiel, das ich stundenlang beobachten könnte. Allerdings wird es langsam Zeit, meinen blinden Passagier wieder in Freiheit zu entlassen. Doch wo ist er? In der Bugkoje kann ich ihn jedenfalls zunächst nicht finden. Schon überlege ich, ob ich in meinem nächtlichen Duselkopf vielleicht kurz die Kojentür geöffnet habe und er so von selbst das Weite gesucht hat. Nach einer Weile habe ich dann allerdings traurige Gewissheit: Der Spatz ist tot. Er liegt steif und bewegungslos in einem der Stauräume unter der Matratze. Frag mich einer, wie er da hineingekommen ist. Eigentlich unmöglich. Aber es ändert nichts an der Tatsache. Entweder war er schon bei der Landung auf CARPE zu erschöpft und ausgelaugt, oder er hat sich in der Nacht einfach selbst in diese missliche Lage manövriert und das Zeitliche gesegnet. Gerade noch euphorisch und glücklich über meine gelungene Biskayapremiere bin ich jetzt traurig. Ein schlechtes Gefühl, auch wenn es nur ein wenig Leben war. Das Letzte, was ich für ihn tun kann, ist eine standesgemäße Seebestattung etwa zehn Seemeilen vor La Coruña. Mach's gut, Kleiner.

La Coruña

Man soll es nicht glauben, aber ich war vor meiner Ankunft in La Coruña noch nie richtig auf dem spanischen Festland. Einzig die Kanaren und Balearen sowie ein kurzer Zwischenstopp auf dem Flughafen von Madrid waren meine bisherigen Berührungspunkte. Von daher freue ich mich zusätzlich, nun auch das kontinentale Spanien näher kennenzulernen, genauer gesagt Galizien.

La Coruña wirkt gleich von Anfang an freundlich und offen. Die kleine, aber feine Marina wird von typisch galizischen Häuserfronten mit ihren vorstehenden Erkern und zahllosen Fenstern umrahmt. Die Stege und sonstigen Einrichtungen des Hafens sind top gepflegt. Außerdem gibt es auf der Pier eine schöne Bar mit Terrasse und Restaurant. Der drollige Hafenmeister spricht zwar kein Wort Englisch, aber mit Händen und Füßen sowie etwas Spanish for Dummies klappt die Verständigung dann doch irgendwie. Ich buche mich erst mal auf unbestimmte Zeit hier ein, denn die To-do-Liste ist in der Zwischenzeit schon ganz schön lang geworden. Insbesondere der blöde Generator, der tickernde Mast und nicht zuletzt die knarzende Achterkoje brauchen etwas Aufmerksamkeit. Außerdem will ich noch einmal kurz nach Hause reisen. Doch zunächst mal marschiere ich in die Stadt.

Nur einen Katzensprung entfernt liegt die riesige Plaza de Maria Pita. »Wow!«, denke ich und suche mir ein Plätzchen in einem der vielen Cafés. Gegenüber steht ein breites, palastartiges Gebäude, bei dem es sich laut Wikipedia um den Sitz der Kommunalregierung handelt. Auch die übrigen Seiten der Plaza sind mit klassischen, alten Gebäuden bebaut. Trotz der Größe des Platzes wirkt es so schon fast gemütlich. Beeindruckend ist es hier auf jeden Fall. In der Mitte des großen Rechtecks steht außerdem ein Denkmal: In Bronze gegossen und mit erhobenem Schwert schaut ein gewisser Pedro Ortega versonnen in die Ferne. Sicher einer dieser spanischen Helden aus vergangenen

Zeiten. Nach Kaffee und etwas Süßem geht es weiter Richtung Zentrum. Auch hier viele alte Häuser und historische Bausubstanz. Die Straßen und Fußgängerzonen sind proppenvoll. Nach den einsamen Seetagen bekomme ich fast einen Zivilisationsschock. Bevor ich mich wieder in die Marina verziehe, genehmige ich mir noch einen typisch spanischen Döner und versorge mich in einem Supermarkt mit dem Nötigsten. Danach will ich nur noch in die Koje und erst mal richtig schlafen.

Zwei Wochen später. Nach einem Kurzaufenthalt in Deutschland bin ich wieder zurück in La Coruña. Ruth ist für ein paar Tage mitgekommen, was mich natürlich freut. Das war es dann erst mal aber auch mit der Freude, denn ansonsten bietet der erste Tag nicht besonders viel Erbauliches. Das liegt an eben diesem im Internet gefundenen, vermeintlichen Fachmann für Bootselektronik Emilio, der auf CARPE DIEM einen beachtlichen Flurschaden angerichtet hat. Die für die nächsten Tage geplante Weiterreise rückt damit erst mal in weite Ferne. Die kommenden Tage sind von intensiven Internetrecherchen sowie einigen Hand-Fuß-Fragezeichen-Gesprächen mit dem Hafenmeister geprägt. Es ist schon verblüffend, dass es in einer so großen Hafenstadt wie La Coruña nicht so einfach ist, eine vernünftige Werft bzw. einen fähigen Bootstechniker zu finden. Irgendwann ist dann aber ein Termin mit der Seca Marina vereinbart, einer Werft, die hauptsächlich Sportboote und Yachten wartet.

Ohne Instrumente wie Tiefen- oder Fahrtmesser geht es früh morgens unter Maschine los. Was auf dem Landweg noch recht einfach war, gestaltet sich auf dem Wasser zunehmend schwierig. Wo ist denn nur diese vermaledeite Werft? Gleich zweimal fahre ich in die komplett falsche Richtung und lande schließlich in einer Sackgasse. Erst im dritten Anlauf bin ich richtig und kann die Zufahrt zu dem kleinen Hafen vor mir sehen. »Hoffentlich ist es hier auch tief genug«, denke ich. Aber am Ende geht alles gut, und ich mache CARPE am Werftsteg fest. Der Termin verläuft dann vielversprechend, und der

Werftboss verspricht mir eine Lösung für all meine Probleme. Unter anderem sollen ein neuer leistungsstarker Windgenerator sowie eine Ersatzplatine für die demolierte Bordelektronik montiert werden. Bevor die Arbeiten allerdings losgehen, müssen seitens der Werft noch verschiedene Angebote eingeholt und Ersatzteile bestellt werden. Eine kräftige Anzahlung wird trotzdem schon mal fällig. Bis auf Weiteres verholen wir uns anschließend in die zur Werft gehörende Marina Coruña. Diese liegt im Gegensatz zum Real Club Nautico etwas weiter vom Zentrum entfernt. Dafür gehört sie aber zur Werft, sodass ich für die Zeit bis zum Start der Arbeiten nur eine reduzierte Liegegebühr zahlen muss.

Nun beginnt das lange Warten. Ruth ist in der Zwischenzeit wieder nach Hause geflogen. So nutze ich die Zeit für einige kleinere Arbeiten an CARPE DIEM sowie den einen oder anderen Ausflug in die nähere Umgebung. Dann geht aber plötzlich alles ganz schnell. Jose und Miguel rücken an, und nach nur zwei Tagen sind sowohl der Windgenerator installiert als auch die Bordelektronik instand gesetzt. Ich bin begeistert. Der wuchtige Generator eines englischen Herstellers steht auf einer massiven Edelstahlhalterung an CARPES Heck. »So habe ich mir das von Anfang an vorgestellt«, konstatiere ich zufrieden in die Kamera. Die Bordelektronik hat eine neue Hauptplatine sowie einige Ersatzschalter bekommen. Insgesamt muss ich für die Arbeiten und Ersatzteile gut 3500 Euro auf den Tisch legen. Das ist schmerzhaft, aber leider unvermeidbar. Die Ursache für die merkwürdigen Tickergeräusche im Mast konnte ich trotz gewissenhafter Fehlersuche nicht finden. Sogar mit einer kleinen Endoskopkamera habe ich alles untersucht. Daher beschränke ich mich auf den Vorsatz, mich künftig nicht zu sehr davon nerven zu lassen. Das Knarzen und Kullern in der achterlichen Koje habe ich hingegen wohl in den Griff bekommen. Am Ende blieb mir nichts anderes übrig, als die entsprechende Stelle der Innenverkleidung mit einem Dremel zu öffnen. Vielleicht etwas martialisch, aber anders ging es leider nicht. Die ursächliche Spannung im Laminat sollte damit jedenfalls gegessen sein. Auch das merkwürdige Kullern hat aufgehört, nachdem ich ein kleines Stück losen Montageschaum hinter der Abdeckung fand. Nun ist CARPE DIEM also endlich wieder klar zum Auslaufen. Gerade noch die Wut über Emilios Meisterwerk im Bauch, spüre ich jetzt neue Zuversicht, auch wenn mir bewusst ist, dass dies sicher nicht die letzten Unwägbarkeiten auf meinem langen Weg gewesen sind und ich noch den einen oder anderen Tiefschlag werde durchleben müssen.

Am Scheideweg

Dezember 2012, Mindelo/Kapverden, zurückgelegte Distanz seit Fehmarn: circa 3800 Seemeilen

Ich bin fix und fertig. Die vergangenen neun Tage bin ich von den Kanaren zu den Kapverden unterwegs gewesen. Eine Zeit, die mir einiges abverlangt hat. Eigentlich war ich auf dem Weg Richtung Karibik, doch schon nach drei Tagen auf See spürte ich eine zunehmende körperliche und auch mentale Erschöpfung. Probleme mit dem Schlafen, ein gebrochener Zeh, viel Wind und ein bis dato nicht da gewesenes Gefühl von Einsamkeit und Isolation nagten an mir. »Doch nicht so ein toller Segelheld«, notiere ich zu dieser Zeit ins Logbuch. Gepaart mit der Aussicht auf weitere 2000 Seemeilen drohte mir der Spaß am Segeln abhandenzukommen. So hatte ich mir das nicht vorgestellt, und das entsprach auch so gar nicht meinen wildromantischen Vorstellungen vom einsamen Leben auf einem Segelboot. Hauptursache für meine Stimmungslage war die ganz offensichtlich zu kurze Ruhepause auf Gran Canaria. Denn dort hatte ich nur eine knappe Woche Halt gemacht. Viel Zeit zur Regeneration blieb da nicht, besonders weil fortwährend Arbeiten an CARPE DIEM anstanden. Zuvor war ich sechs Tage nonstop von Portugal zu den Kanaren gesegelt – mein bis dahin längstes Seestück, dazu mit nie weniger als fünf Windstärken. Auch hier war ich an innere Grenzen gestoßen. Am vierten Tag seit meinem Aufbruch von Gran Canaria fiel dann die Entscheidung, auf die Kapverden auszuweichen. »Körper und Geist brauchen eine Pause«, erklärte ich frustriert der Kamera in meiner Hand.

Nun sitze ich an einem Tisch der Floating Bar, einem Ponton mit Gastronomie in der Marina von Mindelo, um mich herum jede Menge Segler aus aller Herren Länder. Die meisten werden hier sicher einen – geplanten – Stopp auf ihrem Weg in die Karibik einlegen. Daher bin ich froh, dass hier niemand meine Gedanken lesen kann. Denn mit einer Tasse Kaffee in der Hand überlege ich ernsthaft, wie meine Reise weitergehen soll. Die Kapverden sind das letzte Stück Land auf dem Weg in die Karibik. Einmal von hier gestartet gibt es eigentlich kein Zurück mehr. Das würde nämlich mühseliges Aufkreuzen gegen Strom und Passat bedeuten. Also was tun? Verschiedene Optionen gehen mir durch den Kopf. Als Erstes natürlich: »Ich ziehe das jetzt durch.« Aber geht es darum, etwas mit aller Macht durchzuziehen? Die Reise soll doch ein schönes, unvergessliches Erlebnis und kein Krampf werden. Schnell kommen mir Alternativen wie die Rückreise zu den Kanaren, CARPE hierzulassen und später weiterzusegeln, eine Crew anzuheuern oder ein Transport per Frachter in den Sinn. Noch vor wenigen Tagen hätte ich all das für ausgeschlossen gehalten. Die Reise war bislang zwar anstrengend. Aber aufgeben? »Ich muss erst mal richtig zu mir kommen«, beschließe ich. Alles andere macht jetzt ohnehin keinen Sinn. Zur Bewältigung meiner Motivationskrise, und um das Gefühlschaos in meinem Kopf zu sortieren, schreibe ich abends meine Gedanken nieder und veröffentliche diese auf meiner Webseite:

»Heute muss ich mit etwas Ernüchterung sagen, dass sich nicht alle meine Hoffnungen und Erwartungen erfüllt haben. Allein und dazu noch lange Zeit auf See zu sein, ist weder besonders schön noch romantisch. Es ist eine immense physische und psychische Anstrengung. Die Tage und Stunden vergehen mitunter nur sehr sehr langsam, und in der Tat hinterfragt man in vielen Momenten Sinn und Zweck eines solchen Vorhabens. Gerade auf meiner letzten Etappe von den Kanaren zu den Kapverden schienen mir viele Tage endlos zu sein. Da, wo Frust ist, kommt auch schnell mal Traurigkeit auf. Eine fatale Mischung, denn damit geht viel Antrieb verloren, und dann weicht man eben ab und macht Pause oder will seine Frau sehen oder was auch immer. Und wenn es nur die Sehnsucht nach anderen Menschen oder einer geruhsamen Nacht ist. Ich stehe angesichts meiner bisherigen Erfahrungen nun in der Tat vor der Frage, wie meine Reise weitergeht. Segle ich allein weiter? Unterbreche ich die Reise für ein paar Monate und segle nächstes Jahr weiter? Segle ich mit einer Crew weiter? Oder überhaupt? Ich denke, dass ich es dennoch tun werde. Allein schon, um anschließend zu wissen, ob es richtig oder falsch war, und auch, um dem inneren Schweinehund nicht so einfach das Feld zu überlassen. Vielleicht ist es ja auch das, worum es geht: etwas einmal Angefangenes durchzustehen, nicht aufzugeben und umso mehr Genugtuung bei der Ankunft zu erfahren. Ahoi!«

Die Resonanz auf diesen Eintrag ist beeindruckend und erschreckend zugleich. Während der überwiegende Großteil der Antworten positiv und ermutigend ist, gibt es auch einige merkwürdige Einträge. Angefangen von der Diagnose einer Depression über vermutete Dauerseekrankheit bis hin zu offener Kritik an meiner Einstellung gehen die Meinungen auseinander. Auch in benachbarten Foren schießen die Spekulationen ins Kraut. »Er hat aufgegeben«, »Was hatter denn nun?«, »Dem fehlt es an Durchhaltevermögen«, bekomme ich da zu lesen. Anfangs nehme ich mir das doch mehr zu Herzen, als mir recht ist. Aber ganz offenbar muss man mit kontroversen Diskussionen und auch einigem an Mist leben, wenn man eine solche Reise samt dazugehörende Gedanken öffentlich macht. Insofern vielleicht auch keine schlechte Lektion. Denn so bekommt man ein – noch – dickeres Fell und beginnt, sich mehr und mehr auf das Wesentliche zu konzentrieren. Möglich, dass sich der eine oder andere auch unbewusst gegen eine aus seiner Sicht gefühlte Verunglimpfung der vermeintlichen Seglerromantik zu Wehr setzen will ...

Meine Auszeit auf den Kapverden wird zur wichtigsten und richtigsten Entscheidung der ganzen Reise. Insgesamt drei Wochen lasse ich dort die Seele baumeln und befasse mich nur selten mit der Segelei. Außerdem fliegt Ruth zwischen den Jahren aus dem kalten Deutschland ein. Auch das hilft sehr. Wir verbringen einige schöne Tage miteinander, feiern Silvester und besuchen unter anderem die Nachbarinsel Santo Antão. Auf diese Weise erreicht der Ladestand meiner Akkus nach und nach alte Sphären, und am Neujahrstag ist für mich eine Entscheidung gefallen. Der Gedanke ans Aufgeben war schon in den letzten Tagen immer weiter in den Hintergrund gerückt, denn nicht zuletzt die angenehme Stimmung in der schönen Marina und das von den zahlreichen Seglern verbreitete maritime Flair hatten die zurückliegenden schweren Zeiten schnell in Vergessenheit geraten lassen. Ich spüre neue Kraft und Begeisterung für mein Vorhaben. Nun bin ich schon so weit gekommen und will es jetzt auch zu Ende bringen. Ich will den Atlantik bezwingen. Allein!

Bis ans Ende der Welt und darüber hinaus

Oktober 2012

Auf den Spuren von Christoph Kolumbus

CARPE DIEM ist klar, und auch meine Akkus sind nach der langen Zeit in La Coruña wieder voll. CARPES Akkus übrigens auch, denn der neue Windgenerator ist sein Geld wert. Schon bei relativ wenig Wind lädt das Gerät ungeahnte Strommengen in die Batterien. Habe ich auf meinem kleinen Batteriemonitor zuvor nur alle Schaltjahre mal einen Ausschlag gesehen, ist es jetzt eine wahre Freude, das Gerät minutenlang zu beobachten. Den zweiten Generator im Mast lasse ich trotzdem erst mal in Betrieb. Kann ja sicher nicht schaden.

Die Wettervorhersage ist mal wieder nicht optimal. Ab morgen Mittag soll es mit Böen um die 30 Knoten pfeifen. Dafür stimmt aber die Windrichtung: noch immer Nordost. Auf dem Programm steht die Umrundung des sagenumwobenen Kap Finisterre, des zweitwestlichsten Zipfels der Iberischen Halbinsel und damit des europäischen Kontinents. Übersetzt bedeutet Finisterre »Ende der Welt«. Und genau dafür hielten es die Menschen auch bis ins späte Mittelalter. Daher war es gute Tradition, nach erfolgreicher Pilgerreise ins nahe Santiago de Compostela auch noch die letzten 64 Kilometer bis ans vermeintliche Ende der Welt zu marschieren. Wie üblich lese ich im Revierführer:

»... am Kap Finisterre herrschen oft schwierige Verhältnisse. Gerade bei südlichen Winden kann sich hier schwerer Seegang aufbauen. [...] Ein Runden des Kaps von Nord nach Süd wird dann unter Segeln schwierig. [...] Neben kleinen lokalen Tiefdruckgebieten (diese sind oft nicht aus den aktuellen

Wetterkarten ersichtlich) treffen hier die meisten Atlantiktiefs erstmals auf europäischen Boden. [...] Die Brandung kann daher sehr hoch, der Wind stark und die Strömungen gefährlich werden. [...] Segler sollten sich mindestens 30 Seemeilen vom Kap frei halten ...«
»Na, das macht doch wirklich Lust auf mehr«, konstatiere ich im Salon sitzend. Aber wenigstens muss ich mir wegen des Winds wohl erst mal nicht allzu große Sorgen machen. Überhaupt bemerke ich da eine Veränderung bei mir. Waren vor wenigen Wochen 25 bis 30 Knoten Wind noch eine Hausnummer, die mir das Auslaufen sicher verhagelt hätte, werde ich da zunehmend entspannter. Vielleicht liegt es an der zwischenzeitlich langen Zeit auf CARPE DIEM. Das Segeln geht mir immer routinierter von der Hand, und auch das Vertrauen in mein Boot wächst stetig. Also ist eine Entscheidung schnell gefallen. Heute Abend soll es losgehen. Vor mir liegen gut 130 Seemeilen bis ins spanische Baiona. Bevor ich starte, zahle ich die letzten Außenstände im Hafenbüro und fülle den Wassertank auf. Proviant und Diesel sind bereits ausreichend an Bord.

Gegen 18 Uhr bin ich so weit und verlasse die Marina. Gleich vor der großen Mole von La Coruña setze ich die Segel und schalte den Diesel ab. Das ist ein gutes Gefühl, denn der Aufenthalt in La Coruña war, wenn auch schön, im Ganzen doch ein wenig zu lang. Ich spüre, wie mich das Fernweh wieder fest im Griff hat. Dicht unter Land verlasse ich die Bucht von La Coruña und passiere noch einmal den Torre de Hércules. Kurze Zeit später beginnt es bereits zu dämmern. CARPE DIEM segelt derweil sicher und schnell unter Windpilot dem berühmten Kap entgegen. Viele Schiffe sind hier heute Abend nicht unterwegs, und so verziehe ich mich nach einer Weile unter Deck, um etwas zu essen. Dort wartet ein weiteres Nudel-Fertigsoßen-Experiment auf mich, wobei die spanische Variante der italienischen Tomatensoße dann leider auch nicht besser ist. »Vielleicht gibt es ja irgendwo eine zentrale Tomatensoßenfabrik, die alle Supermärkte der Welt beliefert und lediglich die Etiketten austauscht«, mutmaße ich satt und relativ zufrieden. Der Rest der Nacht ist Bordroutine. Regelmäßig notiere ich Kurs und Geschwindigkeit, die aktuellen Wetterdaten sowie alle zwei Stunden meine Position im Logbuch. Dazwischen lege ich mich immer wieder für ein kurzes Nickerchen auf die Salonbänke. Etwa alle 15 Minuten checke ich außerdem die Umgebung nach anderen Schiffen oder sonstigen Hindernissen. Das AIS tut es mir gleich, aber sicher ist sicher.

Um acht Uhr morgens nähern wir uns langsam, aber sicher Kap Finisterre. Der achterliche Wind hat mittlerweile auf 25 Knoten zugenommen, was so nicht aus den GRIB-Files abzulesen war. Ich gehe daher davon aus, dass es sich um eines der im Revierführer beschriebenen lokalen Wetterphänomene handelt. Bange ist mir aber trotzdem nicht. Wie schon auf der Biskaya habe ich das Groß vor zwei Stunden komplett geborgen und segle seither nur noch mit gereffter Genua weiter. CARPE läuft dann einfach ruhiger, und auch der Windpilot hat weniger Schaff mit dem Aussteuern der Wellen. Meine Durchschnittsgeschwindigkeit liegt auch so konstant bei über sechs Knoten. CARPE entwickelt sich langsam, aber sicher zu einer echten Rennziege.

Auf der Seekarte prüfe ich nun regelmäßig meine genaue Position und messe den Abstand zum Kap. Den im Revierhandbuch empfohlenen Mindestabstand von 30 Seemeilen werde ich nicht einhalten, denn Wind und Welle kommen ja schließlich von hinten. Legerwall oder großartige Grundseen befürchte ich daher nicht. Ohnehin ist der Hinweis mit dem Abstand nur bedingt zu befolgen. Denn unmittelbar vor dem Kap liegt ein großes Verkehrstrennungsgebiet, in dem ich bei 30 Seemeilen Abstand genau herumschippern würde. Also lieber etwas näher zur Küste. Das spart außerdem ein paar Seemeilen bis Baiona. Am Ende sind es gut zehn Seemeilen Distanz bis zum Kap, das ich trotz aufziehender Morgendämmerung nicht sehen kann. Dafür nimmt die Wellenhöhe weiter zu. Ich schätze die Durchschnittshöhe mittlerweile auf gut zwei bis drei Meter. Ganz schön beeindruckend, wenn man das noch nicht so wirklich kennt. Ich springe also ins Ölzeug und verhole mich zur Sicherheit ins Cockpit. Von hier kann ich die Fahrt besser kontrollieren und gegebenenfalls schneller eingreifen.

Im Lauf des Vormittags nimmt der Wind wieder etwas ab, worüber ich nicht wirklich böse bin. Denn die Nacht war trotz einiger kleiner Döseinlagen doch ganz schön anstrengend. Zwischen zehn und elf Uhr haue ich mich also noch mal aufs Ohr und versuche, etwas Erholung zu finden. Draußen ist es mittlerweile richtig Tag geworden, die Sonne lacht vom Himmel und das Kap liegt einige Seemeilen achteraus. Die Passage hat also letztlich problemlos funktioniert. Die Vorbeifahrt war dennoch ein besonderes Erlebnis, denn während meiner langen Vorbereitungen hatte ich natürlich immer wieder mal meine Wunschroute mit dem Finger auf der Seekarte nachgezeichnet. Dabei war Kap Finisterre stets so etwas wie ein neuralgischer Punkt gewesen. Zum einen, weil man sich ab hier nun wirklich in atlantischen Gewässern befindet, und zum anderen strahlt der Name an sich schon eine gewisse Mystik aus. Das Ende der Welt ... das klingt doch schon ein wenig nach Aufbruch ins Ungewisse. Und auch wenn die Zeiten der ganz großen Entdecker vielleicht vorbei sind, ein Stück weit ist es das für mich ja auch.

Mit Kurs Südost gehe ich die letzten Seemeilen Richtung Baiona an. Seit 20 Stunden bin ich jetzt unterwegs, und so langsam freue ich mich auf die Ankunft und eine heiße Dusche. Die Wettervorhersage scheint heute tatsächlich mal zu stimmen, denn der Wind nimmt nach einer kurzen Ruhepause wieder spürbar an Fahrt auf. Mit dem kleinen Handanemometer messe ich um 14 Uhr gut 25 Knoten. Die Böen erreichen mitunter sogar 30 Knoten. Das Ölzeug habe ich in der wärmenden Nachmittagssonne wieder ausgezogen, was ein Fehler ist, wie sich wenig später zeigen soll. Denn als der Wind um 15 Uhr mehr oder weniger konstant bei 30 Knoten angekommen ist, sitze ich pitschnass im Cockpit und friere. Die Segel sind bis auf die kleinste Stufe heruntergerefft, und trotzdem laufen wir weiter mit über sechs Knoten. Als sich CARPE in einer Böe so weit auf die Seite legt, dass sogar die Baumnock kurz ins Wasser eintaucht, reicht es mir. Also muss das zwischenzeitlich erneut gesetzte Groß wieder weg. Mit Lifebelt und Lifeline picke ich mich in eine Decksleine ein, denn es wäre bei diesen Bedingungen mein sicheres Todesurteil, über Bord gespült zu werden, auch wenn die Küste in greifbarer Nähe zu sein scheint. Auf dem Vordeck berge ich das Großsegel, was angesichts meiner Müdigkeit und der unruhigen Verhältnisse gar nicht ohne ist. Ich muss all meine Konzentration aufbringen, um keine Leichtsinnsfehler zu begehen. Zurück im Cockpit schnaufe ich durch. Die letzten paar trockenen Quadratzentimeter meiner Kleidung sind nun auch durchnässt. Aber in etwa zwei Stunden sollte ich es geschafft haben. Mich jetzt noch mal umzuziehen, erscheint mir daher nicht besonders sinnvoll, und so friere ich lieber weiter. Die Logge zeigt auch ohne Großsegel nach wie vor eine Durchschnittsgeschwindigkeit von über fünf Knoten. Unglaublich. Mein Kielwasser ähnelt einer weißen Furche, die ich schnurgerade hinter mir herziehe. Kurze Zeit später taucht mal wieder eine ganze Gruppe Delfine neben mir auf. Denen machen die Verhältnisse vermutlich richtig Spaß, und so scheinen sie mich ein ums andere Mal zu einem kleinen Wettrennen herauszufordern. Kurz vor der Anfahrt in die Bucht von Baiona kommt mir dann tatsächlich noch ein anderes Segelboot entgegen. Ich staune nicht schlecht: »Offenbar bin ich doch nicht der einzige Irre, der heute unterwegs ist.« Mit meiner kleinen Handkamera fange ich ein paar kurze Momente des wilden Ritts der Segelkameraden ein. Dann muss ich mich wieder auf die Anfahrt zu meiner vorerst letzten spanischen Station konzentrieren.

Um kurz nach 17 Uhr ist es dann vollbracht: Ich liege in Baiona an einem Schwimmsteg der großen neuen Marina.

Obwohl der Hafen nicht wirklich voll ist, hat mich der Hafenmeister an den äußersten und damit am weitesten vom Land entfernten Steg verbannt. Dort liege ich nun mutterseelenallein, denn auch hier neigt sich die Saison langsam dem Ende entgegen. Der Rest des Tags bringt mir dann nur noch eine heiße Dusche im Sanitärcontainer sowie eine wagenradgroße Pizza am Hafenimbiss. Wieder zurück in der Spur, aber dennoch müde endet der Tag dann früh in der Koje.

Baiona

Baiona ist eine hübsche Kleinstadt im Großraum Vigo. Mein mittäglicher Ausflug führt mich durch enge, gemütliche Gassen sowie einmal rund um die kleine Halbinsel Monterreal. Hier kann man die Reste des alten Castillo de Monte Real bestaunen, in dem sich mittlerweile ein Hotel befindet. Das Wetter ist heute ganz besonders ruhig, kein Vergleich zu dem Gedengel von gestern. In der Ferne lässt sich daher auch die Inselgruppe der Islas Cíes ausmachen. Baiona ist ein typischer Touristenort, wo es an jeder Ecke Restaurants, Cafés und Souvenirshops gibt. Historische Bedeutung erlangte der Ort im Jahr 1493, als hier die Caravelle PINTA nach Christoph Kolumbus' erster Amerikafahrt wieder in die Heimat zurückkehrte. Man muss sich jedoch erst daran gewöhnen, dass hier offenbar die Siestazone beginnt. Denn während im großstädtisch anmutenden La Coruña eigentlich den ganzen Tag über etwas los war, kommt man sich hier mittags und auch am frühen Nachmittag wie der letzte Mensch auf Erden vor. Wirklich KEINE Socke findet sich dann auf den Straßen. Die Gastronomie ist in der Regel geschlossen, und erst mit Beginn der Dämmerung kriechen die Menschen wieder aus ihren Löchern. Im Gegensatz zu den Mittagsstunden geht dann von jetzt auf gleich überall die Post ab, und alle Läden sind bis auf den letzten Platz gefüllt. So stürze ich mich abends also auch noch einmal kurz ins Getümmel, genehmige mir ein leckeres Abendessen und ein paar kühle Cervezas. Aber nicht zu viel, denn morgen früh will ich weiter.

Schwere Stunden bis nach Portugal

3.48 Uhr. »Ich hasse es!« Viel mehr kann ich dazu nicht sagen. Noch reichlich verknittert und mit nur etwa 30 % Hirnleistung sitze ich im Salon und versuche, festgeklammert an einer Tasse Kaffee, langsam wach zu werden. Grund für mein frühes Aufstehen ist einmal mehr die Wettervorhersage. Für den Nachmittag sind nämlich erneut Böen bis zu 30 Knoten gemeldet. Um dem möglichst aus dem Weg zu gehen und genug Zeit für etwaige Alternativen zu haben, geht es in stockfinsterer Nacht los. Man kann sich natürlich fragen, warum ich dann überhaupt losfahre und nicht einfach noch etwas abwarte. Aber ich bin nun mal etwas spät in der Saison, und von daher wird sich die Großwetterlage aller Voraussicht nach nicht wesentlich ändern. Außerdem will ich nicht zu spät den Sprung Richtung Madeira und später zu den Kanaren angehen. Die Tide hingegen spielt hier endlich keine so große Rolle mehr. Zwar gibt es immer noch spürbare Gezeiten, aber besonders die Strömungen sind bei Weitem nicht mehr so stark wie noch im Ärmelkanal und der Nordsee.

Um fünf Uhr verlasse ich die Marina. Es ist ganz schön frisch, und viel Wind hat es auch noch nicht. Dennoch setze ich die Segel und tuckere mit Motorunterstützung durch das Lichtermeer der Bucht hinaus auf See. Hinter der Landabdeckung kommt dann eine schöne Brise auf, und der Motor hat Feierabend. Mittlerweile kann ich auch wieder halbwegs geradeaus gucken. Als es um neun Uhr endlich hell wird, sind wir mit Idealkurs Süd und schönen fünf bis sechs Knoten Fahrt unterwegs. An Backbord zieht bereits die bergige Küste Portugals vorbei, denn die Grenze habe ich noch in der Dunkelheit passiert. »Ein neues Land«, schreibe ich zufrieden ins Logbuch.

Genau wie das spanische Festland ist auch Portugal völliges Neuland für mich. Richtig viel weiß ich darüber wirklich nicht. Einzig die Sprache ist mir hier und da schon mal aufgefallen, klingt sie doch irgendwie merkwürdig. Aufgrund der Nähe zu Spanien würde ich eigentlich einen mehr oder minder ähnlichen Klang erwarten. Hört man einen Portugiesen jedoch reden, hat man immer wieder den Eindruck, russische, türkische und manchmal sogar italienische Fetzen zu hören. Das Ganze garniert mit ungewöhnlich vielen Sch-Lauten.

Der Tag zieht dahin. Im Cockpit liegend mache ich immer wieder mal ein kleines Nickerchen. Da der Wind rechtzudrehen beginnt, korrigiere ich außerdem regelmäßig den Kurs am Windpiloten. Noch bläst es moderat mit 15 bis 20 Knoten. Jedoch geht mir der Mast heute ganz schön auf die Nerven, denn er tickert und klickt in einem fort. Wenn ich nur wüsste, was das ist! Ein strukturelles Problem kann ich nach wie vor nicht feststellen. Dafür spricht auch, dass die Geräusche sofort verschwinden, sobald ich das Großsegel berge und nur noch mit der Genua segele. So tröste ich mich zumindest mit dem Gedanken, auf der eigentlichen Passatroute endlich Ruhe zu haben. Denn dort werde ich wohl meist mit achterlichen Winden zu tun haben und darum das Groß nicht unbedingt brauchen. Mein Blick wandert dennoch regelmäßig zum Rigg und natürlich auch zum Verklicker im Topp. Dabei bemerke ich irgendwann, dass der Kopf des Großsegels ganz schief steht, irgendwie verdreht. Da stimmt also was nicht. Wie zu Hause hoch und heilig versprochen, schlüpfe ich also einmal mehr in meinen Lifebelt, um der Sache auf den Grund zu gehen. In der Zwischenzeit habe ich daran auch meine EPIRB befestigt, ein kleines elektronisches Gerät, das im Ernstfall meine Position sowie eine Handvoll persönlicher Daten an eine zentrale Rettungsleitstelle weiterleiten würde. Sollte ich also tatsächlich einmal über Bord gehen, könnte ich das Teil auslösen und so zumindest hoffen, von einem lokalen Rettungsdienst oder anderer Schifffahrt geborgen zu werden. Denn CARPE DIEM wäre im Fall der Fälle in Nullkommanichts weg und unerreichbar. Da muss man sich keinen Illusionen hingeben. Auch sind die Chancen, auf offener See tatsächlich gefunden zu werden, eher gering. Wilfried Erdmann hat daher auf seinen Reisen stets eine lange Leine achteraus geschleppt. Daran, so der Plan, wollte er sich im schlimmsten Fall Hand über Hand zurück zum Boot ziehen. Keine Ahnung, ob das wirklich funktionieren würde. Ich pieke mich daher wieder mal am Boot ein und klettere auf das schwankende Vordeck. Da wir mittlerweile hoch am Wind segeln, kann ich das gefierte Groß auch während voller Fahrt bergen, ohne in den Wind fahren zu müssen. Der Grund für den verdrehten Segelkopf ist schnell gefunden: Der Schäkel, der das Fall mit dem Segel verbindet, ist völlig verdreht. Ich will mal hoffen, dass das nicht schon länger so ist. Fall und Segel sehen aber gut aus, und so genügt es, den Schäkel kurz zu öffnen, neu auszurichten und das Groß erneut aufzuheißen.

»Mönsch, is datt kalt«, unterhalte ich mich mal wieder mit mir selbst. Im Salon pfeift kurze Zeit später der Wasserkessel. Erst mal einen heißen Kaffee trinken, und wenn ich gerade dabei bin, brühe ich mir auch gleich noch eine Thermoskanne Tee auf. Währenddessen wird es draußen schon wieder dunkel. Am Nachmittag ist es irgendwann mit dem direkten Südkurs vorbei gewesen. Der Wind hatte so weit gedreht, dass wir nun beginnen mussten, aufzukreuzen. Die Fahrt nach Porto wird daher länger und länger. Der Zeitpuffer, den ich durch meinen frühen Aufbruch eigentlich haben wollte, ist so in der Zwischenzeit aufgebraucht. In meinem Hinterkopf höre ich immer wieder ein kleines Alarmglöckchen, das mich an den vorhergesagten Starkwind erinnert. Noch ist es jedoch mit knappen 20 Knoten relativ ruhig, obwohl die laut Wetterbericht angekündigten 30 Knoten Wind eigentlich schon am späten Nachmittag hätten da sein sollen. Vielleicht habe ich ja Glück und es wird nicht so dolle. Das Ölzeug habe ich vorsichtshalber trotzdem schon mal angezogen, denn den nasskalten Hintern von meinem Schlag nach Baiona muss ich so schnell nicht noch mal haben.

Halb zehn. Es geht los. CARPE DIEM legt sich von jetzt auf gleich deutlich auf die Seite. Eine erste starke Böe hat sie erfasst und kündigt einen Wechsel der Bedingungen an. Die Segel habe ich bereits gerefft, denn der Luftdruck war in den letzten Stunden um vier Hektopascal gefallen – ein deutliches Zeichen für eine anstehende Wetterverschlechterung. Der Windmesser in meiner Hand zeigt nun Wind um die 25 Knoten an, also Windstärke sechs. Eine weitere Stunde später sind es bereits 30 Knoten, und das auf Deckshöhe. Etwas weiter oben sind es sicher noch ein paar Knötchen mehr. Ohnehin habe ich den Eindruck, dass der Wind im Dunkeln immer etwas stärker wirkt als bei Tag. Erneut ist eine Wende fällig. Bei diesen Bedingungen möchte ich nämlich nicht zu dicht an die Küste geraten. Der Wind bläst jetzt mehr oder weniger auflandig. Die Wellen rollen mit zwei bis drei Meter Höhe ebenfalls Richtung Land. Sollte ich da in Küstennähe ein Problem bekommen, wäre ich ruck, zuck in einer gefährlichen Legerwall-Situation. Also lieber etwas früher durch den Wind gehen.

Um elf Uhr beginnt der große Regen. Der Himmel öffnet seine Pforten, und innerhalb von Sekunden ist alles triefnass. Der Wind mit jetzt konstant über 30 Knoten peitscht mir das Wasser nur so ins Gesicht. »Gut, dass ich das Ölzeug anhabe«, denke ich noch, als bereits das nächste Problem auftaucht. Durch den kleinen Sehschlitz meiner eng zugezogenen Kapuze kann ich an Steuerbord plötzlich ein rotes sowie, schräg darüber, ein weißes Licht erkennen. Offenbar handelt es sich um ein Maschinenfahrzeug, dessen Backbordseite und Topplicht ich sehen kann. Im Kopf überschlage ich kurz die daraus resultierenden Grenzkurse. Demnach kann es sein, dass besagtes Fahrzeug entweder parallel zu mir läuft oder – was wahrscheinlicher ist – auf einem schräg zu mir verlaufenden Kurs unterwegs ist. Eine zusätzliche Peilung zu nehmen, macht bei den unruhigen Verhältnissen keinen Sinn. Sekunden später habe ich dann Gewissheit. Das AIS bimmelt, und damit ist klar: Der Kahn kommt auf mich zu. Das AIS meldet außerdem, dass es sich um ein Fischereifahrzeug handelt. Na prima, meine besten Freunde auf See. Und ausweichpflichtig bin ich damit wohl auch. Zwar kann ich nicht erkennen, ob der gute Fischer ein Fanggerät ausgebracht hat, aber meine bisherigen Erfahrungen lassen mich auf der Hut sein. Denn Fischer sind, zumindest was mich betrifft, nicht unbedingt für ihr kooperatives Verhalten auf See bekannt.

Der Regen prasselt nach wie vor auf CARPE und mich herab. Meine Hoffnung, es könne sich womöglich nur um einen kurzen Schauer handeln, erfüllt sich leider nicht. Das Fischereifahrzeug ist in der Zwischenzeit deutlich näher gekommen und stampft rechts von mir hart durch die aufgewühlte See. An Deck kann ich viel Licht und manchmal sogar eine Bewegung erkennen. Außerdem sehe ich über dem weißen Topplicht jetzt auch eine weitere rote Funzel schwach leuchten. Ich bin mir, ehrlich gesagt, nicht sicher, denke aber, dass es sich dabei um die Lichterführung für ein fischendes Fahrzeug handelt. Unten im Salon habe ich eine schöne kleine Schautafel hängen, auf der alle möglichen Lichtvarianten auseinanderklamüsert werden. Verständlicherweise verwerfe ich aber schnell den Gedanken, mal eben kurz nachzuschauen. Vielmehr gehe ich nun definitiv von einem Fahrzeug mit Wegerecht aus. Ohnehin hat der Fischer seit seinem ersten In-Sicht-Kommen keinerlei Anstalten gemacht, seinen Kurs zu ändern. Dafür ist er offensichtlich aber etwas schneller als ich, und ganz langsam wandert die grobe Sichtpeilung nach vorn aus. Ich bin doch angespannter, als mir lieb ist. Dunkelheit, Starkwind, Regen und eine gefährliche Schiffsannäherung sind für mich nicht unbedingt die Zutaten für einen geruhsamen Segelabend.

Dann ist es ist geschafft. Der Fischer hat mich in etwa zwei Schiffslängen Abstand überholt, anschließend meinen Bug gekreuzt und poltert seither gut sichtbar backbord voraus durch die See. Die Entfernung zu ihm nimmt stetig zu. Endlich kann ich den Ruderstand kurz verlassen und mich unter Deck am Laptop neu orientieren. Noch gut zwölf Seemeilen sind es bis zur Hafeneinfahrt von Leixões, einem Vorort von Porto. Der Regen hat noch immer nicht nachgelassen, und so streckt mein an und für sich recht gutes Ölzeug langsam die Flügel. Immer wieder spüre ich neue kalte Rinnsale unter Jacke und Hose, und pinkeln muss ich auch noch. Aber das muss jetzt wirklich warten. Um mir weitere Wenden und damit noch mehr Strecke zu ersparen, entscheide ich kurze Zeit später, die letzten Seemeilen auf direktem Kurs unter Maschine zurückzulegen. Die Segel sind schneller geborgen als gedacht, auch wenn mir anschließend auffällt, dass ich gerade jetzt vergessen habe, mich einzupieken. Oh, Mann. Der Diesel springt dann zuverlässig wie eh und je an. »Fast schon zu gut«, schießt es mir kurz durch den Kopf.

Knapp drei Stunden später. Mit einer Durchschnittsgeschwindigkeit von gerade mal drei Knoten kämpft sich CARPE gegen Wind und Wellen gen Süden. Es sind jetzt noch etwa drei Seemeilen bis zur Hafeneinfahrt. Die Molenbefeuerung kann ich aber trotzdem noch nicht sehen. Dann plötzlich ein lauter Knall. »Was war das?«, durchfährt es mich. Spontan denke ich an eine Fahrwassertonne, die ich möglicherweise übersehen habe. Aber weder auf Seekarte noch Plotter ist so eine verzeichnet. Sehen kann ich auch nichts, was darauf hindeuten würde. Dann verschluckt sich kurz der Diesel, läuft aber eine Sekunde später wieder normal und rund. Instinktiv schaue ich zurück ins Kielwasser, das von meinem hellen Hecklicht gut ausgeleuchtet ist. Und tatsächlich taucht dort unter CARPES Rumpf plötzlich merkwürdiges Zeugs auf. Ich schaue noch mal genauer und weiß Bescheid. Eine Reuse bzw. die in kleine Teile zerhackte Markierungsfahne einer Reuse, drum herum viele kleine Styroporschnipsel, die wohl ebenfalls kurz durch den Propeller gewandert sind. Sofort kuppele ich die Maschine aus und warte, was da noch zum Vorschein kommt. Wenige Augenblicke später scheint die Angelegenheit erledigt zu sein. Das Kielwasser ist wieder frei, und Fahrt macht CARPE DIEM nach wie vor. »Schwein gehabt«, fällt mir ein ganz schön fetter Stein vom Herzen. Genau drei Seemeilen vor der Hafeneinfahrt bin ich schon wieder über eines dieser vermaledeiten Stellnetze gefahren. Genau in der Hafenansteuerung! Unbefeuert! Zum Kotzen! Aber ich will nicht zu viel meckern, denn es ist ja alles gut gegangen.

Nur zehn Minuten später folgt ein weiterer Gimmick. Aus dem Salon höre ich ein lautes, kreischendes Geräusch und denke für einen Moment an eine Störung im Funkgerät. Als das Geräusch aber auch nach einigen Sekunden nicht aufhört, verlasse ich kurz das Cockpit, um nachzusehen. Im Salon herrscht ein Höllenlärm, denn das Bugstrahlruder läuft ohne Unterlass. »Was ist das nun wieder für ein Scheiß?«, brülle ich entnervt und springe zurück an Deck. Nachdem ich dort den Hauptschalter für den Bugstrahler umgelegt habe, ist Ruhe. Ich schalte ihn noch mal kurz an, und sofort beginnt das Theater von Neuem. »Okay, das war's also.« Offenbar hat der prasselnde Regen einen Kurzschluss in einem der Bedienungsknöpfe des Bugstrahlers verursacht. Endlich mal ein neuer Eintrag für die To-do-Liste.

Leixões (Porto)

Die kleine Marina Atlantico liegt in einer Ecke des großen Vorhafens von Leixões. Nach Reusen-, Bugstrahler- und sonstigen Kapriolen ist die Anfahrt in den Hafen schließlich geschafft. Zwischenzeitlich nass bis auf die Haut, drehe ich hinter der Mole einige Kringel, um dort in Ruhe Leinen und Fender klarzumachen. In der Marina wird dann nicht mehr lange gefackelt. Gleich am ersten freien Platz mache ich fest, denn dieser Schlag von Baiona hat dann doch über 21 Stunden gedauert. Eigentlich geht das noch, aber das Wie dieser Etappe hat mich dann doch ganz schön gefordert. Ich bin nicht nur müde, sondern echt platt.

Wie üblich sieht die Welt am nächsten Morgen schon wieder anders aus. Ich sitze mit einem Kaffee im Cockpit und beäuge neugierig die Umgebung. Die Sonne scheint, und es weht kein Lüftchen. Über dem Baum hängt meine gesammelte Segelgarderobe zum Trocknen. Wie schon in Baiona ist es nach meinem wilden Ritt nun völlig ruhig. Der kleine Sportboothafen hat geschätzte 100 Liegeplätze, von denen etwa die Hälfte belegt ist. Menschen sehe ich jedoch erst mal keine. Das ändert sich, als ich wenig später den Weg ins Hafenbüro antrete. Das lang gestreckte Gebäude hat die besten Tage bereits hinter sich und wirkt ein wenig wie eine alte Kaserne. Auf meinem Weg über den wackeligen Steg habe ich mich zuvor fast selbst erhängt. Denn dort sind im Abstand von etwa einem Meter dünne Fäden gespannt, die offenbar verhindern sollen, dass die zahlreichen Möwen hier ihr Geschäft verrichten. Während ein durchschnittlicher Portugiese wahrscheinlich problemlos aufrecht darunter herspazieren kann, bin ich mit meinen 2,07 Meter Länge komplett darin hängen geblieben. Das Büro des Hafenmeisters entpuppt sich dann als ein großer, hoher Raum mit Theke, in dem der Charme der 1960er-Jahre weht. Aber irgendwie hat das auch was. Der Service ist jedenfalls vorbildlich. In nahezu akzentfreiem Englisch wickelt der nette Hafenchef die Einklarierungsprozedur ab und erklärt mir kurz die örtlichen Einrichtungen. Darüber hinaus wird mir ein neuer Liegeplatz nahe dem Ufer zugewiesen. Dort wird CARPE ruhiger liegen, und auch die tückischen Vogelstrippen gibt es da nicht mehr.

Nachdem ich CARPE verholt habe, unternehme ich einen kurzen Landgang. Die nähere Umgebung des Hafens wirkt wie ausgestorben, und die teils verlassenen Häuser lassen den Glanz vergangener Tage nur noch erahnen. Erst als ich mich dem Zentrum von Leixões nähere, wird das Straßenbild moderner und lebendiger. In einem kleinen Café suche ich mir einen Platz und studiere die Speisekarte. Viel verstehe ich zwar nicht, dafür sind aber die Preise ungewohnt niedrig. Gerade einmal drei Euro muss ich für ein großes Sandwich plus Cola und anschließendem Kaffee bezahlen. Danach führt mich mein Rundgang ins eigentliche Zentrum des Orts. Dort gibt es nicht wirklich viel Sehenswertes zu bestaunen. Dafür sind aber die Menschen sehr aufgeschlossen und hilfsbereit. Nach einem Kurzbesuch im Supermarkt geht es entlang der riesigen Hafenanlagen wieder zurück zur Marina und CARPE. Zwei Tage später reise ich noch einmal für zwei Wochen in die Heimat, bevor ich zum großen Schlag über den Atlantik ansetzen will.

Abschied

17. November 2012, Flughafen Frankfurt

Zusammen mit Ruth sitze ich in einem der zahllosen Bistros am Frankfurter Flughafen, vor mir auf dem Pappteller ein übersichtliches Flughafensandwich für dezente 8,50 Euro. Die letzten zwei Wochen war ich noch einmal auf Heimaturlaub, dem letzten für die nächsten paar Monate. In einer guten Stunde geht mein Flug zurück nach Porto, wo CARPE DIEM hoffentlich noch wohlbehalten in der Marina Atlantico in Leixões liegt. Die beiden Wochen zu Hause sind wie im Flug vergangen, eigentlich viel zu schnell. Irgendwie bin ich gar nicht dazu gekommen, mich auf diesen Moment vorzubereiten. Dabei weiß ich genau, was die Stunde geschlagen hat. Vor mir liegt der Atlantik, und vor Ruth eine lange Zeit sorgenvoller Ungewissheit. Dennoch lassen wir uns beide nichts anmerken. Nur ganz tief im Inneren spüre ich, wie es an mir reißt. Die bisherigen Etappen entlang der westeuropäischen Küste hatten es schon ganz schön in sich. Davon habe ich bis ins Detail zu Hause lieber nichts erzählt. Damit würde ich nur ungewollt Unruhe stiften. Aber nun wird es also ernst. Von Porto will ich versuchen, Richtung Madeira zu segeln, um von dort den Sprung zu den Kanaren anzugehen.

Der letzte Aufruf. Wir gehen zum Eingang des Security-Checks. Eine letzte Umarmung, und dann bin ich weg. Endlich außer Sichtweite, gibt es bei mir kein Halten mehr. Ich heule Rotz und Wasser, sodass mich die anderen Reisenden mit einer Mischung aus Mitleid und Verunsicherung mustern. Da flennt ein 2,07 Meter großer Mann mit Rauschebart und Seesack auf dem Buckel. Das sehen die sicher auch nicht alle Tage. Im Wartebereich vor dem Gate geht es dann wieder. Dennoch sausen mir die absurdesten Gedanken durch den Kopf. War das jetzt ein Abschied für immer? Komme ich überhaupt wieder wohlbehalten nach Hause zurück? Dann plötzlich wieder Euphorie. JA, es geht endlich los. Jetzt kommt das, worauf du so lange hingearbeitet hast. Den ganzen langen Weg durch Nordsee, Ärmelkanal und die Biskaya. Jetzt wartet der Atlantik.

Portugal
November 2012

Madeira oder nicht Madeira?

Kaum dem Flugzeug entstiegen, wird mir am Gepäckband von Porto ein Zettel in die Hand gedrückt. Auf Portugiesisch und Englisch wird vor einer Dengue-Fieber-Epidemie auf Madeira gewarnt. »Das kann doch wohl nur ein schlechter Scherz sein, oder?«, frage ich einen Mitreisenden, der den Zettel ebenfalls studiert. Dem ist aber leider ganz und gar nicht so. Tatsächlich grassiert auf der Atlantikinsel zurzeit der schlimmste Dengue-Ausbruch in Europa seit den 1920er-Jahren, und seit Oktober sind bereits mehr als 1300 Personen erkrankt. Die Krankheit wird von bestimmten Mücken übertragen und verursacht neben hohem Fieber auch starke Schmerzen. In seltenen Fällen kann das Fieber sogar zum Tod führen. Das alles ist natürlich schon schlimm genug. Für mich kommt aber noch hinzu, dass Madeira eigentlich mein nächstes Etappenziel sein soll.

In der Marina ist alles in Butter. CARPE DIEM liegt nach wie vor wohlbehalten an ihrem angestammten Platz. Neben ihr hat ein kauziger Engländer oder Schotte festgemacht. Er ist ebenfalls auf großer Segeltour und will am liebsten sofort mal einen mit mir trinken. Ich belasse es dann aber erst mal bei einem Bierchen. Erstens will ich noch ein paar Sachen einkaufen, und zweitens haut der Brite die Dose Bier in einer so atemberaubenden Geschwindigkeit weg, dass ich mir lebhaft vorstellen kann, wo ein gemeinsamer Abend mit ihm enden würde. Heute ist Samstag, und bevor morgen alle Geschäfte geschlossen sind, mache ich mich per pedes auf, meine Proviantvorräte aufzustocken. Der Hafenmeister hat mir dafür einen der lokalen Supermärkte empfohlen, dessen Mitarbeiter die Einkäufe ab einem Einkaufswert von 50 Euro sogar kostenlos zum Hafen bringen. Der vermeintlich nahe Supermarkt ist dann aber doch weiter entfernt als gedacht. Darüber hinaus finde ich das Geschäft erst mal nicht an der beschriebenen Stelle. Ein junger Kerl nimmt mich jedoch an die Hand und geleitet mich durch ein Labyrinth enger Gassen zu besagtem Laden. Zur Sicherheit frage ich an der Kasse noch einmal nach, ob das mit der Lieferung der Lebensmittel auch tatsächlich stimmt. »Kein Problem!«, lautet die Antwort sinngemäß. Also rein ins Getümmel und ruck, zuck einen Wagen bis oben hin vollgeladen. Beim Bezahlen frage ich dann erneut, wie meine Einkäufe nun zum Hafen kommen. Die Kassiererin blickt daraufhin auf ihre Uhr und sagt: »Today it's no longer possible. Only until six o'clock.« Ich schaue ebenfalls auf die Uhr: Es ist 18.01 Uhr! Auch mein Einwand, dass ich doch immerhin eben noch gefragt hätte, ändert nichts an den Fakten. Zu spät ist zu spät.

Da stehe ich also mit vier prall gefüllten Tüten und einem Paket Klopapier unterm Arm vor dem Supermarkt. Ehrlich gesagt habe ich keine Lust, das ganze Geraffel zum Hafen zu schleppen, zumal es schon dunkel wird. Und wenn ich den Hinweg im Hellen schon nicht gefunden habe, werde ich jetzt sicher völlig im Nirwana landen. Eine Dame bemerkt offenbar meine Misere und fordert mich kurzerhand auf, ihr zu folgen. Wieder geht es durch ein Labyrinth enger Gassen, bis wir schließlich an einer dicht befahrenen Straße landen. Hier steht ein Taxi, das offenbar schon auf meine Begleitung gewartet hat. Sie verstaut ihre Tüten im Kofferraum und spricht kurz mit dem Fahrer. Dann teilt sie mir mit: »A taxi will come to take you to the marina.« Klasse! Während ich noch gelobe, künftig an meiner eigenen Hilfsperformance zu arbeiten, verschwindet das Taxi samt Dame, und keine zwei Minuten später rumpelt ein klappriger Mercedes auf den Bürgersteig. Der Fahrer springt heraus und spricht mich sofort auf Deutsch an. Unglaublich. Während der Rückfahrt folgt dann ein kurzer Plausch, bei dem ich erfahre, dass mein Chauffeur mehrere Jahre in Deutschland gelebt und bei VW in Wolfsburg gearbeitet hat. Nun ist er zurück in seiner Heimat, um hier seinen Lebensabend zu verbringen. Nachdem ich mich in der Marina erfolgreich an meinem englischen Nachbarn vorbei ins Boot geschlichen habe, verstaue ich meine Einkäufe und checke das Wetter für die nächsten Tage. Leixões ist zwar ganz nett, aber so wirklich einladend für einen längeren Aufenthalt ist es hier nicht. Mich zieht es weiter nach Süden, am liebsten gleich nach Madeira. Neben den Wetterdaten informiere ich mich daher auch besonders über die Dengue-Epidemie. Ganz so schlimm, wie zunächst befürchtet, ist diese offenbar nicht. Dennoch wird ganz klar vor den Risiken einer Infektion gewarnt. Man solle das nicht auf die leichte Schulter nehmen und sich zumindest mit ausreichend Insektenschutzmittel ausrüsten. Darüber hinaus wird dringend empfohlen, bereits bei den kleinsten Symptomen einer Erkrankung einen Arzt aufzusuchen. Eine generelle Einreisewarnung gibt es nicht.

Bis nach Madeira sind es von hier gut 600 Seemeilen. Eine Strecke, die ich bei halbwegs passenden Winden nach fünf bis sechs Tagen geschafft haben sollte. Die Wettervorhersage meldet für den morgigen Sonntag zunächst drei bis vier Windstärken aus nördlichen Richtungen. Das passt gut. Ab Montag dreht der Wind dann nach und nach auf Südwest. Das ist nicht gut, denn genau da muss ich letztlich hin. Für Dienstag sind dann erneut sechs bis sieben Windstärken sowie eine weitere Richtungsänderung auf Nordwest gemeldet. Das wäre wieder ganz okay, obwohl sechs bis sieben Beaufort gerade in diesem Revier besonders hohe Wellen bedeuten. Was also tun? Die Großwetterlage ist typisch für die Jahreszeit, in der immer wieder aus dem Norden Starkwindfelder heranrauschen. Dazwischen gibt es immer mal kurze Schwachwindphasen mit häufig wechselnden Windrichtungen. »Ich bin einfach zu spät«, kommt es mir immer wieder in den Sinn. Schon die Biskayapassage war mehr oder weniger auf den letzten Drücker.

Der lange Aufenthalt in La Coruña hat meinen Zeitplan dann noch weiter über den Haufen geschmissen. Im Grunde gibt es also zwei Optionen: entweder warten und auf eine – wenn auch unwahrscheinliche – Phase stabileren Wetters hoffen oder jetzt möglichst schnell versuchen, so weit wie möglich in den Süden vorzustoßen, um auf bessere Bedingungen auf der Höhe von Lissabon zu pokern. Laut meinem Revierhandbuch soll dort nämlich oft eine neuralgische Wettergrenze liegen.

Die folgende Nacht ist unruhig. »Soll ich oder soll ich nicht?«, jagen immer wieder die gleichen Gedanken durch meinen Kopf. Auf der einen Seite will ich los. Auf der anderen stecken mir noch die beiden Starkwinderfahrungen nach Baiona und eben Leixões in den Knochen. Die Strecke nach Madeira wäre außerdem mein bislang längstes Nonstopseestück. Traue ich mir diese Strecke jetzt wirklich zu? Frühmorgens ist dann eine Entscheidung gefallen. »Ich fahre los und damit basta!«, hallt es aus meiner engen Koje in den Salon. Schlaf finde ich danach so gut wie keinen mehr.

Gegen Mittag werfe ich dann die Leinen los und spreche kurz nach meinem Aufbruch einen weiteren Kommentar in die Kamera. So wirklich überzeugt, die richtige Entscheidung getroffen zu haben, bin ich nicht. Aber in gewisser Weise ist auch das eine Erkenntnis meiner bisherigen Reise. Denn wirklich ideal sind die Verhältnisse doch eher selten. Wenn man, wie ich, dann auch noch ein bestimmtes Zeitfenster einhalten will, muss man eben auch mal die Zähne zusammenbeißen und seine inneren Zweifel hintanstellen. Trotzdem entscheide ich mich, zunächst relativ küstennah Richtung Süden zu segeln und nicht gleich zu Beginn auf einen direkten Kurs nach Madeira zu setzen. Irgendein Gefühl sagt mir, dass das der richtige Weg ist.

Der erste Seetag verläuft wie erwartet. Es ist zwar nach wie vor recht kühl, aber die Sonne scheint, und CARPE gleitet unter Windpilot und mit vollen Segeln Richtung Südsüdwest. Wegen der unruhigen Nacht versuche ich immer wieder mal ein kurzes Schläfchen. So richtig will das auch nach den drei Tagen Biskaya nicht funktionieren. Daneben habe ich heute leider auch mit etwas Übelkeit zu kämpfen. Anscheinend sind meine Seebeine nach der gut zweiwöchigen Unterbrechung noch nicht wieder ganz im Einsatz. Mir persönlich hilft dann immer, etwas zu essen. Also stelle ich mich in der abendlichen Dämmerung an den Herd und zaubere mir einen portugiesischen Eintopf aus der Dose. Die portugiesische Küche gilt als einfach, aber fein. Der Nähe zum Meer geschuldet gibt es natürlich viel Fisch und Meeresfrüchte. Daneben sind besonders Eintöpfe und Suppen angesagt. Und genau die habe ich im Supermarkt auch massenhaft eingekauft. Viel mehr etwas länger haltbare Lebensmittel gab es ohnehin nicht. Die leere Dose in meiner Hand verheißt ein klassisch portugiesisches Bohnengericht namens Cachupa. Überhaupt sind hier in fast allem Bohnen drin. Das Bild auf der Dose und der Blick in den kleinen Topf unterscheiden sich allerdings deutlich voneinander. Schmecken tut's jedenfalls halbwegs, auch wenn die Bohnen im Anschluss für den einen oder anderen Missklang in Kabine und Koje sorgen.

Die Nacht ist anstrengend, verläuft aber alles in allem ruhig. Neben einigen Reffmanövern steht auch eine Stunde Motorfahrt auf dem Programm. Als morgens die Sonne aufgeht, segeln wir wieder. Der Wind beginnt, wie gemeldet langsam auf Südwest zu drehen. Obwohl relativ weit von der Küste entfernt, bimmelt nun regelmäßig das AIS. Immer wieder kreuzen große Frachtschiffe meinen Kurs, die offenbar auf einer viel befahrenen Nord-Süd-Achse zwischen Kap Finisterre und Gibraltar unterwegs sind. Ein eigentliches Verkehrstrennungsgebiet gibt es hier nicht, und so umkurve ich die Großschifffahrt immer wieder im Zickzackkurs. Auch hier hätte ich an und für sich das Wegerecht, aber mit diesen Giganten der Meere will ich mich nicht anlegen. Am späten Nachmittag hat der Wind schließlich komplett gedreht, weshalb ich den direkten Kurs Richtung

Südsüdwest nun nicht mehr fahren kann. Also beginne ich, aufzukreuzen. Mit Schlägen von etwa zehn Seemeilen Länge zeichne ich so einen Track auf die Seekarte, der einem eng geklappten Zollstock ähnelt. Regelmäßig entferne ich mich dabei von der dicht befahrenen Schifffahrtsroute, versuche dann etwas zu schlafen, um nach der nächsten Wende wieder in den Verkehr zu geraten, wo meine Aufmerksamkeit erneut gefragt ist. Meine Wendewinkel sind leider nicht besonders erfreulich. Dieser Winkel beschreibt den Unterschied zwischen den beiden unterschiedlichen Fahrtrichtungen mit Wind von Steuerbord bzw. Backbord. Normalerweise kann ich von einem Winkel zwischen 100 und 120° ausgehen, hier und heute sind es jedoch meist 130 bis 140°. Offenbar gibt es hier doch eine spürbare Strömung aus Süd, die meine tatsächliche Fahrtrichtung über Grund negativ beeinflusst. Viel Strecke nach Süden, geschweige denn Richtung Madeira, mache ich daher leider nicht. Trotz der vielen kleinen Schlafetappen fühle ich mich außerdem zunehmend erschöpft und müde. Zusammen mit den ohnehin nicht ganz ausgeräumten Zweifeln über meine Entscheidung sowie der absehbaren Wetterverschlechterung führt das dazu, dass ich über mögliche Alternativen nachzudenken beginne.

20.30 Uhr. Draußen ist es schon wieder zappenduster. Der Wind bläst nach wie vor aus Südwest und nimmt mit zwischenzeitlich gut 20 Knoten langsam Fahrt auf. Ich bin ziemlich im Eimer, denn zu meiner allgemeinen Erschöpfung haben sich in den letzten Stunden ordentliche Kopfschmerzen gesellt. Wenn ich ganz ehrlich bin, habe ich innerlich mit dem Versuch, nach Madeira zu kommen, bereits abgeschlossen. Ich sehne mich nach einer Pause und ein paar Stunden ungestörtem Schlaf. Die nächstgelegene Ausweichalternative wäre der Hafen von Peniche, ein Stück nördlich von Lissabon, über den ich aber leider nur sehr rudimentäre Revierinformationen habe. Auf den Seekarten kann ich allerdings ausmachen, dass der Meeresgrund kurz vor der Hafenzufahrt von nahezu 1000 Metern auf gerade einmal sieben Meter Tiefe ansteigt, und das auf einer Strecke von nur wenigen Hundert Metern. Bei dem gegenwärtig vorherrschenden Wind befürchte ich daher gefährliche Grundseen. Von diesen hatte ich in verschiedenen Berichten anderer Segler bereits mehrfach gelesen. Nach kurzem Abwägen meiner Möglichkeiten entscheide ich mich, die zuständige Küstenwache anzufunken und um Hilfe zu bitten. Über Kanal 16 rufe ich also Naval Controle. Kurze Zeit später meldet sich jemand und erkundigt sich nach meinem Anliegen. Es folgt ein etwa fünfminütiges Gespräch, in dessen Verlauf ich meine Situation schildere und der Mann von der Küstenwache verspricht, nähere Informationen einzuholen. Bis zu seiner Rückmeldung bleibe ich auf Stand-by. Wenige Minuten später krächzt es erneut im Funk. Die Küstenwache hat in Peniche angerufen und die dortigen Verhältnisse nachgefragt. Alles sei noch sehr ruhig. Der in der Nacht aufziehende Starkwind würde die Situation aber bald verschärfen. In Anbetracht dessen erhalte ich nicht nur das Go für Peniche, sondern vielmehr den dringenden Rat, die kleine Marina möglichst schnell aufzusuchen. Für den Fall weiterer Schwierigkeiten wird mich die Küstenwache zudem auf dem Radar im Auge behalten und jederzeit auf Kanal 16 erreichbar sein. Von dieser Art der seemännischen Betreuung bin ich schlichtweg begeistert. Ich bedanke mich herzlich und verspreche, mich nach erfolgreichem Einlaufen in den Hafen erneut zu melden.

Bis kurz vor die Hafeneinfahrt kann ich segeln, da ich mich beim Kontakt mit der Küstenwache auf einem Holeschlag nordwestlich von Peniche befunden habe. So gelingt die Anfahrt relativ zügig in knapp fünf Stunden. Ich berge die Segel, schalte den Motor ein und fahre durch die Molenköpfe in den Vorhafen. Der kleine Hafen für Sportboote liegt unmittelbar hinter der Zufahrt links. Der äußere Anleger ist komplett voll, und auch an den Schwimmstegen dahinter scheinen alle

Plätze belegt zu sein. Mist. Die Pontons liegen außerdem sehr eng beieinander, und der Hafen bietet nicht viel Schutz gegen den südwestlich einfallenden Wind. Es bläst also auch hier mit bis zu fünf Windstärken. Ich versuche dennoch mein Glück und fahre rückwärts in die enge Gasse hinter dem Außensteg. Drehen wäre hier nämlich nur schwer möglich. Wie schon vermutet, sind die Plätze der inneren Pontons alle belegt. »Das kann doch nicht wahr sein«, resigniere ich am Steuerrad. Eine weitere Böe knallt in den Hafen, und nur mit Mühe und einem beherzten Vorwärtsschub kann ich CARPE auf dem knappen Raum wieder ausrichten. Dann sehe ich auf der Innenseite des Außenstegs doch eine freie Lücke und manövriere vorsichtig rückwärts dorthin. Jeweils vor und hinter der Lücke liegen Motorboote der Unidade Controlo Costeiro, und auch der Platz zwischen den Booten ist offenbar für Behördenfahrzeuge reserviert. Zumindest hängt dort ein Schild, das ein entsprechendes Parkverbot vermuten lässt. »Scheiß drauf!«, entscheide ich kurzerhand. Ich bin völlig am Ende und mir tun alle Knochen weh. Ich will jetzt nur noch irgendwo festmachen und erst mal ein paar Stunden schlafen. Wenn es Ärger geben sollte, wird der morgen früh auch noch der gleiche sein. Der Anleger gelingt dann nach 38 Stunden Fahrt Gott sei Dank auf Anhieb. Der Rest ist Schlaf.

Peniche

Die kleine Marina von Peniche wird hauptsächlich von einheimischen Sportbooten genutzt, und die wenigen Gastplätze sind mit Yachten aus aller Herren Länder belegt. So wirkt es jedenfalls, als ich nach kurzem, aber tiefem Schlaf ins Cockpit steige. Mittlerweile pfeift es schon ganz schön, und ich schätze den böigen Wind auf gut 25 Knoten. Über der nahen Mole steigt immer wieder donnernd Gischt auf, die von den anbrandenden Wellen verursacht wird. So wie ich es sehe, habe ich wohl tatsächlich den letzten freien Platz ergattert. In der Nacht ist der befürchtete Weckruf eines eintreffenden Behördenfahrzeugs ausgeblieben. Kurze Zeit später sitze ich im Salon und warte auf das Pfeifen meines Wasserkessels. Da klopft es an der Bordwand, und am Steg steht eine junge Dame in schicker blauer Uniform, die freundlich nach meinen Personaldokumenten und Bootspapieren fragt. Sie kommt offenbar von dem Motorboot vor mir, und ich befürchte schon, gleich meinen Platz räumen zu müssen. Doch dem ist erfreulicherweise nicht so. Zwar werde ich darauf hingewiesen, dass ich hier eigentlich nicht liegen dürfe, der Platz sei aber ausnahmsweise frei, da das betreffende Boot zurzeit in der Werft stünde. Die Einklarierung wird dann schnell und unkompliziert auf dem Unidade-Fahrzeug abgewickelt. An Bord kommen darf ich allerdings nicht, und so stehe ich in kurzer Hose und T-Shirt bibbernd im kalten Wind, bis ich meine Papiere zurückbekomme.

Das Hafenbüro ist in einem kleinen Steinpavillon auf der Pier untergebracht. Der Hafenmeister ist ein netter, aufgeschlossener Kerl, der sich offensichtlich über meinen Besuch freut, denn viel ist hier zu dieser Jahreszeit wohl nicht mehr los. Es folgt der übliche Small Talk über das Wetter und meine Reisepläne. Daneben gibt er mir einige gastronomische Tipps. Außerdem erhalte ich den Schlüssel für einen kleinen Waschraum auf der Rückseite des Pavillons. In dieser kleinen Wellnessoase finden sich eine Dusche, Toilette sowie ein Waschbecken. Man kann hier quasi alles auf einmal erledigen, ohne auch nur einen Schritt zu machen. Wenige Augenblicke später stehe ich unter einer heißen Dusche und denke, ich bin im Himmel.

Nach einem weiteren ausgedehnten Schläfchen begebe ich mich in den Ort bzw. dessen hafennahe Ausläufer. Peniche selbst liegt nämlich ein Stück nordwestlich auf einer kleinen Halbinsel. Am schmalen Übergang zum Festland lässt sich in der Dunkelheit eine imposante Festungsanlage erahnen. Auf eine nähere Besichtigung habe ich jetzt allerdings keine Lust. Es hat nämlich zu regnen angefangen, und die steife Brise macht es gefühlt noch ungemütlicher, von meinem knurrenden Magen mal ganz abgesehen. Das Abendessen nehme ich dann in einer Mischung aus Imbissbude und Pizzeria ein, wo eine monströse Pizza mit Fleischsoße, ein Eimer Cola sowie ein leckerer Kaffee meine Lebensgeister aufs Neue wecken. »Ich bin schon wieder im Himmel«, stelle ich zufrieden fest und klappe den Laptop auf, denn es ist Zeit für einige Zeilen in meinem Internetblog. Mittlerweile verfolgen erfreulich viele Menschen rund um den Globus meine Reise, und es macht mir wirklich Freude, darüber zu berichten. Vielleicht auch deshalb, weil ich so gefühlt doch nicht ganz allein unterwegs bin. Draußen geht derweil die Welt unter. Der Regen prasselt jetzt wie aus Kübeln herab und wird vom böigen Wind als gespenstischer Schleier durch die Gassen getrieben. Nur gut, dass ich sicher im Hafen liege.

Zurück an Bord mache ich es mir bei der Übertragung eines Champions-League-Spiels gemütlich. Zwei portugiesische Radioreporter quatschen wie wild und überschlagen sich fast vor Begeisterung. Viel verstehe ich leider nicht, eigentlich gar nichts. Nur ab und zu kann ich ein »Glasgow« und »Benfica« (Lissabon) heraushören. Im Hafen gibt es erfreulicherweise ein gut funktionierendes WLAN-Netzwerk, und das ist wahrlich keine Selbstverständlichkeit. Denn in vielen meiner bisherigen Stationen gab es zwar oft ein Netzwerk, einloggen konnte man sich aber in der Regel nicht. Und wenn, dann war die Verbindung meist so langsam, dass man sich ins Zeitalter von Modem und Akustikkoppler zurückversetzt gefühlt hat. Hier ist das aber anders, und im Nu habe ich frische Wetterdaten geladen. Dazu nutze ich den Service von Zygrib (www.zygrib.org). Mit dieser kostenlosen Software kann man auf einer Weltkarte das gewünschte Seegebiet markieren und die entsprechenden Daten herunterladen. Ein weiterer Vorteil ist, dass die Daten in einem speziellen, hochkomprimierten Format (GRIB-Files) zur Verfügung gestellt werden. So ist die Datenmenge selbst bei einer Vorhersage über acht Tage erfreulich klein und damit auch für eine Abfrage via Satellitentelefon geeignet. Die Vorhersage selbst wird dann in Form von Windpfeilen und mit unterschiedlichen Farben auf der Karte dargestellt. Ergänzend kann man mit dem Cursor über bestimmte Gebiete der Karte fahren und so detaillierte Informationen zu Wind und Niederschlag erhalten.

Der Wind soll im Lauf der Nacht wieder abnehmen und einen Rechtsprung vollführen. Das heißt, die Windrichtung springt zunächst mit einem großen Satz von derzeit Süd auf West und später weiter auf Nord. Morgen kann es also weitergehen, allerdings nicht – wie ursprünglich geplant – nach Madeira, sondern ins südlich gelegene Sines. Schuld daran ist letztlich der Hafenmeister. Denn als ich ihm während der Anmeldung von meinem Plan, Richtung Madeira zu segeln, erzählt habe, hat er gleich den Kopf geschüttelt und gefragt, warum ich diesen Umweg machen will. Und dann auch noch bei der aktuellen Wetter- und Dengue-Lage? Lieber solle ich die neue Marina von Sines ansteuern, um von dort direkt auf die Kanaren zu starten. Zugegeben, wirklich viel Überredungskunst war nicht nötig, um mich umzustimmen. Die Aussicht auf eine weitere überschaubare Etappe war doch schnell sehr verlockend. Aber auch die übrigen Argumente des Hafenchefs sowie seine Revierkenntnisse haben mich schließlich überzeugt. Also ... Sines!

Das letzte Stück Europa

Der neue Tag begrüßt mich mit Sonne satt, und auch der Wind hat wie angekündigt spürbar nachgelassen. Zum Frühstück tappe ich noch einmal kurz ins Hafenviertel von Peniche. Einmal mehr staune ich über die unglaublich günstigen Preise, als ich mir in einem Café zwei belegte Brötchen und eine große Tasse Kaffee bestelle. Keine zwei Euro werden dafür fällig.

Während ich esse, blättere ich versonnen in einer herumliegenden Yachtillustrierten. Ein unerschwingliches Boot nach dem anderen lacht mich an. Riesig groß, aus Aluminium oder gleich beides. Als ich mit meinem Vorhaben erstmals an die Öffentlichkeit ging, musste ich mir doch so einige blöde Kommentare anhören. Ob ich denn wirklich sicher sei, mit meinem kleinen Plastikeimer eine solche Tour starten zu wollen? Oder der dringende Hinweis, regelmäßig die Kielbolzen zu prüfen, da Bavaria-Yachten ja bekanntlich gern mal den Kiel verlieren. Dieses Bavaria-Bashing begleitet mich seither wie eine schlechte Angewohnheit. Immer wieder muss ich mich regelrecht für mein Boot rechtfertigen. Interessanterweise bin ich aber nach wie vor unterwegs. Klar, hier und da gibt es immer wieder mal ein kleines Problem. Es knarzt oder tickert, und auch die Elektronik macht einen manchmal irre. Wirklich große Schäden habe ich bislang aber keine zu beklagen. Im Gegenteil, wenn ich auf meinem bisherigen Weg einmal defekte Yachten gesehen habe, dann waren es in der Regel Vertreter der deutlich teureren Konkurrenz.

Bevor es losgeht, will ich noch kurz tanken. Die Tankstelle liegt in einer der hintersten Ecken des Vorhafens an einer steinernen Pier. Vorsichtig manövriere ich CARPE DIEM dorthin, denn laut Seekarte soll es hier nur 1,50 Meter tief sein, was sich aber als Fehlinformation entpuppt. An der Tanke und auch in der näheren Umgebung ist keine Socke zu sehen. Daher entscheide ich kurzerhand, einfach mal loszutanken. Spätestens dann wird sich wohl schon jemand in Bewegung setzen. Gerade habe ich den Rüssel im Tank versenkt, als auch gleich ein Fischer auftaucht, der mich nett, aber bestimmt darauf hinweist, dass man eigentlich auf den Tankwart warten müsse. »Ja, aber wo isser denn?«, frage ich sinngemäß. »Taberna, Taberna!«, erhalte ich als Antwort. Dazu zeigt der wettergegerbte Mann immer wieder in Richtung Ort. »Taberna wird wohl so viel wie Kneipe heißen«, mutmaße ich noch, als sich der Fischer schon auf den Weg macht. Kurze

Zeit später steht der Tankwart mit respektabler Vormittagsfahne vor mir, und ich kann meine Rechnung bezahlen. Gegen Mittag verlasse ich schließlich den Hafen. Adeus Peniche!

Draußen erwarten mich wahre Traumverhältnisse. Zwar ist es auch heute empfindlich kalt, aber die Sonne scheint von einem nahezu wolkenlosen Himmel, quasi direkt in mein Herz. Der Wind weht moderat mit drei bis vier Beaufort aus nördlichen Richtungen. Von dort rollt auch die lang gezogene Dünung heran, die uns immer wieder sanft anhebt. Mit ausgebaumter Genua setze ich Kurs Süd. So kann es bleiben! Bis nach Sines sind es gut 100 Seemeilen, was ich in 20 Stunden schaffen sollte. Nach etwa einem Drittel der Strecke werde ich heute auch endlich Lissabon passieren oder besser gesagt die Einfahrt zur Bucht von Lissabon. Dort liegt der bekannte Hafenort Cascais, der im Grunde so etwas wie das Seebad der portugiesischen Hauptstadt ist. Viele der besser betuchten Einwohner Lissabons haben dort ein Feriendomizil, und neben großen Badestränden gibt es dort auch eine große Marina für Sportboote.

Nach den beiden schweren Etappen Richtung Peniche fühle ich mich heute endlich mal wieder pudelwohl. Kein Starkwind, kein Regen, keine Monsterwellen. Tief in mir spüre ich eine Mischung aus Zufriedenheit und Glück, aber auch Spannung. Ich bin auf dem Weg zu meiner letzten Station auf dem europäischen Festland. Danach werde ich auf unbestimmte Zeit nur noch Inseln bzw. Inselstaaten anlaufen. Ein bisschen Bammel vor der langen Strecke zu den Kanaren fühle ich auch. Jetzt wird es langsam richtig ernst. Wie wird das wohl werden? Und hoffentlich geht alles gut. Als der Abend dämmert, befinde ich mich auf Höhe des Cabo da Roca, circa fünf Seemeilen nördlich von Cascais. In meiner Bugwelle hat sich erneut eine ganze Gruppe Delfine versammelt. Wild und ungestüm vollführen sie ein akrobatisches Kunststück nach dem anderen. Mit Lifebelt und Lifeline gesichert, klettere ich aufs Vordeck und setze mich direkt an den Bugkorb. Fast zum Greifen nah sind die sympathischen Meeressäuger jetzt. Eine ganze Stunde bleibe ich hier vorn sitzen und beobachte das beeindruckende Schauspiel. Vielleicht bilde ich es mir ja nur ein, aber ich habe manchmal sogar das Gefühl, die Tiere mit meinen Rufen und Pfiffen zu erreichen. Ein ums andere Mal schwimmen sie dicht an CARFES Bug heran, drehen sich im Wasser auf die Seite und schauen mich von unten an. Einfach nur schön.

Zum Abendessen gönne ich mir heute eines der vielen Tütengerichte, die ich aus der Heimat mitgenommen habe. Eigentlich sollen die ja für den Atlantik und hier insbesondere für etwaige Schlechtwetterphasen sein. Aber ehrlich gesagt habe ich gerade keine große Lust auf viel Hantiererei in der Pantry. Und die Zubereitung ist simpel, einfach eine bestimmte Menge Wasser zum Kochen bringen, in den Alubeutel kippen und etwa zehn Minuten ziehen lassen, fertig. Das Chili con Carne schmeckt heute allerdings mehr nach Tapetenkleister als nach einem feurigen mexikanischen Fleischgericht.

Die anschließende Nacht verläuft ruhig, auch wenn ich mit dem Intervallschlafen nach wie vor so meine Probleme habe. Um die Zeit nicht zu lang werden zu lassen, führe ich regelmäßig Logbuch, lese, schlafe und filme. Die Nacht verbringe ich einmal mehr auf den Salonbänken, denn in die Koje will ich mich so nah an der Küste lieber nicht legen. Der Verkehr hat hier zwar deutlich abgenommen, aber gerade in der Nacht tauchen doch immer wieder Fischerboote auf, häufig auch ohne AIS. Da der achterliche Wind durch das halb offene Schiebeluk kalt in den Salon pustet, ziehe ich bald mein dünnes Deckchen bis ans Kinn heran. Eigentlich bin ich ja kein besonderer Hitzefan, aber insgeheim freue ich mich doch immer mehr auf die bald hoffentlich höheren Temperaturen.

Der neue Tag beginnt mit der üblichen Schüssel Müsli im Cockpit. Das kleine Plastikschüsselchen auf dem Schoss schaue ich noch etwas verpeilt in mein Kielwasser. Der Wind bläst noch immer mit drei bis vier Windstärken aus Nord. Die ganze Nacht konnten wir so nur unter Genua gemütlich segeln. Wenig später taucht dann am Horizont die Silhouette von Sines auf. Auf den ersten Blick ist das keine besonders einladende Hafenanlage. Das Gebiet gliedert sich in einen großen, industriell genutzten Vorhafen mit entsprechender Schutzmole sowie einem zweiten, inneren Schutzwall, der die Marina und den kleinen Fischerhafen beherbergt. Während im Vorhafen große Frachtkräne, hohe Containerwände sowie eine Ölraffinerie das Bild prägen, wird es im inneren Bereich beschaulicher. Sogar einen kleinen Sandstrand gibt es in unmittelbarer Nähe zum Yachthafen. In der Ansteuerung zum Hafen finden sich dann, wie in Spanien und Portugal üblich, wieder zahlreiche Stellnetze und Reusen, die ich im Slalom umkurve. Kurz vor der Einfahrt ragen zudem große Betonblöcke aus dem Meer, die offenbar das Fahrwasser vor Wellen und Seegang schützen sollen.

Die Marina von Sines ist großzügig und modern angelegt, und alles scheint noch recht neu zu sein. Und so braucht auch der Hafenbeamte eine gefühlte Ewigkeit für die Einklarierungsprozedur. Der junge, uniformierte Mann wirkt in der riesigen Eingangshalle des nagelneuen Marinagebäudes etwas verloren und schlurft immer wieder zwischen Kopierer und Schreibtisch hin und her, bis er auch wirklich den letzten Schnipsel meiner Unterlagen einzeln kopiert und abgeheftet hat. Ich schaue mich währenddessen etwas in der weitläufigen Halle um. An den Wänden hängen neben Bildern von Sines auch einige Fotos vom Bau der Marina. Ein Stück daneben dann eine große Plakette mit der Europaflagge. »This project has been co-financed by the European Union«, steht da zu lesen. Aha. Ich lag also mit meiner Vermutung gar nicht so falsch. Das ganze Areal ist mehr oder weniger neu. Kein Wunder, dass der Hafenmeister von Peniche fast schon stolz die Vorzüge dieser Marina angepriesen hat. Leider bin ich hier fast der einzige Gastlieger. Nur einen ebenfalls allein segelnden Holländer kann ich entdecken. Dieser sitzt mit Gartenstuhl und Tisch auf dem Steg und lässt sich die Sonne auf den Bauch scheinen. Als wir uns kurz unterhalten, erfahre ich, dass er mit seinem Motorsegler auf dem Weg ins Mittelmeer ist, um dort zu überwintern. Die Holländer. Überall und nirgends.

Sines

Es ist doch ein gutes Stück zu Fuß, bis man so etwas wie einen Ortskern erreicht. Nach etwa 30 Minuten Marsch gelange ich an eine beeindruckende Burg mit angeschlossener Kirche. Bis hierhin habe ich mal wieder keine Menschenseele gesehen. Hier in der historischen Altstadt sind jedoch zumindest ein paar Touristen auf der Straße. In der Auslage einer Bäckerei liegen allerlei bunte Süßigkeiten, die auch jetzt im November noch von einigen Wespen umschwirrt werden. »Schön hier«, denke ich. Der ganze Ort liegt auf einem Felsplateau etwas oberhalb des Hafens. Laut Wikipedia leben hier circa 13 000 Menschen. Einen berühmten Sohn hat Sines natürlich auch, nämlich einen gewissen Vasco da Gama, der als Seefahrer im 15. Jahrhundert den Seeweg ums Kap der Guten Hoffnung nach Indien entdeckt hat. Hier bin ich also richtig.

Mit reichlich Zucker und Koffein in der Blutbahn führt mich mein Weg weiter in das neustädtische Zentrum von Sines. Hier gibt es sogar noch mehr Menschen. Plötzlich stehe ich vor einem riesigen monolithischen Gebäude, das ich eher in New York oder London erwartet hätte. Der futuristisch anmutende Quader beherbergt das Centro de Artes de Sines, ein Kunst- und Kulturzentrum. Doch leider ist die Kunstausstellung zurzeit nicht geöffnet, und ich muss unverrichteter Dinge wieder abziehen. Dann eben etwas Shopping. Im Supermarkt finde ich außer Dutzenden Cachupa-Gerichten nichts, was mich als Abendessen begeistern kann. Dafür erstehe ich mein erstes portugiesisches Souvenir, einen Topf zur Ergänzung meiner Pantry-Ausrüstung. Zurück bei Burg und Kirche steigt mir dann ein köstlicher Geruch in die Nase. Wie ein Spürhund folge ich der unsichtbaren Duftfahne und lande schließlich vor einem kleinen Haus. Durch ein Fenster sehe ich lodernde Flammen, darüber einen langen Spieß mit knusprigen Hähnchen. Als ich eintrete, steht mir sofort der Schweiß auf der Stirn, und die Hitze haut mich fast aus den Schuhen. Der Hähnchenbrater hat jedoch sogar noch einen Pullover an. Mit Händen und Füßen kommen wir schließlich ins Geschäft, und nur wenig später sitze ich in CARPES Bauch vor einem dampfenden Teller mit Hühnchen und Salat. So endet ein schöner Tag zufrieden und satt in der Koje.

Am nächsten Morgen widme ich mich wieder meinen seemännischen Pflichten. Auch hier klappt das Internet schnell und zuverlässig. Ich werde so langsam, aber sicher zum Portugalfan. Die aktuellen Wetterdaten sind ebenfalls erfreulich. Ab kommenden Montag soll sich eine stabile Nordwindlage mit zunächst drei bis vier und später gut fünf Windstärken einstellen. Und insgesamt soll diese Wetterlage mindestens fünf Tage lang so halten. »Endlich mal watt Erfreuliches im Internet«, frohlocke ich. Meiner Passage zu den Kanaren sollte also nichts mehr im Weg stehen.

Bis zur Ankunft des Nordwinds habe ich nun noch einige Tage Zeit, um mich in Sines auszuruhen und CARPE DIEM auf Vordermann zu bringen. Daneben unternehme ich regelmäßig kleinere Ausflüge in die Stadt sowie die nähere Umgebung. Eine tolle Überraschung erlebe ich an meinem dritten Abend. Während ich satt und faul im Salon liege und auf dem Laptop einen Film anschaue, klopft es plötzlich an der Bordwand. »Wer kann das sein?«, überlege ich noch und steige an Deck. Dort staune ich nicht schlecht, als ich meine alte Klassenkameradin Anke samt Ehemann Cris und Hund Max entdecke. Die drei leben zurzeit in Portugal und haben meine bisherige Reise im Internet verfolgt. Also haben sie sich kurz entschlossen mit ihrem Wohnmobil auf den Weg nach Sines gemacht, um mir einen

Besuch abzustatten. Ich bin begeistert. Anke habe ich sicher 25 Jahre nicht gesehen. Was folgt, ist ein schöner Abend mit vielen Geschichten, so manchem Glas Portwein und natürlich einer ausführlichen Bootsbesichtigung. Die Zeit bis zu meinem geplanten Aufbruch verfliegt so wie im Nu, vielleicht ist das gar nicht schlecht. Sorgen und Nöte beschäftigen mich jedenfalls kaum. Im Gegenteil. Ich bin hungrig auf weitere Seemeilen und Erlebnisse. Was werde ich wohl noch alles erleben? Welche Menschen treffen? Welche Dinge sehen?

Atlantic Kestrel

5. Januar 2013, Mindelo/Kapverden, zurückgelegte Distanz seit Fehmarn: circa 3500 Seemeilen

Kneipenabende können ja bekanntlich zu den merkwürdigsten Sachen führen. So auch ein Barbesuch in Mindelo auf den Kapverden. Zusammen mit der eingeflogenen Ruth habe ich in einem Restaurant gerade eine leckere Pizza verputzt. Und da es in der Bar nebenan hoch hergeht, beschließen wir, dort noch einen Absacker zu nehmen. Wenig später kommen wir mit einem Trupp zechender Kanadier ins Gespräch. Die sympathischen Jungs gehören zur Besatzung der ATLANTIC KESTREL, eines kanadischen Versorgungsschiffs, das gerade in Mindelo vor Anker liegt. Wir erfahren, dass sich die Crew eigentlich auf direktem Weg von Südafrika nach St. Johns in Neufundland befand, als sie ein Maschinenschaden zu diesem Zwischenstopp zwang. Eine Handvoll Kaltgetränke später haben wir eine Einladung zum Mittagessen, und zwar nicht irgendwo, sondern an Bord der ATLANTIC KESTREL.

Am nächsten Morgen schaue ich neugierig in die Bucht vor Mindelo. Da liegt sie, beeindruckend groß und fast komplett in Signalorange gehalten. Der Ankerplatz der Kanadier ist doch ganz schön weit draußen. Ich bin mal gespannt, wie wir da mit unserem kleinen Dingi hinkommen. Gegen Mittag geht es los. Wir steigen in unser Gummiboot, schmeißen den Außenborder an und knattern aus der Marina. In der Bucht weht ein böiger Passat aus Nordost. Entsprechend unruhig ist die Fahrt. Vorbei an zahllosen Ankerliegern, aber auch dem einen oder anderen Schiffswrack pflügen wir durch die kabbelige See und gehen gut 20 Minuten später an der hohen Bordwand der ATLANTIC KESTREL längsseits. Dort hat die Besatzung in der sogenannten Rescue Zone eine lange Strickleiter für uns heruntergelassen. Das

Dingi hüpft an der stählernen Wand wie wild auf und ab, während wir hoch über uns drei behelmte Köpfe über die Reling schauen sehen. Einer nach dem anderen steigen wir schließlich die Leiter empor. An Deck angekommen, werden wir herzlich von einigen Crewmitgliedern in Arbeitsoveralls begrüßt. Anschließend nimmt uns Schiffskoch Terry unter seine Fittiche. Ich schätze den grauhaarigen Kanadier auf Mitte 50. Ein aufgeschlossener, netter Kerl, der sogleich mit der Bootsführung beginnt.

Im mittleren sowie hinteren Bereich des Schiffs befindet sich das große Arbeitsdeck, eine Freifläche so groß wie ein Fußballplatz. Wie uns Terry erklärt, können hier mithilfe einer riesigen Winsch ganze Schiffe oder Seezeichen an Bord gehievt werden, um diese zu reparieren. Die besagte Winsch steht im vorderen Teil des Schiffs und soll eine der stärksten weltweit sein. Ebenfalls vorn befinden sich die haushohen Aufbauten mit Quartieren, Brücke und natürlich Terrys Reich, der Kombüse. Wie alles andere auf diesem Gefährt ist auch die Schiffsküche riesig. Alles ist in Edelstahl gehalten, und auf einem großen Tisch in der Mitte liegen 20 Laibe frisch gebackenes Brot. Hinter der Pantry gelangen wir in die Kühlräume. Hier lagert Proviant für Wochen und Monate. »Eigentlich ist das viel zu viel für uns«, meint Terry und beginnt, bevor ich papp sagen kann, einen großen Karton für mich zu packen.

Über die Mannschaftsquartiere und Gemeinschaftsräume geht es jetzt Deck für Deck nach oben. Wir bekommen sogar Terrys private Kabine zu sehen. Das Schiff scheint noch ziemlich neu zu sein, denn Fußbodenheizung sowie Einzelkabinen mit Bad, Fernseher und Telefon erinnern schon fast an ein Kreuzfahrtschiff. Die letzte Treppe nach oben führt uns auf die Brücke, wo uns bereits der Kapitän der ATLANTIC KESTREL erwartet. Mike ist sein Name, und auch er ist völlig entspannt. Keine Spur von ungelegenem Besuch oder Ähnlichem. Geduldig beantwortet er all meine Fragen zu Technik und Ausrüstung und erläutert uns auf der großen digitalen Seekarte außerdem die bisherige Route. Ausgangspunkt der Reise war eine Werft in Singapur, in der das Schiff renoviert wurde. Nach einem Zwischenstopp in Kapstadt sollte es dann eigentlich nonstop nach Kanada gehen. Der Rest ist bekannt.

Zurück im Board Restaurant kommen wir zum eigentlichen Grund unseres Aufenthalts. Das Mittagessen ist lecker und reichlich, und nach und nach findet sich auch die Crew zur Mittagspause ein. Sie besteht aus einem bunten Haufen bäriger Seeleute, die uns freundlich ihre ölverschmierten Pranken entgegenstrecken. Insgesamt gut zwei Stunden dauert unser Besuch. Zurück auf dem Arbeitsdeck sind gleich drei Arbeiter damit beschäftigt, unser Dingi wieder in die richtige Position zu bringen. Sogar ein großer Lastenkran wird dafür bemüht. Bevor wir die Bordwand wieder hinuntersteigen, verabschieden wir uns wie alte Freunde und schießen noch einige Erinnerungsfotos.

Die Rückfahrt hat es dann noch einmal in sich. Der Wind steht jetzt genau gegen uns, was nicht nur unseren Außenborder an seine Leistungsgrenzen bringt, sondern auch für viel Wasser im Schlauchboot sorgt. Klitschnass steigen wir zurück an Bord von CARPE DIEM. Aber das ist uns ganz egal. Der Ausflug zur ATLANTIC KESTREL war es allemal wert. Und überhaupt. Der lange Weg bis hierher war doch deutlich anstrengender.

Sechs Tage zu den Kanaren
November 2012

Knappe 800 Seemeilen beträgt die Distanz von Sines nach Las Palmas auf Gran Canaria. Das flößt mir schon Respekt ein. Mindestens fünf bis sechs Tage werde ich für diese Strecke brauchen, und so lange bin ich bisher noch nie am Stück gesegelt! Die Route selbst ist recht einfach erklärt: aus dem Hafen von Sines heraus und anschließend mit einem Generalkurs von circa 210° gen Süden. Die Wetterprognose hat sich in den letzten Tagen weiter stabilisiert und sagt nördliche Winde zwischen vier und sechs Beaufort voraus. Der vorerst letzte Tag an Land ist von finalen Vorbereitungen geprägt. Ich checke wirklich alles noch einmal. Elektronik, Navigation, Proviant, Trinkwasser und Diesel, um nur die wichtigsten Dinge zu nennen. Zu guter Letzt mache ich dann noch einen Eintrag in meinen Onlineblog, bevor ich mich in die Koje verziehe.

26. November 2012, erster Seetag

Dafür, dass ich ein so langes Seestück vor mir habe, war die Nacht eigentlich ganz okay. Viele Sorgen mache ich mir ehrlich gesagt nicht. Ich bin eher ungeduldig und will den großen Sprung jetzt endlich angehen. Weg vom europäischen Festland und hin zu den Kanaren. Tief im Inneren spüre ich, dass die kommende Etappe ein wirklicher Abschied ins Ungewisse ist. Einmal unterwegs, wird es für mich kein Zurück mehr geben. Klar, theoretisch könnte ich noch immer einen Hafen an der Algarve oder der marokkanischen Küste anlaufen. Aber das will ich nicht. Ich will jetzt raus aufs offene Meer. So weit segeln, wie noch nie zuvor, und meinen großen Traum endlich in die Tat umsetzen.

Wind hat es heute Morgen kaum bzw. keinen. Obwohl die Nacht empfindlich kalt war, schwirren bereits Dutzende Fliegen durchs Cockpit und rauben mir den letzten Nerv. Der Himmel ist grau in grau. Bevor es losgeht, montiere ich noch zwei meiner Kameras in CARPES Cockpit. Dabei knallt eine aus zwei Meter Höhe aufs Deck, und ich befürchte schon das Schlimmste. offenbar bin ich doch ein bisschen nervös. Der Ableger funktioniert dann besser. Auch dieses Einhandmanöver geht mir immer glatter von der Hand. Ich nutze dafür in der Regel die mittlere Klampe meines Boots, an der ich eine Vorspring zum äußeren Ende des Fingerstegs befestige. Gut abgefendert kann ich anschließend mit Motorkraft und etwas Ruderlage in diese Leine eindampfen. Das Boot steht dann stabil und sicher, und ich kann in Ruhe die übrigen Leinen entfernen. Ganz zum Schluss schalte ich die Maschine dann zügig von Vorwärts- auf Rückwärtsfahrt um. CARPE beginnt dann, langsam aus der Box zu laufen, wobei sich der Zug auf die Vorspring löst. So ist es ein Einfaches, die Spring von der Klampe des Fingerstegs zu nehmen und kontrolliert meinen Liegeplatz zu verlassen.

Auch vor der Mole des großen Hafens herrscht noch völlige Flaute, weshalb ich die ersten Seemeilen motore. Der Dieseltank ist voll, und zusammen mit dem Kanister in der Backskiste stehen mir für den langen Schlag knappe 80 Liter zur Verfügung. Das sollte mehr als ausreichend sein. Dennoch lasse ich den Motor nur mit geringer Drehzahl laufen, um so den Verbrauch möglichst gering zu halten. Der Magen knurrt mir auch schon wieder. Kurz entschlossen schmeiße ich den Herd an und haue mir ein paar Eier samt Dosenwürstchen als zweites Frühstück in die Pfanne.

Halb zwei mittags. Endlich kommt etwas Wind auf. In die Wetterspalte meines Logbuchs trage ich zwei bis drei Beaufort aus Nordwest ein. Im Tagebuchtext darunter ergänze ich: »Sollte doch eigentlich mehr Wind sein.« Alle zwei Stunden folgt so ein weiterer Eintrag. Um 16 Uhr hat der Wind bereits auf gut fünf Windstärken zugenommen und dreht langsam auf Nord. Ich berge also das Großsegel und fahre nur noch mit der ausgebaumten Genua. Das funktioniert mit CARPE wirklich gut. Durchschnittlich mehr als sechs Knoten Fahrt zeigt die Logge an. Die beachtlichen Wellen rollen jetzt ziemlich genau von hinten heran, was mein leichtes Boot immer wieder ganz schön ins Schlingern bringt und den Windpiloten heftig von einer Seite zur anderen ausschlagen lässt. Bevor es dunkel wird, reffe ich dann vorsichtshalber noch das verbliebene Vorsegel. Das macht uns nicht wirklich langsamer, die Fahrt aber spürbar stabiler. Per Satellitentelefon gebe ich außerdem eine erste kurze Statusmeldung nach Hause durch und wundere mich einmal mehr über die merkwürdig verlangsamte Stimme am anderen Ende. Das Gespräch tut trotzdem gut. Ich bin guter Dinge und blicke mit Lust und gespannter Erwartung auf die nächsten Seetage.

Gegen Mitternacht erreicht der Wind sechs bis sieben Beaufort. Der kleine Windmesser in meiner Hand zeigt regelmäßig Böen bis zu 30 Knoten an. Habe ich vor wenigen Stunden noch über den schwächelnden Wind gemeckert, notiere ich jetzt demütig: »So viel hätte es dann doch nicht sein müssen.« Also reffe ich ein zweites Mal. Es ist immer wieder faszinierend, in die Nacht zu segeln. Mit dem Licht weicht die Weite des Tags immer mehr, und in besonders dunklen Nächten reduziert sich das Erleben dann nur noch auf das Boot und einen selbst. Auch wenn man weiß, dass der Ozean noch immer da ist. Die Fahrt geht in ein schwarzes Nichts. Ein bizarres, manchmal beängstigendes und zugleich spannendes Gefühl. Heute ist die Nacht jedoch ungewöhnlich hell, und am Himmel ziehen wilde Wolkenfetzen vorbei, während dahinter ein nahezu voller Mond geheimnisvoll leuchtet.

So langsam, aber sicher nähere ich mich dem Trichter vor Gibraltar, und spontan muss ich an einen meiner Lieblingsfilme denken – *Das Boot* von Wolfgang Petersen. Die bekannte Meerenge zwischen Atlantik und Mittelmeer wird dort zum

Schicksalsort der deutschen U-Boot-Besatzung, und spätestens seit ich den Film das erste Mal gesehen habe, fasziniert mich dieser Ort. Viel Zeit zum Träumen bleibt mir allerdings nicht, denn der Schiffsverkehr wird zusehends dichter. Viele große Schiffe ziehen jetzt von allen Seiten heran, um dieses Nadelöhr zu passieren. Hell erleuchtet wie ein Weihnachtsbaum rauscht von achtern ein Kreuzfahrtschiff heran. »Da wird jetzt gerade das Galadinner gereicht«, schießt mir durch den Kopf, als ich eine weitere Lage Thermowäsche anziehe. Wäre es jetzt nicht cool, da mal eben längsseits anzulegen und kurz das Buffet zu plündern?

Die erste Nacht auf See ist lang. Zum starken Wind haben sich in den letzten Stunden immer wieder ordentliche Regengüsse gesellt. Einmal kann ich sogar einen Regenbogen im hellen Mondlicht entdecken. Die Wellenhöhe schätze ich auf gut drei bis vier Meter. Trotz der guten Sicht ist das bei Nacht aber nur sehr schwer zu beurteilen. Das Vorsegel ist in der Zwischenzeit bis auf ein kleines Reststück eingerollt. Dennoch laufen wir wie der Teufel Richtung Süden. An Schlaf ist nicht wirklich zu denken. Erst als gegen Morgen der Schiffsverkehr spürbar nachlässt, falle ich in einen unruhigen Dämmerzustand. Hoffentlich wird das bald besser.

27. November 2012, zweiter Seetag

Endlich beruhigt sich das Wetter etwas. Gut fünf Beaufort treiben uns von hinten an. Der neue Tag beginnt wolkenverhangen und taucht die Umgebung in ein milchiges Licht. Land ist keines mehr zu sehen, dafür aber hohe Wellen, die wild und ungestüm von achtern anrollen. Bis in die Mittagsstunden versuche ich immer wieder mal ein kurzes Schläfchen. Als der Wind erneut aufbrist, ist meine Präsenz an Deck gefragt. Und dann passiert es. Beim Umherklettern im nassen Cockpit rutsche ich aus und schlage mit dem rechten Fuß frontal gegen den Steuerstand.

Leider trage ich zu diesem Zeitpunkt keine Schuhe. Ein Fehler, ich weiß. Allerdings war ich es in der letzten Nacht irgendwann leid, immer wieder in die ohnehin klammen Treter zu schlüpfen, nachdem ich gerade kurz auf den Salonbänken eingenickt war und dann einmal mehr an Deck musste. Jedenfalls scheint da wirklich etwas kaputt zu sein. Der kleine Zeh steht in nahezu rechtem Winkel ab und wehrt sich überhaupt nicht, als ich mit der Hand vorsichtig daran drehe. »Das kann ich jetzt gar nicht gebrauchen«, stelle ich ernüchtert fest. Schmerzen bereitet der Fuß komischerweise keine. Ich beschränke mich also darauf, den Zeh wieder in eine halbwegs normale Position zu bringen und mit Klebeband an seinem Nachbarn zu fixieren. Viel mehr kann ich da wohl erst mal nicht machen.

Am Abend und in der Nacht habe ich wieder einige Auftritte an Deck, denn es herrschen wie schon den Rest des Tags durchgehend fünf bis sechs Windstärken. Meist geht es dabei ums Reffen oder den Anstellwinkel des Spinnakerbaums. Nicht etwa, dass ich bei diesem Wetter mit dem Spinnaker segle. So irre bin ich dann doch nicht. Allerdings habe ich die Genua mehr oder weniger durchgehend ausgebaumt. Das Vorsegel steht dann einfach zuverlässiger und besser. Gerade wenn CARPE stark in der Welle rollt und giert, fällt der raume Wind immer wieder aus anderer Richtung ein. Ohne zusätzlichen Baum würde das große Vorsegel dann schnell mal back stehen und mein Boot gefährlich aus dem Ruder laufen. Die Wellen sind mittlerweile sicher schon an die fünf Meter hoch und rollen in einem deutlich spürbaren Rhythmus von achtern heran. Immer wieder tauchen nach einer kurzen Phase der Beruhigung plötzlich zwei, drei sehr hohe Wasserberge auf, die CARPE DIEMS Heck gefährlich anheben und dem Windpiloten all seine Steuerkünste abverlangen. Am Nachmittag sind sogar zwei einzelne Brecher ins Cockpit geknallt. Einmal seitlich, wobei das Wasser bis in den Salon spritzte, und ein zweites Mal genau von hinten. Das Wasser war plötzlich überall. Bis unter die Sprayhood muss es gekommen sein, denn die dort deponierte Rettungsweste löste plötzlich mit einem lauten Knall aus. Man kann sich vorstellen, wie ich mich erschrocken habe. Erst dachte ich an einen Schaden am Rigg oder eine gebrochene Schot. Als ich dann allerdings die große gelbe Blase über dem Niedergang erblickte, musste ich sogar kurz lachen.

28. November 2012, dritter Seetag

Juhu, ich habe die Nacht doch tatsächlich etwas geschlafen! Zu Hause würde ich den merkwürdigen Dämmerzustand vielleicht nicht unbedingt als Schlaf bezeichnen. Hier und jetzt sind die oft traumintensiven Kurznickerchen allerdings ein echter Fortschritt. Den dritten Tag auf See begrüße ich dann wieder mit der zwischenzeitlich lieb gewonnenen Schüssel Müsli und einer Tasse Kaffee. Das geht schnell und macht satt. Es folgt der ebenfalls rituelle morgendliche Toilettengang, eine fast schon sportlich anmutende Übung, bei der ich mich mit Armen und Beinen in der heftig schaukelnden engen Kabine verkeile. Alles dauert doch etwas länger als an Land. Aber das ist nicht weiter schlimm, denn so hat man eigentlich immer etwas zu tun, und die Tage vergehen oft schneller als zuvor befürchtet. Überhaupt spielt der Bordalltag eine große Rolle während einer Langfahrt. Dazu aber später mehr.

Mein Zeh oder besser gesagt die vordere Hälfte meines Fußes ist jetzt dick angeschwollen und schillert in bläulichen Farben. Die Schmerzen halten sich nach wie vor in Grenzen, worüber ich nicht böse bin. Dennoch behindert mich die Verletzung ganz schön. Zu groß ist meine Angst, trotz mittlerweile vorschriftsmäßig angelegtem Schuhwerk noch einmal irgendwo anzustoßen. Entsprechend vorsichtig und tapsig klettere ich im Cockpit umher, wenn mal wieder ein Manöver oder sonstige Decksarbeit ansteht. Oft muss ich erfreulicherweise nicht auf das wankende Vordeck, da alle wesentlichen

Leinen und Schoten bei CARPE DIEM ins Cockpit umgelenkt sind. So kann ich die meisten Dinge mehr oder weniger bequem von hier aus erledigen. Anders verhält es sich, wenn ich mal wieder die Selbststeueranlage am Heck justieren muss. Schon gestern war mir immer wieder eine deutlich spürbare Vibration aufgefallen, besonders wenn CARPE auf einem der achterlichen Wellenberge ins Surfen geriet. Heute ist das nervige Zittern der Anlage besonders stark, weshalb ich den Anstellwinkel des Strömungsruders verändern muss. Das klingt im Grunde nicht besonders schwer und ist es eigentlich auch nicht. Einzig die notwendigen Verrenkungen am Heck sowie das Herausziehen des schweren Ruders aus dem vorbeirauschenden Wasser verlangen mir einiges ab. Ist das Ruder erst mal oben, muss ich nur noch die entsprechende Stellschraube lösen und den Anstellwinkel neu ausrichten. Wer allerdings schon einmal auf See mit Werkzeug hantiert hat, weiß, was das bedeutet. Denn nach den zurückliegenden Wochen auf See sind die meisten meiner Arbeitsmittel bereits hoffnungslos ver- oder sogar festgerostet. Darüber hinaus muss man aufpassen, dass einem die wichtigen Utensilien nicht ungewollt ins Wasser plumpsen oder in irgendwelchen Tiefen der Backskiste verschwinden. Dann wird es nämlich wirklich haarig. Entweder gilt es dann, mit anderen oder ähnlichen Werkzeugen zu improvisieren, oder ein weiterer nervenaufreibender Abstieg in die vielen Engstellen des Bootsrumpfs steht auf dem Programm.

Am Nachmittag lässt der Wind dann endlich auf etwa vier bis fünf Windstärken nach, und ich jauchze vor Freude. Sofort sind auch die Wellen spürbar kleiner. Der Himmel ist wolkig, und ein ums andere Mal schaut sogar die Sonne hervor. So könnte es jetzt doch mal bleiben. Trotz der etwas ruhigeren Verhältnisse entscheide ich mich auch heute für ein Abendessen aus der Tüte. Chicken Tikka Masala nennt sich das indische Gericht, das sich so langsam, aber sicher zu meinem persönlichen Favoriten unter den zahlreichen Trockengerichten mausert. Nur gut, dass ich beim Einkauf der Fertignahrung nicht gespart habe. Zwar habe ich auch wahre Massen der üblichen Verdächtigen wie Nudeln, Reis und Kartoffeln an Bord, meine Kochlust hält sich jedoch nach wie vor in Grenzen. Also lieber etwas Schnelles aus der Raumfahrtforschung.

Die dritte Nacht auf See bricht an. Die Wolkendecke ist noch dünner geworden, und erneut scheint der Mond hell und milchig. Ich sitze im Cockpit und schaue versonnen nach oben. Die Mastspitze schwingt regelmäßig von rechts nach links und zerteilt den Abendhimmel. Ganz oben im Rigg leuchtet schwach der Verklicker im Licht der Dreifarbenlaterne. Um mich herum rauscht die See, während mein aufgewühltes Kielwasser als leichte Schlangenlinie am Horizont verschwindet. Andere Schiffe sind auch heute weit und breit nicht zu sehen. Ganz langsam begreife ich, wie allein ich hier wirklich bin.

29. November 2012, vierter Seetag

Um fünf Uhr morgens ist es mit der ruhigen Fahrt vorbei. Der bis dahin fast moderate Wind nimmt erneut Fahrt auf und erreicht konstante sechs Windstärken. Faul und satt, wie ich gestern Abend war, hatte ich darauf verzichtet, das Vorsegel für die Nacht zu reffen. Jetzt wird es daher höchste Eisenbahn, die Segelfläche zu verkleinern. Bevor ich aber reffen kann, muss ich noch einmal die Position des Spibaums ändern. Der Mond ist in der Zwischenzeit hinter einer dichten Wolkendecke verschwunden und die Nacht pechschwarz. Nichts ist zu sehen. Kein Horizont, keine Wellen. CARPE tanzt und springt wild durch die See. Ich gehe auf Nummer sicher, lege meinen Lifebelt an und pieke mich an einer der Decksleinen ein. Dann geht's in gebückter Haltung aufs Vordeck. Dort ist es nass und kalt, und nur wenige Augenblicke am Mast genügen, dass ich die Feuchtigkeit bereits bis auf die Haut spüre. Ohne Sicht auf die umliegende See ist es außerdem sehr schwer, die Bewegungen des Schiffs zu antizipieren. Mehr als einmal macht CARPE eine plötzliche, unerwartete Bewegung, und ich bin froh, am Rumpf angeleint zu sein. Einige Minuten später sitze ich wieder im Trockenen. Das Segel ist auf die Hälfte verkleinert, CARPE wieder stabiler unterwegs und ich durchgefroren bis auf die Knochen. Den Rest der Nacht verbringe ich lieber auf den Bänken im Salon. Zu stark scheint mir der Wind zu sein.

Elf Uhr. Das Schlafen ist mir heute Nacht wieder recht schwergefallen. Selbst als es noch relativ gemütlich war, habe ich mich unruhig in der Koje hin und her gewälzt. Und auf der etwas unterdimensionierten Salonbank war es dann ganz vorbei. Entsprechend angeschlagen fühle ich mich heute Morgen. Ich sitze im Cockpit und beobachte, was um mich herum passiert. Das Wetter ist wieder etwas freundlicher geworden. Hier und da lugt die Sonne durch eine Wolkenlücke, und die Brise hat etwas abgenommen. Der nächtliche Starkwind hat die Wellen jedoch wieder ordentlich angefacht, und in regelmäßigen Abständen brechen hinter mir die Seen und hinterlassen weiß schäumende Täler. So wirklich jucken tut mich das aber mittlerweile nicht mehr – entweder als Folge meiner Erschöpfung oder schlichtweg der Gewöhnung. Nach Frühstück und Katzenwäsche nehme ich die Kamera zur Hand und beginne, zu erzählen:

»Beginn vierter Seetag. Ich muss sagen, es ist echt anstrengend. Auf der einen Seite ist es natürlich ein Erlebnis und macht auch Spaß, aber dem Ganzen steht natürlich auch eine unheimliche Anstrengung gegenüber. Auch das Alleinsein ist nicht so ohne. Man kommt sich doch ganz schön isoliert von allem vor. Schlafen ist so lala. Ich bin nicht total übermüdet, aber auch nicht ausgeschlafen oder ausgeruht. Ich glaube, das eigentlich Schöne an so einer Sache ist, dass man eben auch weiß, dass man es geschafft hat. Das ist die erste Herausforderung – es durchzustehen und zu schaffen.«

Ganz schön ernste Worte so früh am Tag. Aber besser kann ich es gerade nicht formulieren. Der vierte Tag auf See ist mein neuer persönlicher Rekord in Sachen Nonstopfahrt. Für manch einen Salzbuckel sicher eine geradezu lächerliche Zeitspanne. Mich erfüllt das trotzdem mit ein wenig Stolz und Genugtuung. Gleichwohl spüre ich heute zum ersten Mal, was es wirklich bedeutet, allein, lange und auf hoher See unterwegs zu sein. Mein Fuß ähnelt mittlerweile immer mehr einer heißen Fleischwurst. Die Schwellung hat jetzt fast den ganzen Fuß erfasst. Wäre er gelb, könnte man fast glauben, Homer Simpson vor sich zu haben. Dafür wird das Wetter aber wenigstens etwas wärmer, denn die Hälfte der Strecke nach Las Palmas de Gran Canaria ist bereits geschafft. In etwa 60 bis 70 Stunden sollte ich Land sehen. Bis dahin versorgt mich Rasmus allerdings weiterhin mit ordentlich Wind und hohen Wellen. Für CARPE und mich als Langfahrtneulinge eine echte Kraftprobe.

Gegen Abend kommt es dann seit Tagen zur ersten Begegnung mit einem anderen Schiff. Gesehen habe ich es zunächst nicht, denn der hohe Seegang beschränkt die Sicht auf gerade einmal zwei bis drei Seemeilen. Nur der schrille Alarmton des AIS deutet auf eine bevorstehende Annäherung hin. Als ich die Schiffsinformationen am Laptop studiere, staune ich nicht schlecht. Nicht etwa ein Tanker oder Frachter kreuzt da meine Kurslinie, nein, es handelt sich tatsächlich um ein Sportboot namens AKULA. Augenblicke später kratzt es im Funk:

»Sailing Vessel, Sailing Vessel, Sailing Vessel ... this is Akula. Over.«

»Das gibt's ja nicht!«, denke ich und überlege noch kurz, ob die wirklich mich meinen. Es gibt nur einen Weg, das festzustellen, und so nehme ich das Mikrofon zur Hand und antworte:

»Akula, Akula, Akula ... this is Sailing Vessel CARPE DIEM. Over.«

Und tatsächlich, der Funkruf galt mir. Via UKW meldet sich der Skipper des in Gibraltar registrierten Motorboots. Ich erfahre, dass die niederländische Crew die Yacht gerade für den Eigner in die Karibik überführt. Ziel der Reise ist die ebenfalls holländische Antilleninsel St. Maarten. Nur elf Tage würde die Reise bei den gegenwärtigen Bedingungen dauern. »Elf Tage«, denke ich und erwäge ganz kurz, zu fragen, ob mich die Holländer vielleicht in Schlepp nehmen. Dann geht es um meine Pläne und natürlich das Wetter. Großartig ändern sollen sich die Verhältnisse laut Auskunft des Kapitäns nicht. Das hatte sich auch in meinen eigenen Wetterdaten schon so angedeutet. Mit gegenseitigen guten Wünschen beenden wir schließlich das kurze Gespräch. Das war doch wirklich nett. Ich quassle zwar den ganzen Tag mit mir selbst und CARPE, ein echter zwischenmenschlicher Kontakt ist aber doch was anderes. Tut irgendwie gut, macht Mut und gibt neue Kraft. Ich bin doch nicht ganz allein hier draußen.

30. November 2012, fünfter Seetag

»Oh Mann«, murre ich am Navitisch. Es ist fünf Uhr morgens, und ich habe bis jetzt kaum geschlafen. Die allgegenwärtige Geräuschkulisse in CARPES Bauch geht mir gerade ganz schön auf die Nerven. Draußen hat es zu regnen angefangen, und der Wind erreicht in heftigen Böen deutlich über 30 Knoten. Einmal mehr muss ich in stockfinsterer Nacht hinaus und das Vorsegel reffen. Eigentlich hätte ich auch jetzt den Spinnakerbaum etwas steiler stellen müssen. Aber ehrlich gesagt habe ich mich nicht aufs Vordeck getraut. Zu hoch sind die Wellen, die CARPE und mich im Dauerwaschgang durchschütteln. Ich will nur hoffen, dass der Baum am Vorsegel das mitmacht.

8.04 Uhr. Die letzten zwei Stunden habe ich einen weiteren Schlafversuch gestartet und mich dazu in die schaukelnde Achterkoje gelegt. Und tatsächlich, ich schlafe ein, bis ich von einem lauten Rauschen geweckt werde. Noch ziemlich schlaftrunken versuche ich festzustellen, woher das Geräusch kommt. »Oh nein, das Kojenfenster zum Cockpit steht offen«, stelle ich fest. Eigentlich wollte ich die Luke nur kurz öffnen, um etwas frische Luft in meiner engen Schlafhöhle zu ergattern. Darüber muss ich wohl eingenickt sein. Das merkwürdige Rauschen wird immer lauter, und schnell ist klar, dass da etwas von hinten anrollt. Mit einem lauten Schlag und einer plötzlichen Bewegung trifft uns eine achterliche Welle. Das gesamte Cockpit wird in Sekunden geflutet, und instinktiv schlage ich mit der linken Hand gegen das Fenster schräg über mir. Doch zu spät. Als die kleine Kunststoffscheibe schließt, sind bereits die ersten zehn Liter Salzwasser eingedrungen, und von jetzt auf gleich ist alles pitschnass. Wenige Augenblicke später sitze ich erneut am Kartentisch. Im Salon ist alles trocken geblieben, da ich das Schott am Niedergang vorsichtshalber geschlossen hatte. Draußen beginnt es langsam zu dämmern, und das diffuse Licht gibt nach der engen Nacht den Blick erneut frei. Nach einem kurzen Rundumblick decke ich die besonders nassen Stellen meiner Schlafstätte ab und lege mich wieder hin. So langsam könnte ich mal ankommen.

Bis zum frühen Nachmittag bleibt der Tag, wie er begonnen hat. Windstärke sechs, Schauer, Riesenwellen, ungemütlich. Ins Ölzeug gepackt sitze ich im Cockpit. Trotz der nassen Koje habe ich heute Vormittag doch tatsächlich noch etwas Schlaf gefunden. Dennoch brummt mir der Schädel, und die Ungeduld wegen des bevorstehenden Landfalls wächst. Gegen 16 Uhr ist der Regen dann plötzlich vorbei, und auch der Wind schaltet einen Gang zurück. Für einen Moment kann ich sogar die klammen Regensachen ausziehen und nur mit Jogginghose und T-Shirt auf dem Vorschiff sitzen. Doch das Vergnügen ist nur kurz. Am Abend kehren Starkwind und Nässe zurück, und ich verziehe mich wieder unter Deck.

Die voraussichtlich letzte Nacht auf See hat es dann noch einmal in sich. Am späten Abend fällt der Luftdruck plötzlich innerhalb von zwei Stunden um drei Hektopascal. Entsprechend kachelig ist der Wind, der nun mit Böen bis zu sieben Beaufort und regelmäßigen Schauern bläst. Boot und Skipper sehen mittlerweile nach nur sechs Tagen auf See aus, als ob sie bereits eine erste Weltumrundung hinter sich hätten. In der Pantry klappert dreckiges Geschirr, meine Frisur ähnelt eher einem Helm und der Salon sieht aus wie ein Altkleiderbasar. Im Geist male ich mir aus, auf Gran Canaria unter einer heißen Dusche zu überwintern.

1. Dezember 2012, sechster Seetag

Heute soll es passieren, Landfall! Nach dieser weiteren unruhigen Nacht checke ich morgens um halb sieben gähnend meine Position. Auf der elektronischen Seekarte sind die Kanaren jetzt zum Greifen nah, denn die Distanz bis zum Hafen von Las Palmas beträgt nur noch 45 Seemeilen. Bleiben die Bedingungen wie jetzt, bedeutet das noch einmal sieben bis acht Stunden Fahrt, bevor ich es endlich geschafft habe.

Die voraussichtlich letzten Stunden auf See ziehen sich wie Kaugummi. Alle paar Minuten schaue ich auf die Karte und prüfe den Horizont nach irgendwelchen Landmarken. Nichts ist zu sehen. »Na ja, bei der Entfernung ist das nicht wirklich ungewöhnlich«, beruhige ich mich ein ums andere Mal. Um neun Uhr funke ich auf gut Glück Las Palmas Traffic an und warte. Keine Antwort. Noch einmal wiederhole ich meinen Funkruf. Dann plötzlich eine verrauschte Antwort.

»Ca ... e ... iem ... arpe ... D ..m ... thi ..s ... as ... almas ... rt ... ontro...«

Mehr ist erst mal nicht zu verstehen. Ich versuche es noch einmal. Dieses Mal ist die Antwort deutlicher, und ein Mitarbeiter von Las Palmas Port Control erteilt mir kurze Zeit später die Erlaubnis, in den Hafen einzufahren. Das wäre schon mal erledigt.

10.15 Uhr. Jetzt sind es nur noch 20 Seemeilen bis zur Küste. Wieder hänge ich ungeduldig auf der Sprayhood und halte angestrengt Ausguck. Noch immer ist nichts zu sehen. Der Horizont ist ein einziges graues Band. Davor rollen die nach wie vor hohen Wellen, deren Kämme mit weißen Kappen brechen. Von achtern zieht außerdem eine dunkle Wolkenwand heran. Ich will nur hoffen, dass da so dicht unter Land nicht noch etwas Größeres auf mich zukommt. Wieder unter Deck, lausche ich dem Funkverkehr, der mittlerweile ununterbrochen aus dem Lautsprecher quäkt. Nach den isolierten Tagen auf See fast schon ein bisschen ungewohnt.

11.36 Uhr. »Laaaaand in Sicht!«, überschlägt sich meine Stimme fast vor Freude. Gerade eben habe ich erstmals einen hohen Berg am Horizont ausgemacht. Die Kanaren! Ich bin aufgeregt wie ein kleines Kind vor der Bescherung. Immer mehr Details kann ich nun in der Ferne entdecken. Berge, Hänge, ja sogar einzelne Gebäude. Die Berggipfel der Insel sind wolkenverhangen und wirken so fast ein wenig geheimnisvoll. Die dunkle Wand von achtern kommt derweil immer näher.

13.30 Uhr. Unmittelbar vor der Hafeneinfahrt von Las Palmas haben mich die Wolken eingeholt. Der Wind dreht jetzt noch mal richtig auf. Um so kurz vor dem Ziel nicht noch in Schwierigkeiten zu geraten, berge ich die Segel und schalte den Diesel ein. Die See ist kabbelig und steil. Wild rollend und gierend kämpft sich CARPE so Stück für Stück Richtung Mole. Hinter dem steinernen Bollwerk kann ich neben einigen großen Schiffen auch so etwas wie eine Bohrinsel erkennen. Im großen Vorhafen wird es dann etwas ruhiger. Der böige Wind knallt hier zwar immer noch mit gut fünf Windstärken hinein, dafür sind aber die Wellen von jetzt auf eben verschwunden. Auf der riesigen Wasserfläche vor mir sind einige Jollen unterwegs, die mit den Wetterbedingungen ihre liebe Not haben. Unmittelbar vor mir kentert dann auch noch eines der kleinen Boote. Am Ende geht aber alles gut, und ich muss dem kleinen Skipper keine Hilfe leisten. Gegen 14.30 Uhr habe ich es schließlich geschafft. Am Meldesteiger der Marina mache ich nach circa 800 Seemeilen die Leinen fest.

Las Palmas de Gran Canaria

Der Empfang in Spanien ist zunächst nett, denn am Meldesteiger werde ich sogar schon erwartet. Ein freundlicher deutscher Segler hat meine bisherige Reise im Internet verfolgt und stellt sich nun als Empfangskomitee zur Verfügung. So bekomme ich gar nicht richtig mit, wie ich nach sechs Tagen auf See erstmals wieder festen Boden betrete. Im Büro des Hafenmeisters kann ich dann zum ersten Mal tief durchschnaufen. Vor dem Schreibtisch des Beamten sitzend, spüre ich regelrecht, wie eine innere Anspannung von mir abfällt. Die zurückliegenden Tage waren doch hart. Aber ich habe es geschafft.

Die Einklarierungsprozedur verläuft zügig und routiniert. Danach geht es zu meinem Liegeplatz im Yachthafen von Las Palmas. Wegen des böigen Seitenwinds touchiere ich beim Rückwärtsanlegen meinen Nachbarn ganz leicht mit der achteren Gummilippe. Der meint daraufhin, einen Riesenaufstand samt Versicherungsfall konstruieren zu müssen, und das, obwohl an seinem Boot keinerlei Schaden entstanden ist. Fast könnte man den Eindruck bekommen, er hätte nur auf eine passende Gelegenheit gewartet, um Mittel für die Instandsetzung seines maroden Kahns zu generieren. Aber nicht mir. Nach einer kurzen Diskussion erhalte ich die Erlaubnis, auf sein Boot zu kommen und den »Schaden« zu begutachten. Zwischen all den Schrammen und Beulen entdecke ich dann tatsächlich etwas Gummiabrieb an seinem Rumpf. Einmal mit dem Finger darübergerieben ist die Stelle jedoch wieder völlig schadlos. Der Schwede gibt daraufhin zähneknirschend Ruhe. Freunde werden wir aber trotzdem nicht mehr.

Bevor ich mich genauer umschaue, erfülle ich mir erst mal meinen Traum von einer heißen Dusche. So wohlig wie erhofft verläuft diese allerdings nicht. Denn erstens ist das Wasser nur lauwarm, und zweitens versiegt der dünne Strahl alle vier Sekunden, wenn man nicht unentwegt den passenden Knopf betätigt. Aber egal, ich fühle mich so langsam wieder wie ein echter Mensch. Endlich kann ich auch die langen Hosen und Pullover in den Kojenschrank verbannen. Es ist angenehm warm und die Sonne scheint.

Anders als die meisten übrigen Häfen meiner bisherigen Reise befindet sich die weitläufige Marina von Las Palmas in öffentlicher Hand. Die Liegegebühren sind mit gerade einmal sieben Euro pro Tag für mein Zehnmeterboot sehr günstig. Kein Wunder also, dass im Hafen neben modernen Yachten auch allerlei Exoten und Dauerlieger aus früheren Zeiten zu bewundern sind. An der Außenmole liegt sicher ein Dutzend Megayachten aller Couleur. »Da sind also die ganzen Millionen aus den internationalen Bankenkrisen geblieben«, mutmaße ich. An der Hauptpromenade stehen noch die Aufbauten und Container der ARC. Das etwa 200 Boote umfassende Feld der Atlantic Rallye for Cruisers hat Las Palmas nämlich erst vor wenigen Tagen verlassen. Laut Hafenmeister wurde der Start der Atlantikregatta wegen des starken Winds sogar zweimal verschoben. »Da hab ich ja noch mal Schwein gehabt«, denke ich. Wäre ich nur etwas früher hier angekommen, hätte ich sicher keinen Platz in der Marina bekommen.

Die folgenden Tage verbringe ich hauptsächlich im Hafen. Wenn ich nicht gerade kleinere Arbeiten an CARPE DIEM erledige, knattere ich mich dem Dingi durch das Hafenbecken, wasche Wäsche oder stöbere in den großen Schiffszubehörläden. Abends findet sich die versammelte Seglergemeinde dann meist in der Sailor's Bar ein. Das ist eine kleine Kneipe mit günstiger Cerveza, leckerem Barfood und viel internationaler Stimmung. Hier trifft man auch viele Leute, die auf der Suche nach einer Koje für die Passage in die Karibik sind. Gleich mehrmals am Tag werde ich angesprochen, und mir für den Trip nach Westen Kochkünste, Putzen und musikalische Unterhaltung versprochen. Aber ich will ja bekanntlich allein über den großen Teich, und so lehne ich alle Offerten dankend ab.

Nach einer knappen Woche in der Marina komme ich endlich mal dazu, mir die Altstadt von Las Palmas anzuschauen. Schön ist es hier. Alte Häuserzeilen mit kunstvoll gestalteten Balkonen und Erkern, große Plätze mit Denkmälern, altehrwürdige Kirchen, aber auch moderne Fußgängerzonen und Ladenzeilen wechseln sich ab. Während ich mich so von einer Tapasbar zur nächsten hangle, kann ich im Grunde das erste Mal wirklich abschalten und entspannen. CARPE ist klar, und die Vorräte sind neu aufgefüllt. Wenn da nur nicht mein Fuß wäre. Damit war ich gleich am ersten Tag an Land im Krankenhaus gewesen. Das Röntgenbild bestätigte meinen Verdacht: Gleich zweimal ist der kleine Onkel gebrochen, einmal längs und einmal quer. Viel mehr passiert im Hospital allerdings nicht. Der Zeh wird erneut mit seinem Nachbarn vertapt, und ich erhalte den dringenden Rat, für etwa zwei Wochen Ruhe zu halten. Die mittlerweile doch etwas stärkeren Schmerzen solle ich mit den Tabletten aus meiner Reiseapotheke behandeln.

Medizin & Co.

Ein gut sortierter Medizinkoffer ist auf Langfahrt ein wichtiger Ausrüstungsgegenstand, gerade wenn man allein unterwegs ist. Denn Verletzungsrisiken lauern auf einem schwankenden Boot sprichwörtlich an jeder Ecke. Von Seekrankheit oder möglichen Infektionen mal ganz abgesehen. Wilfried Erdmann hat sich vor einem seiner Törns sogar vorsorglich den Blinddarm entfernen lassen. So weit wollte ich dann aber doch nicht gehen. Erstens hatte ich ja keine Nonstopweltumsegelung geplant, und zweitens mag ich meinen Blinddarm. Irgendwie.

Wo und wie sollte ich aber nur in Erfahrung bringen, welche Medikamente und Utensilien man auf einer Segelreise benötigt? Im Internet fand ich schließlich eine Liste mit den gültigen Vorgaben für die Handelsschifffahrt. Zusätzlich besorgte ich mir einen Fragebogen für die sogenannte funkärztliche Beratung. Das ist eine Art Anleitung für die medizinische Betreuung via Sprechfunk oder Telefon. Ein besonderer Glücksfall war mein Freund Dirk, der in Koblenz eine Apotheke betreibt und mich umfassend versorgt und informiert hat. Segelkamerad Thomas rundete die Beratung dann als Unfallchirurg ab. Nach und nach entstand so ein großer Haufen an Medikamenten, Verbandsmaterialien, Kühlpacks, Sprays und Schienen für Knochenbrüche. Sogar einige Spritzen zur lokalen Betäubung und ein Set für Wundnähte befanden sich darunter. Hauptsächlich bestand die Ausrüstung allerdings aus Schmerztabletten in diversen Ausführungen und Stärken, Antibiotika, Desinfektionsmittel, Mull und Pflaster sowie Arzneien gegen Durchfall, Mückenstiche oder zu viel Sonne. Da kam dann doch mehr zusammen, als ich anfangs für möglich gehalten hätte. Am Ende war es ein stattlicher Alukoffer, der eigentlich für lädierte Fußballer gedacht war und mir freundlicherweise von Dirk gesponsert wurde.

Fluchtpunkt Cabo Verde
Dezember 2012

Erstens kommt es anders und zweitens als man denkt

Es ist so weit. Nach über einem Jahr intensiver Vorbereitungen, vielen schönen, aber auch schweren Etappen gen Süden will ich den Atlantik überqueren. Ziel ist die Karibikinsel Barbados in circa 2700 Seemeilen Entfernung. Der alten Seglerweisheit entsprechend soll es zunächst für gut 800 Seemeilen nach Süden gehen, bis die Butter schmilzt. Auf Höhe der Kapverden will ich dann rechts abbiegen, um anschließend mit zunächst südwestlichem und später westlichem Kurs Richtung Karibik zu laufen. Wenn alles gut geht, sollte ich die Strecke in etwa 20 bis 23 Seetagen schaffen. Angesichts dessen beschleicht mich ein fast unwirkliches Gefühl.

Die Nacht war erwartungsgemäß mit wenig Schlaf gesegnet. Zu viele Gedanken rasen durch meinen Kopf. Auf meiner Internetseite schreibt jemand: »Die Gefühle fahren Achterbahn.« Das trifft es eigentlich ganz gut. Eben noch euphorisch und guten Muts, steigen im nächsten Augenblick Angst und Besorgnis in mir auf. Aber vielleicht ist es genau das, was ich gesucht habe. Starke, intensive Gefühle. Freude und Ängste. Hochstimmung und Zweifel. Ungeduld und Unsicherheit. Einhandweltumsegler Uwe Röttgering umschrieb diesen Mix einmal mit der Erkenntnis: »... nur wer etwas wagt, spürt, dass er lebt.« So weit würde ich vielleicht nicht gehen, denn ich hatte vor meiner Reise nicht das Gefühl, als lebloser Zombie durch die Welt zu wandern. Ein Stück weit kann ich Röttgerings Worte aber dennoch nachvollziehen. Denn in der Tat sind es diese Augenblicke, die einen durchlässiger und die Alltagsfilter vergessen machen. Der beste Weg, das Gedankenwirrwarr beiseitezuschieben, ist zu segeln. Also fasse ich mir ein Herz und werfe am Mittag des 10. Dezember die Leinen los und verlasse nach einem kurzen Zwischenstopp an der Tankstelle die Marina von Las Palmas. Im Vorhafen herrscht das übliche Treiben. Niemand nimmt Anteil an diesem für mich so besonderen Moment. Tag eins auf See beginnt ruhig. Kaum ein Lüftchen geht. Die ersten Stunden meines langen Wegs läuft also der Diesel. Vorbei an der Küste Gran Canarias zeigt meine Kurslinie Richtung Südsüdwest. Erst gegen Abend kommt etwas Wind auf. Mit zum Schmetterling ausgebaumten Segeln geht es in die Nacht. Nach einer Woche als Landratte mit gemütlichem, sorglosem Schlaf am Steg ist die Übernachtung wieder ungewohnt lückenhaft. Zwar verschont mich das AIS, aber in etwa einstündigen Abständen prüfe ich Kurs, Segeltrimm und Umgebung. Der morgendliche Blick in den Spiegel erinnert daher eher an einen Preisboxer nach zwölf Runden Kampf. Gran Canaria ist in der Zwischenzeit am Horizont verschwunden, und der Track auf der Seekarte sieht wie ein im Garten liegen gebliebener Wasserschlauch aus. Zu unbeständig waren in der Nacht die Bedingungen. Gerade wenn der Wind nur schwach bläst und CARPE wenig Fahrt macht, wird es für den Windpiloten immer schwerer, einen genauen Kurs zu halten. Der neue Tag beginnt, wie der alte aufgehört hat. Sonne satt bei gerade einmal zwei bis drei Windstärken. In etwa zwei Seemeilen Entfernung passiert mich vormittags ein großer holländischer Frachter, der laut AIS mit Holzpellets unterwegs ist. »Wo kommen die wohl her?«, überlege ich kurz. Ich dachte eigentlich immer, dass die kleinen Holzwürste irgendwo in Europa hergestellt werden. Nachmittags um drei ist es dann vorbei mit der Segelherrlichkeit. Völlige Flaute. Außerdem ist eben die Warnleuchte für die Spannung meiner Servicebatterien angegangen. Mit der Stromversorgung hatte ich ja schon in der Biskaya so meine Probleme. Damals lag das in erster Linie am leistungsschwachen Windgenerator im

Mast. Seit sich jedoch das neue Windrad am Heck dreht, ist das deutlich besser geworden. Wenn aber kein Wind da ist, nützt einem auch der beste Generator nichts. Trotzdem wundere ich mich, wie schnell die Batterien jetzt ihren Dienst quittieren.

Der Motor röhrt also wieder, während die Segel schlaff im Rigg hängen. Das merkwürdige Tickern im Mast ist immer noch da, obwohl ich in Las Palmas erneut die Wanten nachjustiert habe. Bevor ich mich weiter in das nervige Geräusch hineinsteigere, decke ich die »Kaffeetafel« im Cockpit, die aus einem lauwarmen Pott Pulverkaffee und einer Dose Nusskuchen besteht. Dose? Ja, denn neben den vielen gefriergetrockneten Tütengerichten habe ich auch das eine oder andere süße Schmankerl an Bord. Neben Kuchen in verschiedenen Ausführungen gibt es Vanillepudding mit Kirschen, Haferflocken und Grießbrei. Alles extrem lang haltbar. Fünf Jahre soll beispielsweise das Gebäck essbar sein, das mich als klobiger brauner Klotz aus der geöffneten Dose anstarrt. Und schmecken tut es sogar auch noch. »Mensch, das ist ja wie bei Muttern«, konstatiere ich zufrieden in die Kamera.

Der Abend dämmert, und endlich kommt eine leichte Brise auf. Nur gut, dass CARPE DIEM auch bei schwachen Winden gut zu segeln ist. Das Etmal von gestern auf heute betrug trotz der schleppenden Fahrt vor Gran Canaria noch über 110 Seemeilen. Ich setze die Segel und blicke ins Rigg. Ups, da hängt doch tatsächlich noch die portugiesische Fahne unter der rechten Saling. Die muss ich wohl irgendwie vergessen haben. Gemeckert hat deswegen in Spanien aber niemand. Sowieso glaube ich, dass die Sache mit der Gastlandflagge eher einen symbolischen als praktischen Wert hat. Wechseln tue ich sie jedenfalls auch jetzt nicht. Dazu sollte ich ja noch genug Zeit haben.

Die zweite Nacht auf See plätschert so dahin. Bevor ich in die Koje krieche, telefoniere ich kurz mit Ruth und schaue mir auf dem Laptop eine DVD an. Der etappenweise Schlaf funktioniert dann heute erfreulich gut. Kein Wunder bei den nach wie vor moderaten Verhältnissen. Gerade mal drei Windstärken lassen uns gemächlich und stabil durch die Nacht gleiten. Kein Vergleich zu den schweren Tagen Richtung Kanaren. Ungefähr einmal pro Stunde werde ich von selbst wach. Zur Sicherheit läuft aber auch der elektrische Küchentimer. Die Nacht ist sternenklar und kühl, und über mir spannt sich ein unglaublicher Sternenhimmel. Dank des fehlenden Fremdlichts funkeln dort Abertausende kleine und große Lichtpunkte, dazwischen deutlich erkennbar die Milchstraße, ein schwacher Nebel, der sich wie ein überdimensionierter Kondensstreifen über das Firmament zieht. Einmal kann ich sogar einen Satelliten erkennen, der mit hoher Geschwindigkeit seine Bahnen zieht. Andere Schiffe sehe ich die ganze Nacht keine.

Der 12.12.12. Ein Schnapszahldatum, das so bald nicht wiederkommen wird. Erst in knapp zehn Jahren ist es am 2.2.22 wieder so weit. »Heute wird wohl 'n ganzer Arsch voll Leute heiraten«, stelle ich etwas flapsig fest. Das war's aber auch mit der feierlichen Stimmung. Trotz der ruhigen Nacht und ausreichend Schlaf fühle ich mich heute Morgen matt und erschöpft. Wie bei einer aufziehenden Grippe spüre ich jeden Knochen im Leib, und vieles fällt mir schwer. Offenbar zollen die Anstrengungen der letzten Wochen und Monate nun so langsam ihren Tribut. Meine Gedanken gehen einmal mehr zu Wilfried Erdmann. 343 Tage war er bei seiner letzten Nonstopweltumrundung allein unterwegs. Wie kann ein Mensch das nur aushalten? Ich fühle mich schon am dritten Tag auf See am Limit. »WEICHEI!«, steht in großen Buchstaben im Logbuch. Der Wind frischt nachmittags spürbar auf und dreht auf Nordost. Deutlich früher als erwartet setzt offenbar der Passat ein. Ich berge das Groß und segle nur noch unter Genua weiter.

Der Küchentimer piept schon wieder. Es ist die Nacht auf Donnerstag, mein vierter Seetag. »Och nee«, stöhne ich und drücke die Stopptaste. Merkwürdigerweise piept es noch immer. Noch einmal drücke ich STOPP. »Piep, piep, piep, piep«, erhalte ich als Antwort. Mühsam rapple ich mich in der Koje auf und starre wütend auf das kleine Gerät. Der Countdown bis zum nächsten Weckruf steht bewegungslos bei 00:12:43. So langsam dämmert es mir. Nicht der Timer piept, sondern das AIS. Am Laptop kann ich dann endlich den nervigen Alarmton abstellen. Auf dem Display ist ein anderes Fahrzeug zu erkennen, das in etwa anderthalb Seemeilen Entfernung meine Kurslinie kreuzt. Draußen wird es bereits hell, sodass ich vom Cockpit aus das kleine Boot deutlich am Horizont erkennen kann. »Sieht aus wie 'n Fischerboot«, murmele ich verschlafen. Zurück am Laptop bestätigt sich mein Verdacht. Die O TABA ist ein kleiner, unter spanischer Flagge registrierter Trawler, der, soweit ich das mit bloßem Auge erkennen kann, die besten Tage bereits hinter sich hat und langsam durch die mittlerweile etwas höheren Wellen dümpelt. Bis zur nächsten Küste sind es von hier bereits über 300 Seemeilen. Nicht von schlechten Eltern, diese Fischer.

Die vergangene Nacht war trotz ruhiger See und zwischenzeitlich wieder abflauendem Wind nicht besonders erholsam. Fast die ganze Zeit hatte ich mit Übelkeit zu kämpfen. Vor lauter Angst, in die Koje zu kotzen, habe ich kaum ein Auge zugemacht. Ich fühle mich zittrig und schwach, und das schon am vierten Seetag. »Werde ich vielleicht krank?«, befürchte ich schon. Auch das Alleinsein fällt mir zunehmend schwer. In mir keimen erste Zweifel auf, und der Wunsch nach Land und Menschen wird stündlich größer. Eine Seewasserdusche könnte helfen, mich auf andere Gedanken zu bringen. Also sitze ich schon bald splitternackt auf den Cockpitbänken und schöpfe eine Pütz voll Seewasser. Da das noch ganz schön kalt ist, lässt mich der erste eisige Schwall erschrocken aufheulen. Gewaschen wird sich übrigens mit einem speziellen Shampoo extra für Salzwasser, da ein normales Duschgel hier keinen Schaum bilden und außerdem viel juckendes Salz auf der Haut zurücklassen würde. Mit dem Outdoorshampoo funktioniert das dann ganz gut, auch wenn es ein wenig penetrant riecht.

Die Erfrischung tut gut, verpufft aber im Lauf des Tags zusehends. Ich will nicht zu viel jammern. Aber mir geht es gerade echt nicht so prickelnd. Wirklich zu allem muss ich mich aufraffen und regelrecht zwingen. Nach einer eigentlich alltäglichen Halse liege ich genervt und schnaufend im Salon. Dünnhäutig und gereizt bin ich obendrein. Natürlich könnte ich heroisch darüber hinwegsehen und mir und euch diese doch schwachen Momente nicht eingestehen. Aber das hilft mir auch nicht weiter. Außerdem wäre es schlichtweg unwahr. Die Aussicht auf weitere 2000 Seemeilen und mindestens 17 bis 18 Tage auf See lassen mich gerade etwas schaudern. Hinzu kommt die Angst, mit meinem Vorhaben zu scheitern.

Eigentlich hatte ich mit Ruth verabredet, nur alle zwei, drei Tage anzurufen, um die Kosten für die Satellitengespräche etwas zu begrenzen. Heute Abend wähle ich aber bereits zum dritten Mal ihre Nummer und sitze dann nach dem kurzen Gespräch still da. Durch den Niedergang fällt das Restlicht des Tags in den Salon, und am Rumpf plätschert das vorbeifließende Wasser. Das ansonsten allgegenwärtige Geplapper aus meinem kleinen Weltempfänger habe ich abgedreht. So schön ein Telefonat mit zu Hause auch ist, so hohl und fad fühle ich mich jetzt. Auf der Seekarte prüfe ich ein weiteres Mal meine Position und lasse meinen Blick dabei immer wieder auf die südlich von mir gelegene Inselgruppe der Kapverden wandern. Der Archipel liegt zwar nicht genau auf meiner geplanten Route, wäre aber ohne großen Umweg erreichbar und so die letzte Option für eine Unterbrechung vor der Atlantikquerung. »Noch mal 'ne richtige Pause machen. Einfach mal zwei, drei Wochen gar nichts machen. Dann hab ich vielleicht auch mal wieder richtig Bock auf Segeln«, spreche ich in meine kleine Handkamera. Die Konversation mit der Kamera ist schon seit Wochen ein lieb gewonnenes Ritual geworden. Ursprünglich nur als eine Art elektronisches Tagebuch gedacht, betrachte ich das Gerät mittlerweile als Ersatz für das ansonsten fehlende

Gegenüber. Klingt skurril, hilft aber tatsächlich gegen Einsamkeit und Gedankenchaos.

Der fünfte Seetag beginnt mit dem angekündigten Wind um die 20 Knoten. Die Nacht war wieder ganz okay. Insgesamt fünfmal bin ich aus der Koje geklettert, um meinen seemännischen Pflichten nachzukommen. Nach reiflicher Überlegung ist heute Morgen eine Entscheidung gefallen: Ich werde auf die Kapverden ausweichen. Neben meiner körperlichen und mentalen Erschöpfung ist auch das für Silvester in der Karibik geplante Treffen mit Ruth Grund für meinen Sinneswandel. Denn vermutlich würde ich die noch ausstehende Strecke bis dahin gar nicht schaffen. Es ist ziemlich genau zwölf Uhr, als ich den Generalkurs auf 190° ändere und das Großsegel zur Genua setze. Bis nach Mindelo sind es noch gut 450 Seemeilen. Das sollte in vier Tagen zu schaffen sein.

Mindelo

»Wo sind die Kapverden? Sie müssten eigentlich da sein«, rufe ich hinauf zum Mond. Es ist kurz vor 21 Uhr am achten Tag auf See. Seit einer guten Stunde liege ich abwechselnd rück- und bäuchlings auf dem Vorschiff und halte Ausguck. Ich befinde mich in der Anfahrt zur Kapverdeninsel São Vicente, und laut Seekarte trennen mich noch ungefähr 15 Seemeilen von der Küstenlinie. Zu sehen ist jedoch noch nichts, und das, obwohl ich mich schon längst im Tragweitenbereich der verzeichneten Leuchtfeuer befinde. Schuld daran ist der sogenannte Harmattan, ein kontinentales Windsystem Nordafrikas, das große Mengen Wüstenstaub und -sand aus der Westsahara mit sich führt. Schon den ganzen Tag war der Horizont trotz wolkenlosem Himmel merkwürdig diesig und die Sicht dadurch spürbar eingeschränkt. Das Revierhandbuch verbreitet zusätzlich Angst und Schrecken:

»Wind und Strom stehen günstig, wobei die Winde noch zuverlässiger werden, je weiter man nach Süden kommt [...] Je mehr allerdings der Wind zunimmt, desto schlechter wird die Sicht. Das liegt am Harmattan [...], dabei sind der Himmel und der Horizont noch einigermaßen klar [...], aber ein Landfall wird, wenn man keine gute Sicht hat, zum Risiko.«

Auch wenn man in einem unbekannten Revier natürlich sorgfältig und besonders vorsichtig navigieren sollte, ist das etwas viel Panikmache für meinen Geschmack. »Wir fahren da nachts und ohne Karte hin, so wird das zum Risiko!«, witzle ich entsprechend. Aber genauso ist es leider. Zwar findet sich in meiner großen Seekartenkiste auch ein Exemplar des Archipels, dieses ist allerdings nur sehr grob auflösend und bietet wenig Details. Nicht wirklich ideal. Dafür finde ich aber im Revierführer einen Kartenausschnitt, der zumindest die Bucht von Mindelo sowie deren nähere Umgebung zeigt. Die Marina, die sich hier befinden soll, ist leider noch nicht verzeichnet. Kurzerhand mache ich am vermuteten Standort des Hafens einen Kringel und belasse es erst mal dabei.

Die vergangenen drei Seetage hatten ebenfalls die ein oder andere Kapriole auf Lager. Seit meinem Entschluss, auf die Kapverden auszuweichen, habe ich über 400 Seemeilen zurückgelegt. Nach den anfänglich moderaten Wetterverhältnissen brachte der fünfte Seetag zunächst fünf, später konstant sechs Windstärken. Fast fühlte ich mich schon in die Zeit zwischen Portugal und den Kanaren zurückversetzt. Mit Etmalen von durchschnittlich über 130 Seemeilen hüpfte und schlingerte CARPE DIEM rasant durch die aufgewühlte See. Gleiches galt für meine Gefühlswelt. Auch wenn die Entscheidung zum Zwischenstopp den inneren Druck deutlich reduziert hatte, war ich einmal oben, einmal unten. Tag sechs brachte dann eine unangenehme Überraschung. Während einer routinemäßigen Bilgenkontrolle fand ich nämlich jede Menge Seewasser. Sicher zehn bis 20 Liter Salzwasser schwappten da im tiefsten Punkt des Boots. Das war natürlich schlecht, und entsprechend besorgt machte ich mich auf die Suche nach der Ursache. Aber anstatt diese zu finden, stieß ich in der Vorschiffskajüte sogar auf noch mehr Wasser. »Was ist denn hier los?«, schrieb ich ins Logbuch. Zu diesem Zeitpunkt waren es noch knapp 300 Seemeilen bis zum ersehnten Landfall. Letztlich konnte ich die Herkunft der salzigen Brühe nicht wirklich klären. Soweit ich es beurteilen konnte, kam die Flüssigkeit aber nicht von unten. Gut so. Denn eine Leckage im Rumpf wäre ein ziemlicher GAU gewesen. Vielmehr hatte es den Anschein, als ob die stetig überkommenden Seen ihren Weg durch die nicht ganz dichte Rumpf-Decks-Verbindung angetreten hätten, um sich der Schwerkraft gehorchend in der Bilge zu sammeln. Bis auf Weiteres blieb mir nichts anderes übrig, als dem Wassereinbruch mit Aufnehmer und Eimer regelmäßig auf den Leib zu rücken.

Die Nächte verbrachte ich zwischen Koje, Cockpit und Salon pendelnd. War die See zu hoch, schlief ich meist auf den schmalen Salonbänken. Das war zwar eng und unbequem, dafür konnte ich mich dort besser verkeilen, da die achterliche Koje nicht genug Halt bietet, wenn CARPE stark im Seegang rollt. Viel Schlaf fand ich folglich nicht. Angemessen müde und verquollen startete ich in den siebten Seetag. Natürlich gab es auch an diesem Tag ein Problem, denn das AIS funktionierte nicht mehr. Besser gesagt, der Laptop auf dem Kartentisch erkannte den Empfänger nicht. Die letzten Stunden hatte ich also ohne jede Kollisionsverhütung vor mich hin gedöst. Vor ein paar Wochen hätte das noch tiefe Sorgenfalten auf meiner Stirn verursacht. Nun nahm ich die Störung jedoch sehr gelassen zur Kenntnis, denn die Sorgen vor einer nächtlichen Schiffskollision relativieren sich mit fortschreitender Reisedauer doch immer mehr. Zu groß erscheinen die endlosen Weiten des Atlantiks und zu klein die Chancen auf einen tatsächlichen Zusammenstoß. Ohnehin hatte ich seit Tagen keinerlei Fahrzeuge mehr gesehen. »Keine Socke«, heißt das auf Neudeutsch. Nach etwas Gefummel und einigen nicht ganz jugendfreien Flüchen bekam ich das System schließlich wieder in Gang.

Und nun ist immer noch nichts von den Kapverden zu sehen. »Acht Tage unterwegs«, steht da vor mir im Logbuch. Schon wieder eine neue persönliche Bestmarke. Ungeachtet dessen wird die Ungeduld auf den Landfall von Minute zu Minute größer. »Ich will jetzt ankommen«, ergänze ich. Rastlos und aufgeregt suche ich mir immer wieder neue Beschäftigungen, um nicht komplett kirre zu werden. Ich schmiere Brote, spreche mit der Kamera, lese im Revierhandbuch und steige zigfach den Niedergang hoch und runter. Nach zwei Tagen mit ordentlich Wind bis zu sieben Beaufort nimmt die Brise jetzt deutlich ab. Ein wahres Dilemma. Denn natürlich wünsche ich mir für die finalen Seemeilen nach Mindelo schnelle Fahrt und gute Verhältnisse. Auf der anderen Seite wäre es geradezu töricht, bei dieser Sicht sowie ohne vernünftige Karten und Revierkenntnisse mit Volldampf in die Enge zwischen São Vicente und Santo Antão zu rauschen.

23.25 Uhr. Noch ungefähr zehn Seemeilen bis zur Marina. Hoffe ich zumindest. Der Wind ist mittlerweile ganz verschwunden und der kleine Motor an, mit dem wir in der Restwelle des Tags gerade mal drei Knoten Fahrt erreichen. Die noch ausstehenden Seemeilen werden also noch mal zur Geduldsprobe. Damit aber nicht genug, denn gerade eben ist die komplette Navigationsbeleuchtung ausgefallen. Außerdem empfange ich seit einiger Zeit keine GPS-Position mehr. Navigatorisch befinde ich mich also gerade im Blindflug. So wünscht man sich doch eine Anfahrt in ein unbekanntes Revier. Ich bin echt am Limit! Nach einigem Hin und Her bekomme ich wenigstens die Dreifarbenlaterne im Topp wieder in Gang. Navigiert wird zu Fuß auf der Papierkarte und über Kreuzpeilungen der in der Zwischenzeit ganz schwach sichtbaren Leuchtfeuer an der Küstenlinie. Die hektischen Einträge ins Logbuch werden immer undeutlicher. Am Ende des Tags vermerke ich dort nur noch ein kurzes »Es reicht!«.

3.20 Uhr. Der neunte Seetag ist erst ein paar Stunden alt,

als ich mich vorsichtig und ganz langsam in die Bucht von Mindelo taste. Insgesamt neun Stunden hat die Anfahrt letztlich gedauert. Am Ufer erkenne ich ein hell erleuchtetes Hafenterminal. Dahinter zeigen sich schemenhaft Straßen und Gebäude. Ab und an ziehen sogar die Scheinwerfer eines Autos vorbei. Die grellen Strahler des Terminals blenden mich stark. Wende ich meinen Blick wieder auf die Wasserfläche vor mir, sehe ich minutenlang nichts außer konturloser Schwärze. Befeuerte Tonnen oder gar eine Molenbeleuchtung sehe ich nicht. Es bleibt mir also nichts anderes übrig, als mich auf den kleinen Kartenplotter in meiner Hand zu verlassen. Wenigstens empfängt das winzige Gerät jetzt wieder ein verwertbares GPS-Signal. Im inneren Teil der Bucht liegen dann auch noch jede Menge Ankerlieger ohne Ankerlicht. Also ist noch einmal meine volle Konzentration gefragt. Dann plötzlich Stege, Yachten und noch mehr Stege. Ich bin da!

Die Leinen sind gerade fest, da erscheint ein dunkelhäutiger Wachmann, der mir seine Maglite ins Gesicht hält. Wieder sehe ich sekundenlang nur schillernde, pulsierende Flecken. »Welcome, sir. Please fill form«, fordert mich der Uniformierte auf. Ich schaue kurz auf die Uhr und überlege einmal mehr, ob ich hier bei der versteckten Kamera bin. Es ist vier Uhr morgens. Aber als ich frage, ob man den Verwaltungsakt denn nicht am nächsten Morgen erledigen könne, winkt der Aufpasser mit dem Formular und schüttelt den Kopf. Also gut. Im Licht meiner Stirnlampe fülle ich den Zettel krakelig aus. Wirklich viel muss ich nicht eintragen, nur meinen und CARPES Namen, die Nationalität sowie das Ankunftsdatum werden erfragt. Und das hätte nicht bis morgen Zeit gehabt?

Drei Wochen Pause

Die Marina in Mindelo wird von einigen Deutschen betrieben und ist – wenn auch nicht gerade günstig – großzügig und modern angelegt. An den Stegen finden sich jede Menge Segler aus aller Welt, die wie ich einen Zwischenstopp auf ihrem Weg Richtung Karibik eingelegt haben. Gleich nebenan liegt beispielsweise der englische Traditionssegler CHLOE MAY, mit dessen Crew ich mich gleich gut verstehe. An der großen Betonpier, die den Schwimmsteg mit dem Festland verbindet, finden sich das Hafenbüro, die gepflegten Sanitäranlagen und sogar ein Schiffsausrüster. Außerdem schwimmt hier die Floating Bar, der zentrale Treffpunkt für durchreisende Segler, aber auch den einen oder anderen Gestrandeten. Schon morgens um zehn sitzen hier die Ersten vor ihrem Bier. Unter anderem treffe ich hier auch Dave, mit dem mich schon bald eine Freundschaft verbinden soll.

Die ersten Tage an Land nutze ich hauptsächlich zur Erholung. Daneben beschäftigt mich insbesondere die Frage, wie meine Reise weitergehen soll. Die Zweifel darüber, ob ich den langen Schlag nach Westen wirklich schaffen kann und will, sitzen tief. Ich stehe also am Scheideweg. Zur Ablenkung widme ich mich der schon wieder bemerkenswert langen To-do-Liste. Gerade die zuletzt etwas wackelige Bordelektronik treibt mich regelmäßig in den Wahnsinn. Viele der Kabel, Schalter und Lüsterklemmen sind vom Salzwasser hoffnungslos korrodiert und müssen ausgetauscht werden. Auch der FI-Schalter zur Absicherung des Landstroms hat die Flügel gestreckt. Den werde ich hier wohl nicht bekommen. Aber kein Problem. In einigen Tagen will mich nämlich Ruth besuchen kommen, worauf ich mich schon sehr freue. Die Ersatzteilversorgung aus dem kalten Deutschland ist damit bis auf Weiteres gesichert.

Wenn ich also nicht gerade grüble oder schimpfend kopfüber in der Backskiste hänge, erkunde ich Mindelo und Umgebung. Der Sportboothafen ist abgesichert wie Fort Knox. Um richtig an Land zu kommen, muss ich ein massives Stahltor mit Zahlencode passieren. Schon im Hafenbüro hatte man mir den Tipp gegeben, am besten ohne viele Wertsachen in die Stadt zu gehen. Zu hoch sei die Gefahr durch Taschendiebe. »Na, so schlimm wird es schon nicht sein«, denke ich und marschiere los. Das Portemonnaie habe ich trotzdem vorsichtshalber auf CARPE DIEM gelassen und nur die Kreditkarte für den Geldautomaten eingesteckt. Kaum habe ich die Betonpier betreten, werde ich belagert. Gleich drei fliegende Händler preisen mit viel Palaver ihre Waren an. Meist verkaufen die jungen Männer irgendwelchen Schmuck, Sonnenbrillen und kleinere Kunstgegenstände. Daneben betätigen sich die Kaufleute auch als Dienstleister. Egal, was es auch sei, ich könne mich stets vertrauensvoll an sie wenden, und schnelle Hilfe sowie gute Preise seien garantiert. »Okay«, denke ich und frage erst mal nach dem nächsten Geldautomat. Möglicherweise mein erster Fehler, jedenfalls werde ich zum nahen Hafenterminal geschickt. Etwa zehn Minuten Fußweg sind es bis dorthin. Auch hier ist mächtig was los. An der Kaimauer hat ein Frachtschiff festgemacht, das fortwährend immer neue Kisten und Pakete ausspuckt. An Land stehen Dutzende Männer mit Lastkarren und Autos, die offenbar auf ihre Lieferung warten. Natürlich will jeder als Erster seine Waren entgegennehmen, und so ist das Chaos allgegenwärtig.

Der Geldautomat befindet sich in einem kleinen Verschlag des zentralen Hafengebäudes. Die Landeswährung der Kapverden ist der Escudo de Cabo Verde, kurz CVE. Leider habe ich überhaupt keine Ahnung, was die bunten Scheine wert sind. Also hebe ich erst mal nur eine kleine Summe ab und trete wieder hinaus in die beachtliche Hitze. Sofort sind die Händler wieder zur Stelle. Auch ein Bettler zupft von der Seite an meinem T-Shirt. »Puh«, denke ich und versuche, nicht gleich den genervten Mitteleuropäer raushängen zu lassen. Immerhin bin ich hier Gast und die Menschen nur auf der Suche nach einem bescheidenen Einkommen. Die ungewohnte Distanzlosigkeit der Kreolen ist aber trotzdem gewöhnungsbedürftig und anstrengend. Um nicht den ganzen Tag am Terminal zu verbringen, kaufe ich also ein paar kleine Stücke Kunsttinnef und drücke dem Händler 100 Escudos in die Hand. Ich will nur hoffen, dass ich jetzt nicht 100 Euro losgeworden bin.

Nur knapp 500 Meter weiter befinden sich das Immigration Office sowie die Dienststelle der Policia Maritime. Auch diese Information habe ich von einem der anhänglichen Einheimischen erhalten. Eigentlich hätte ich schon längst einklarieren müssen, aber in der hermetisch abgeriegelten Marina habe ich das bislang schlichtweg vertrödelt. Im Immigration Office sitzen zwei uniformierte Beamte, die mir gleich ein Formular samt Kugelschreiber in die Hand drücken. Schnell ist das Papier ausgefüllt, ein neuer Stempel im Reisepass und der Bargeldbestand weiter dezimiert. Jetzt muss ich noch zur Polizei, um auch CARPE DIEM ordnungsgemäß anzumelden. Auf dem Flur der Wache sitzt bereits eine Handvoll anderer Segler, zu denen ich mich geselle und mich neugierig umschaue. An der Wand vor mir hängt ein Porträt von Jorge Carlos Fonseca, dem aktuellen Staatspräsidenten der Kapverden. In insgesamt drei Büros werden die Anliegen der Wassersportler abgefertigt, daher bin auch ich schnell an der Reihe. Wie üblich lege ich dem Polizisten Pass, Schiffspapiere, einen Nachweis über CARPES Versicherung sowie die Durchschrift aus dem Immigration Office vor. Wieder wird viel Papier produziert, und ich werde erneut zur Kasse gebeten. Zu guter Letzt werden meine gesammelten Unterlagen in ein Plastiktütchen gesteckt und verschwinden im Tresor. Nur den Pass erhalte ich zurück. »Äh sorry, I don't get the documents back?«, frage ich ungläubig. »No. You'll get them back when you check out«, bekomme ich zur Antwort. So richtig happy bin ich darüber nicht. Immerhin sind die Bootspapiere der einzige Nachweis dafür, dass CARPE DIEM wirklich mir gehört. Es bleibt mir dennoch nichts anderes übrig, als diese Vorgehensweise zu akzeptieren. Zähneknirschend mache ich mich auf den Weg zurück in die Marina.

»Jetzt erst mal was Kühles trinken«, entscheide ich spontan und setze mich an die Floating Bar. Und wenn ich schon mal da bin, esse ich auch gleich eine Kleinigkeit. Im Grunde besteht die kleine Bar nur aus einer rechteckigen Theke, hinter der einige kichernde Mädels Dienst tun. Eine Küche gibt es nicht. Das Essen wird vielmehr in einer unscheinbaren Ecke des Thekenbereichs auf einem Gartentisch zubereitet. Neben ein paar Schüsseln und Gewürzen steht dort ein alter Campingherd mit gerade einmal zwei Kochflächen. Was die Damen darauf zaubern, ist unglaublich. Leckere kreolische Gerichte mit Fisch, Fleisch und Gemüse. Und das alles für geradezu lächerlich niedrige Preise. »Klasse«, stelle ich zufrieden fest. Daran könnte sich so mancher Gastronom in Deutschland mal ein Beispiel nehmen. Keine riesige Edelstahlküche mit Hightech und trotzdem extrem gut. Als es ans Bezahlen geht, folgt dann die böse Überraschung. Meine Taschen sind leer. Nur die zur Sicherheit tief in meiner Hose verstaute Kreditkarte und etwas Münzgeld ist noch da. Die kurz zuvor am Geldautomat gezogenen Scheine sind allesamt weg. Ich bin völlig perplex. »Hat mir da einer die Taschen ausgeräumt?«, überlege ich krampfhaft. Wenn es wirklich so war, habe ich nichts, aber auch gar nichts davon bemerkt. Unglaublich. Beim Einklarieren hatte ich doch noch alles dabei. Der Rückweg war auch mehr oder weniger reibungslos verlaufen. Nur auf der großen Pier zum Hafen wirbelten die Händler erneut um mich herum. Vielleicht war dort der Übeltäter. Jetzt bin ich tatsächlich froh, dass die Hafenpolizei meine Unterlagen eingesackt hat.

Ruth ist da. Gerade eben ist die Maschine aus Lissabon auf dem kleinen Flughafen von São Vicente gelandet. Nach großem Hallo steigen wir in ein Taxi und fahren zurück nach Mindelo. Eine knappe Woche haben wir nun gemeinsam Zeit. Die zurückliegenden Tage habe ich weiter an CARPE DIEM gewerkelt und Mindelo unsicher gemacht. So langsam kenne ich mich recht gut auf der Insel aus, und auch die Händler erkennen mich bereits von Weitem. Inzwischen lassen mich die Jungs aber in Frieden und konzentrieren sich auf die regelmäßig eintreffenden Neuankömmlinge. Unbehelligt und entspannt kann ich mich so als Fremdenführer für Ruth betätigen und erzähle ihr:

»Mindelo ist ein quirliger bunter Ort, der mitunter an Städte auf Kuba oder in Südamerika erinnert. Mit dem Beginn der Dampfschifffahrt machten die Briten den Hafen 1850 zur Versorgungsstation für Kohle. Ab Mitte des 20. Jahrhunderts sank dann die Bedeutung als Handels- und Versorgungshafen immer weiter. Heute ist Mindelo einer der Hauptanlaufpunkt der seit 1975 autonomen Kapverden für Segler und Kreuzfahrtschiffe auf ihrem Weg durch den Atlantik.«

Die Zweisamkeit mit Ruth tut gut. Wir feiern gemeinsam Silvester, besuchen für zwei Tage die grandiose Nachbarinsel Santo Antão, und auch der Besuch auf der ATLANTIC KESTREL ist ein besonderes Erlebnis. Eines Abends treffen wir in der Stadt sogar auf eine große Parade mit den Blue Sharks, der kapverdischen Fußballnationalmannschaft. Meine Sinnkrise verflüchtigt sich mehr und mehr. 2013 und die Atlantikpassage können kommen. Noch Fragen?

Fragen

Die Reaktionen auf meine Reisepläne schwankten im Wesentlichen zwischen einem ungläubigen »Waaas?«, einem selteneren »Cool!« und Bemerkungen wie »Jetz isser völlig durchgeknallt«. Auch bei den zahlreichen Fragen, die mir während und nach meiner Reise gestellt wurden, zeigte sich eine gewisse Wiederholung. Besonders oft tauchten beispielsweise die Warum-Fragen auf. Warum gleich ein so ein langer Törn? Warum allein? Warum sich so einer Gefahr aussetzen? Und so weiter. Ich hatte ja durchaus mit der einen oder anderen kontroversen Diskussion über mein Vorhaben gerechnet. Diese aber immer wieder gleichen Fragen überraschten mich dann doch. Zugegeben, eine Einhandatlantikumrundung ist für die meisten Menschen und besonders Nichtsegler nur schwer nachvollziehbar. Für mich wäre es jedoch beispielsweise undenkbar, mit einem Gummiband an den Füßen von einer Brücke zu springen oder einen Marathon zu laufen – zumindest aus heutiger Sicht. Die Beweggründe für was auch immer sind eben stets individuell und entziehen sich damit im Grunde jeglicher Diskussion und Bewertung, vorausgesetzt, man handelt eigenverantwortlich und gefährdet keine Dritten. Ich habe mir also irgendwann einen Spaß daraus gemacht, diese Warum-Fragen standardmäßig mit der Gegenfrage »Warum nicht?« zu beantworten. Darauf wussten die meisten keine Erwiderung. Ungeachtet dessen kann ich die grundsätzliche Neugier nach meinen Motiven aber verstehen und will versuchen, die häufigsten Fragen zu beantworten.

Warum gleich über den Atlantik?
Wer sich als Mitteleuropäer mit dem Langfahrtsegeln beschäftigt, landet zwangsläufig immer wieder beim Atlantik und der klassischen Passatroute Richtung Karibik. Alternative Reviere

sind die Nord- und Ostsee sowie das Mittelmeer. Die zuerst genannten Gewässer kannte ich ja nun schon ein wenig, und auch einen Teil des Mittelmeers hatte ich als Segler bereits erkundet. Darüber hinaus habe ich jene Regionen auch auf dem Landweg schon mehrfach bereist. Von einer Langfahrt auf einem Segelschiff erwartete ich irgendwie etwas Neues: neue Länder und Kulturen, lange Etappen in bislang unbekannten Revieren, eine echte Herausforderung. Überhaupt übte der Atlantik gleich zu Beginn meiner Seglerkarriere eine gewisse Faszination und Anziehungskraft auf mich aus. Nicht zuletzt haben sicher auch die zahlreichen Bücher von Wilfried Erdmann ihren Beitrag dazu geleistet. Ich suchte die Weite und das Abenteuer. Einen echten Ozean zu überqueren, schien mir dafür genau das Richtige zu sein.

Warum allein?
Der Wunsch, den Atlantik allein zu überqueren, war im Grunde gleich von Anfang an Teil meines Plans. Das stellte ich gar nicht groß infrage. Die Reise zusammen mit Ruth anzutreten, war aus beruflichen Gründen ohnehin nicht möglich. Zudem war sie von einer möglichen Teilnahme an einer solch langen Fahrt sowieso nicht angetan. Freunde und Bekannte kamen als Begleiter ebenfalls nicht in Betracht. Auch hier fehlte es entweder an der Zeit oder seglerischer Begeisterung. Eine mir bis dato völlig unbekannte Person mit auf Reisen zu nehmen, schied für mich ebenso aus. Ich scheute einfach die unkalkulierbaren Risiken und Probleme, die sich mit einem Unbekannten während einer so langen und mitunter beschwerlichen Zeit auf engem Raum ergeben können. Letztlich ausschlaggebend war allerdings der Wunsch, eine solche Fahrt »wenn schon, dann richtig« zu absolvieren. Und das bedeutete für mich einhand. Was den Umgang mit Einsamkeit und Isolation anging, machte ich mir keine wirklichen Sorgen. Ich bin gern allein und komme gut mit mir aus. Natürlich ist das auf See noch mal eine andere

Sache. Aber wirklich üben kann man das vorher sowieso nicht. Sagen wir also, ich war, was das angeht, optimistisch.

Warum sich so einer Gefahr aussetzen?
Ganz gewiss gehört eine Soloatlantikumrundung zu den eher risikoreicheren Dingen, die man im Leben unternehmen kann. Als wirklich gefährlich oder gar Himmelfahrtskommando würde ich eine solche Reise allerdings nicht bezeichnen. Rein seglerisch fühlte ich mich trotz noch junger Segelkarriere durchaus in der Lage, die Fahrt gut und sicher zu bewältigen. Zusätzlich wollte ich mich auch in technischer und nautischer Hinsicht möglichst umfassend auf den Trip vorbereiten, um so mögliche Risiken und Gefahren zu minimieren.

Ist eine Bavaria 32 überhaupt für so eine Reise geeignet?
Ähnlich wie die Frage nach den Gefahren und Risiken halte ich auch die Frage nach einem geeigneten Boot für relativ. War vor 20 Jahren eine Zehnmeteryacht in den meisten Häfen noch eines der großen Boote, gehört sie heute zu den Zwergen dieses Sports. Gleiches gilt aus meiner Sicht für die vermeintlich notwendigen Voraussetzungen, die ein Boot für eine Atlantiküberquerung zu erfüllen hat. Segelte Wilfried Erdmann Ende der 1960er-Jahre noch mit seiner hölzernen und gerade einmal acht Meter langen KATHENA erfolgreich um die Welt, soll es heute im Idealfall eine unsinkbare Aluminiumyacht im Bereich zwischen 40 und 50 Fuß sein.

Man soll mich aber bitte nicht falsch verstehen. Ich bin sicher keiner dieser Puristen, die am liebsten mit einem Floß samt Angelrute und Petroleumlampe losfahren möchten. Dafür hänge ich dann doch zu sehr an meinem Leben. Ein Mindestmaß an Sicherheit und auch Komfort sollte eine Segelyacht für einen so langen Törn schon bieten. Das gilt auch für die technische Ausrüstung an Bord. Daher sollten schon ein Satellitentelefon oder beispielsweise eine EPIRB sowie eine Rettungsinsel an Bord sein. Im Grunde muss da jeder seinen individuellen Ansprüchen gerecht werden und einen Kompromiss zwischen Budget und Notwendigkeit finden. Absolute Sicherheit wird man sowieso nie erreichen. Im Gegenzug muss man freilich auch nicht von vornherein ein Himmelfahrtskommando planen.

Zurück zu CARPE und der eigentlichen Frage nach ihrer Eignung. CARPE DIEM ist Baujahr 1997 und hat daher noch keines der heute üblichen CE-Zertifikate. Dafür besitzt sie eine Hochseeklassifizierung des Germanischen Lloyd. Von daher war und ist mein Boot für die Hochsee geeignet, wenn auch nicht explizit dafür gebaut. Alles Weitere ist im Wesentlichen Ausrüstung, etwas Umsicht, Wissen sowie ausreichende seemännische Fähigkeiten, die man wirklich realistisch einschätzen sollte.

Was kostet so eine Reise eigentlich? Wie hast du das finanziert?

Eine wichtige und natürlich berechtigte Frage. Denn ohne ausreichendes Budget wird es in der Tat schwer, sich den Traum von einer Atlantikfahrt auf eigenem Kiel zu erfüllen. Glücklicherweise hatte ich in den Jahren vor meinem Aufbruch einiges an Geld sparen können. So war ich nicht auf die Hilfe von Gönnern oder Sponsoren angewiesen. Ohnehin hatte ich, was das angeht, kein so glückliches Händchen. Natürlich habe auch ich versucht, den einen oder anderen Förderer an Land zu ziehen. Bis auf ein paar wenige, die mir über vergünstigte Einkaufskonditionen entgegenkamen oder mal hier und da eine Kleinigkeit spendierten, erntete ich aber hauptsächlich Absagen. Damals fand ich das natürlich enttäuschend. Wollte ich doch in die Fußstapfen bekannter Langfahrtsegler treten und fühlte mich insgeheim schon als neuer Segelheld. Heute bin ich fast dankbar, dass ich meine Reise unabhängig durchführen konnte, ohne Rücksicht auf die Interessen etwaiger Sponsoren nehmen zu müssen. Ich glaube, das macht einen doch ein Stück freier. Denn vielleicht ist man andersherum geradezu dazu verdammt, dass es gelingt. So konnte ich meine Schwäche- und Zweifelphasen ganz mit mir allein ausfechten und entscheiden.

Die Kosten einer solchen Reise im Detail aufzulisten, macht wenig Sinn. Zu individuell sind die persönlichen Vorstellungen von der Reiseart und der Ausrüstung. Setzt der eine auf Askese und fängt sich abends lieber ankernd einen Fisch, will der andere gern in Häfen liegen und auch mal in ein Restaurant gehen. Will Peter lieber die neueste Technik an Bord haben, vertraut Paul auf Altbewährtes und Gebrauchtes. Ich selbst habe bei der Ausrüstung keine großen Kompromisse gemacht. Was aus meiner Sicht nötig war, wurde gekauft, und das in der Regel neu. Hinzu kam, dass ich mangels handwerklichem Talent und Zeit viele Arbeiten professionell habe erledigen lassen. In der Schiffswerft Laboe wurde so schon mal ein erster Batzen von ungefähr 15 000 Euro fällig. Damit waren allerdings auch die wichtigsten Neuerungen und Aufrüstungen am Boot erledigt. Beispielhaft seien hier die Selbststeueranlage, neue Batterien, das Ankergeschirr, LED-Leuchten und ein Windgenerator genannt. Hinzu kommt viel Kleinkram, der sich allerdings ganz schön läppert. Auch unterwegs fallen insoweit immer wieder Kosten an. Viel öfter als erwartet, geht irgendwas zu Bruch und muss für Ersatz gesorgt werden. Da ich zudem in regelmäßigen Abständen nach Hause gereist bin, fielen weitere Kosten für Flüge und entsprechende Liegegebühren in Häfen an. Von daher ist mein Budget möglicherweise etwas höher als üblich anzusetzen. Alles in allem würde ich schätzen, dass mich mein Abenteuer gut 40 000 Euro gekostet hat. Das ist zweifellos viel Geld. Dafür war ich aber lange unterwegs und verfüge bis heute über eine umfangreiche und hochwertige Ausrüstung. Teile davon kann man je nach weiterem Bedarf auch wieder verkaufen und so die Kosten zumindest teilweise reduzieren.

Wie hast du dir die Zeit für die Reise verschafft?
Seit 2000 arbeite ich als selbstständiger IT-Dienstleister. Zuvor war ich über 15 Jahre Angestellter bei einem Versicherungsunternehmen. Meine Selbstständigkeit hat mir die Möglichkeit einer beruflichen Auszeit verschafft. Ich habe also meine Firma für die Dauer des Törns mehr oder weniger auf Eis gelegt und nur während der kurzen Heimataufenthalte Termine wahrgenommen. Das war nicht ganz ohne Risiko, denn seither versuche ich, das Geschäft neu zu beleben, was nicht ganz einfach ist.

Hattest du zwischendurch auch mal Angst?
Ja, hatte ich. Wobei ich da ganz gern zwischen allgemeinen Befürchtungen und konkreter Angst unterscheiden möchte. Irgendwelche Sorgen macht man sich eigentlich die ganze Zeit. Hält dieses oder jenes, bleibt das Wetter gut, kollidiere ich mit irgendetwas. Aber das ist nicht weiter schlimm. Im Gegenteil. Ich glaube, das hält die Aufmerksamkeit wach und lässt einen nicht fahrlässig werden. Richtig Schiss hatte ich vielleicht in zwei, drei Situationen. Ein Gewitter auf hoher See oder die Schlechtwetterphase auf meinem Weg zu den Azoren fallen mir da spontan ein. Ein Sonderfall waren meine akuten Rückenbeschwerden in der Biskaya. Hier hatte ich vor allen Dingen Angst, das Boot nicht selbst zu meinem Zielhafen bringen zu können. Im Großen und Ganzen stellte sich aber mit der Zeit doch eine gewisse Routine und Gelassenheit ein.

Hast du die Reise jemals bereut?
Nein!

Würdest du die Reise noch einmal machen?
Ja, allerdings wohl nicht mehr komplett allein. Ich hatte den Vorsatz und es war auch gut, die Atlantikrunde allein zu machen. Ein ganz besonderes Erlebnis, das mein Leben verändert hat. Auf einer neuen Fahrt wäre es trotzdem schön, jemanden oder

mehrere zum Teilen der schönen, aber auch der unschönen Dinge dabeizuhaben.

Würdest du heute etwas anders machen?
Vielleicht würde ich mir hier und da etwas mehr Zeit nehmen. Teilweise war ich doch etwas zu ungeduldig unterwegs, was letztlich auch zu der Erschöpfung und Motivationskrise Richtung Kapverden geführt hat. Auf jeden Fall würde ich aber mehr Milch und Müsli mitnehmen. :-)

Hat dich die Reise verändert?
Das ist eine Frage, die ich nur schwer beantworten kann. Schenkt man den Menschen in meinem unmittelbaren Umfeld Glauben, ist es so. Was sich auf jeden Fall verändert hat, ist mein Leben. Allein, dass ich gerade hier sitze und dieses Buch schreibe, hatte ich vor noch nicht allzu langer Zeit nicht auf meiner Lebensagenda. Das Segeln ist ein noch zentralerer Punkt meines Lebens geworden. Teilweise lebe ich in der Zwischenzeit sogar davon; sei es durch den Verkauf der Törnfilme oder durch Vorträge und Skipperjobs. Möglicherweise kann ich die Eingangsfrage doch beantworten: Ja, ich bin noch immer der Guido, aber trotzdem ein anderer geworden.

Was hat deine Partnerin zu dem Törn und der langen Abwesenheit gesagt?
Sagen wir es mal so. Mit Ruth habe ich das Glück, eine Frau an meiner Seite zu haben, die mir bei der Verwirklichung dieses persönlichen Traums keine Steine in den Weg gelegt hat. Das heißt aber nicht, dass stets nur eitel Sonnenschein geherrscht hat. Natürlich gab es auch bei uns schwere Momente und Situationen. Seien es Abschiede, Sorgen oder einfach das gegenseitige Vermissen. Ich weiß heute, dass ich als Reisender diesbezüglich in der komfortableren Situation war. Von daher noch einmal danke für so viel Kraft und Verständnis, Ruth!

Über den Atlantik
Januar 2013

Morgen soll es also tatsächlich losgehen. Der Atlantik ruft. Gut 2000 Seemeilen will ich zurücklegen und nach ungefähr 18 Tagen den Inselstaat Barbados erreichen. Ruth ist seit ein paar Tagen wieder zu Hause und ich mit letzten Vorbereitungen beschäftigt. Bereits gestern habe ich CARPE von einer dicken Schicht Saharastaub befreit und die Segel nach drei Wochen Pause wieder ausgepackt. Auch ansonsten scheint wieder alles in Ordnung zu sein. Die Navigationslichter brennen, GPS und AIS funktionieren und auch der FI-Schalter ist gewechselt. Heute Morgen war ich dann noch zum Ausklarieren. Über zwei Stunden hat es gedauert, bis ich meine Originaldokumente endlich wieder in den Händen hielt. Ein gutes Gefühl ebenso wie die gespannte Erwartung, die mich erfüllt. Jetzt ist es endlich so weit, ohne Wenn und Aber.

Der letzte Abend in Mindelo ist ruhig und beschaulich, denn die Floating Bar hat heute geschlossen. Schade und gut zugleich. Natürlich wäre es schön gewesen, noch eine Runde zum Abschied auszugeben. Auf der anderen Seite bin ich aber auch froh, als ich allein und ungestört eine abschließende Runde durch den Hafen drehe. Der Ort und seine Menschen werden mir fehlen.

8. Januar 2013, erster Seetag

Nach einer letzten Tasse Kaffee an Land ist der Moment der Wahrheit gekommen. Ich nehme Abschied von Mindelo und all meinen neuen Freunden und Kameraden und werfe um 11.30 Uhr die Leinen los. Ein letztes Mal fülle ich an der Tankstelle meine Dieselreserven auf. Dann bin ich weg.

In der Bucht vor Mindelo bläst es böig aus Nordost. Der Passat fällt hier regelmäßig von den hohen Bergen São Vicentes herab und erreicht spielend sechs bis sieben Windstärken. Die Segel lasse ich also erst mal unten. Unter Maschine geht es vorbei an vielen Ankerliegern hinein in den kapverdischen Schiffsfriedhof. Hier liegen Dutzende Wracks vor Anker, um die sich niemand mehr kümmert. Fast wirkt die Szenerie mit all den verrottenden Fischtrawlern, Fähren und Frachtschiffen romantisch, wenn da nur nicht die Umweltsünden wären. Steht der Wind in die Bucht hinein, treiben immer wieder große Ölteppiche in die Marina, und es stinkt wie in einer Raffinerie. Im Spätsommer kommt es oft noch dicker. Dann ist hier Regenzeit, und das in Sturzbächen abfließende Wasser spült Unmengen von Müll und sogar Tierkadaver ins Meer. Bleibt zu hoffen, dass sich das Umweltbewusstsein künftig verbessert und die Schönheit der Inseln bewahrt wird.

Kurz bevor ich den Canal de São Vicente erreiche, passiert dann der erste Aufreger. Von Backbord nähert sich eine motorende Segelyacht mit hoher Geschwindigkeit. Auf dem Vordeck hantiert eine Dame mit irgendwelchen Leinen. Wer das Boot steuert, kann ich nicht erkennen. Eine Minute später denke ich: »Jetzt wird's langsam eng«, und gebe schon mal etwas mehr Gas. Das andere Schiff hält nach wie vor genau auf meine linke Seite zu. »Ey!«, rufe ich zur Frau mit den Leinen herüber und gebe jetzt Vollgas. Wieder keine Kursänderung oder sonstige Reaktion. Der Gashebel liegt jetzt sprichwörtlich auf dem Tisch, und mein armer Diesel pfeift aus dem letzten Loch. Knapp hinter meinem Heck passiert der Zweimaster schließlich. »Idiot!«, meckere ich, bevor ich die Drehzahl wieder reduziere.

Die Meerenge zwischen Mindelo und Santo Antão verläuft in südwestlicher Richtung, eine klassische Düse für den nordöstlich einfallenden Wind. Ich setze die Genua, arretiere den Windpiloten und lasse CARPE vor Wind und Wellen laufen. Die Brise weht mit gut 20 Knoten, und die achterlichen Wellen erreichen wie aus dem Nichts zwei bis drei Meter Höhe. Die Yacht von der Beinahekollision kommt schon wieder gefährlich auf. Mir geht das einfach nicht in die Rübe. Immer schön nah dran und das, obwohl hier wirklich viel Platz ist. Als ich eine knappe Stunde später den Kanal verlasse, ist der nervige Zeitgenosse endlich in meinem Kielwasser verschwunden. Bei jetzt gemäßigten drei bis vier Windstärken fahren wir in die erste Nacht auf See.

9. Januar 2013, zweiter Seetag

Nach der langen Pause an Land fällt mir das Schlafen wieder schwer. Eigentlich schlummere ich gar nicht. »Ui, da muss ich mich jetzt aber erst mal wieder dran gewöhnen«, schreibe ich morgens ins Logbuch. Der Wind hat in der Nacht immer weiter abgenommen. Gerade mal zwei bis drei Windstärken messe ich. Phasenweise stirbt das laue Lüftchen sogar ganz. »An – aus – an – aus«, ergänze ich in meinem Tagebuch. Weht der Passat, wechselt er außerdem munter die Richtung. Gleich drei Halsen mache ich an diesem Tag, um nicht gleich wieder zurück nach Mindelo zu segeln. Die Fahrt des Schiffs minimiert die gefühlte Stärke des achterlichen Winds zusätzlich. Im Cockpit spüre ich nur eine ganz schwache Luftbewegung. Entsprechend langsam dreht sich der Windgenerator, und das ausgebaumte Vorsegel fällt regelmäßig zusammen. Dann klappert und scheppert es im Rigg, dass es nur so eine Freude ist. Leider kündigen die GRIB-Files auch für die nächsten Tage nur schwache Winde an. Weiter südlich soll es etwas besser sein. Also setze ich meinen Kurs weiter Richtung Südwest ab und notiere mittags als erstes Etmal 113 Seemeilen. Nicht die Welt, aber für die wechselhaften Verhältnisse absolut in Ordnung.

Die Sicht ist immer noch mäßig, denn der Harmattan befördert offenbar nach wie vor Tonne um Tonne Sand und Staub aus Afrika heran. Der Himmel wirkt bläulich fahl, und die Sonne wird von einer Art Heiligenschein umringt. Die Kapverden sind schon lange in der dunstigen Ferne verschwunden. Meine Welt besteht erneut nur noch aus Wasser und ein bisschen CARPE. So wird es vermutlich die nächsten drei Wochen bleiben. Zu Hause ist das keine besonders beeindruckende Zeitspanne, hier auf See und dazu noch allein wird sich das schon anders anfühlen. Bange ist mir trotzdem nicht. Im Gegenteil. Ich freue mich auf das, was da kommt. Mein großes Ziel ist jetzt zum Greifen nah.

Nachmittags zeigt sich rund um CARPE DIEM eine ganze Gruppe Pilotwale. Anders als die fast schon gewohnten Delfine sind diese längst nicht so verspielt und halten sich eher unter Wasser, anstatt übermütig durch die Bugwelle zu springen. Sicher an die 15 Tiere begleiten mich für eine gute Stunde. Wieder sitze ich auf dem Vordeck, rufe und pfeife und versuche, die Säuger mit der Kamera einzufangen. Dabei sehe ich auch erstmals einen Fliegenden Fisch! Um fünf Uhr nachmittags kommt dann mit knappen vier Beaufort endlich etwas Wind auf. Ich will mal hoffen, dass das für die Nacht so bleibt.

10. Januar 2013, dritter Seetag

Na bitte, geht doch. Die ganze Nacht sind wir stabil gesegelt. Ein paar Auftritte an Deck gab es trotzdem, und der blöde Spinnakerbaum hat mich ein paar Mal fast zu Tode erschreckt. Denn um die Genua möglichst weit auszubauen, hatte ich den Teleskopmechanismus des Baums ganz weit auseinandergezogen und festgesetzt. Mitten in der Nacht gab es dann plötzlich einen lauten Schlag, als ich gerade dösend auf den Salonbänken lag. Das laute, metallische Geräusch ging mir sofort durch Mark und Bein. Binnen einer Sekunde saß ich aufrecht, während mir das Herz bis zum Hals schlug. »Wo kam das her?«, überlegte ich krampfhaft. Schon knallte es ein weiteres Mal.

Wenn mich nicht alles täuschte, hämmerte da etwas gegen die Wanten. Die Last der Decksbeschläge wird bei CARPE DIEM über Rod-Stangen in den Rumpf abgeleitet, sodass die zischenden Schläge in ihrem Inneren furchtbar laut waren. Ich schnappte mir die Kopflampe und hechtete an Deck. Dort erkannte ich das Malheur: Die Teleskopverlängerung hatte sich gelöst, und der nun zu kurze Spibaum schwang schlaff am Vorsegel hin und her. Dabei traf er regelmäßig gegen die Verstagung meines Riggs und sorgte für den unangenehmen Laut. Fast erinnerte das Geräusch an die Laserkanonen aus den ersten *Star-Wars*-Filmen. In der Dunkelheit kletterte ich vorsichtig auf das Vordeck und zog den Baum erneut auseinander, bis der kleine Sperrhebel einrastete. Insgesamt drei Mal wiederholte sich dieses Schauspiel während der Nacht. Warum der kleine Sperrknopf immer wieder aus dem Baum sprang, ist mir schleierhaft. Beim dritten Decksbesuch hatte ich dann jedoch die Faxen dicke und umwickelte die Stelle mit ein paar Lagen Panzertape.

Trotz der nächtlichen Unterbrechungen ist meine Schlafperformance heute besser. Um halb zehn schäle ich mich aus der Koje und starte mit Müsli und Kaffee in den Tag. Nach wie vor bläst es mit leichten drei bis vier Beaufort von hinten. CARPE erreicht bei diesen Bedingungen noch ganz respektable vier bis fünf Knoten über Grund, allerdings mit Schützenhilfe des Nordäquatorialstroms, der uns zusätzlich mit bis zu einem Knoten von hinten anschiebt. Dann gibt der Laptop plötzlich einen Warnton von sich. »Low battery!«, steht da auf dem Bildschirm. »Komisch«, denke ich. Eigentlich ist der Computer doch durchgängig ans Bordnetz angeschlossen. Aber genau dort liegt der Hase im Pfeffer: Die Zwölfvoltbuchse tut es nicht mehr. Das ist natürlich schlecht. Immerhin betreibe ich die komplette Navigation über den kleinen Stecker am Navitisch. Im Grunde handelt es sich bei der Stromquelle um nichts anderes als den guten alten Schacht für den Zigarettenanzünder, wie man ihn aus dem Auto kennt. Leider ist die Buchse aber von innen ziemlich korrodiert. Wieder mal eine Folge der allgegenwärtigen Feuchtigkeit. Mit Schraubenzieher und Stromprüfer bewaffnet gehe ich der Sache auf den Grund. »Tatsächlich, kein Saft drauf«, lautet meine fachmännische Diagnose. Gut, dass sich in meinem umfangreichen Ersatzteilfundus auch eine neue Buchse findet. So ist die Energieversorgung eine gute halbe Stunde später wieder hergestellt. Stolz betrachte ich mein Werk, bei dem jedem Elektriker sicher die Haare zu Berge stehen würden. Aber es funktioniert. Überhaupt muss ich sagen, dass ich als nicht gerade begnadeter Handwerker so langsam, aber sicher ein gewisses handwerkliches Geschick entwickle. Das ist nicht zuletzt ein Ergebnis der fortwährend notwendigen Reparaturarbeiten an CARPE DIEM. Überhaupt scheint das eine feste Konstante während einer Langfahrt zu sein. Irgendwas klappt eigentlich immer nicht so, wie es soll.

Den restlichen Tag vergammele ich abwechselnd in Salon und Cockpit. Zwischendurch versuche ich kurz, mit CARPE unter Schmetterling zu segeln. Das will angesichts der doch recht hohen Dünung aber nicht so richtig funktionieren. Zu stark rollt und giert mein kleines Boot und verhindert den notwendigen stabilen Kurs vor dem Wind. Wo die Wellen herkommen, ist mir nicht so ganz klar. Am Wind kann es eigentlich nicht liegen. »Möglicherweise ist ja auf dem Nordatlantik etwas los«, mutmaße ich also. Dann ist meine Aufmerksamkeit an anderer Stelle gefragt. Aus dem Radio quäkt schon den ganzen Tag ein südafrikanischer Sender. Gerade läuft eine Reportage über den bevorstehenden Africa Cup, ein großes Fußballturnier ähnlich der Europa- oder Weltmeisterschaft. Aus dem undeutlichen Geplapper des Moderators kann ich immer wieder ein »Blue Sharks« heraushören. Blue Sharks? Da war doch was. Jetzt wird mir plötzlich klar, warum die lokalen Fußballhelden in Mindelo so gefeiert wurden. Die Kapverden haben es tatsächlich geschafft, sich erstmals für das wichtige Fußballturnier zu qualifizieren. Respekt!

11. Januar 2013, vierter Seetag

Wegen des schwachen Winds um die zwei Beaufort haben die Batterien in der Nacht den Dienst quittiert. So ging es einmal mehr ohne Navigation und AIS durch die Nacht. Trotzdem habe ich in etwa einstündigen Etappen gut und erholsam geschlafen. Um den Batterien wieder etwas Leben einzuhauchen, lasse ich heute Morgen für etwa drei Stunden den Diesel laufen. Das mit dem Wind geht mir zunehmend auf die Nerven. Dafür scheint einmal mehr die Sonne, und es ist angenehm warm. Das Etmal liegt mit nur 98 Seemeilen heute erstmals unter der ansonsten üblichen dreistelligen Marke. »Ich glaube, ich hole gleich mal die Wasserski raus«, scherze ich dennoch aus dem Niedergang.

Macht CARPE wenig Fahrt, scheint auch die Zeit langsamer zu vergehen. Meine ursprünglich prognostizierte Reisedauer von ungefähr 18 Tagen habe ich in der Zwischenzeit auf 21 bis 22 Tage nach oben korrigiert. Um trotzdem nicht andauernd auf die Logge zu starren, bastle ich mir nachmittags aus dem Bootshaken und der kleinen GoPro eine U-Cam. Stundenlang fummle und hantiere ich mit der Konstruktion herum, liege bäuchlings auf dem Deck und halte die Stange mit der Kamera immer wieder ins Wasser. Obwohl CARPE nun wirklich nicht rasant unterwegs ist, reißt die Strömung doch ganz schön an meinen lang ausgestreckten Armen. Im Salon begutachte ich anschließend die Aufnahmen auf dem Laptop. So vergeht der Tag, der heute auch noch eine Stunde länger ist. Der Weg nach Westen hat mich nämlich in eine neue Zeitzone geführt, und so stelle ich abends alle Borduhren um eine Stunde zurück. Übermorgen soll übrigens etwas mehr Wind kommen. Ich bin ja mal gespannt.

12. Januar 2013, fünfter Seetag

3.21 Uhr: »Jaaa, es ist etwas Wind gekommen«, jubiliere ich am Kartentisch. Gerade eben bin ich vom Quietschen der Selbststeueranlage geweckt worden und ungelenk aus der Koje gestiegen. Die Brise hat doch tatsächlich auf knapp vier Windstärken zugenommen und auf Ost gedreht. Unser Kurs bewegt sich mittlerweile im Bereich um die 260°. Wenn auch langsam, so geht es also Richtung Karibik.

Als der Morgen aufzieht, ist es schon wieder vorbei mit den guten Segelbedingungen. »Drei Beaufort, Ostnordost, abnehmend«, trage ich ins Logbuch ein. In einem kurzen Anfall von Aberglauben stelle ich außerdem fest, dass heute der 13. Seetag seit den Kanaren ist. An ein böses Omen glaube ich aber nicht. Im Gegenteil. Ich fühle mich pudelwohl. Auch wenn die Zeit manchmal lang ist, bin ich mittlerweile so richtig auf dem Ozean angekommen. Kein Vergleich mehr zu den schweren Etappen Richtung Kanaren und Kapverden. Gerade während der langen und anstrengenden Tage nach Mindelo hatte ich mir doch mehr als einmal die Frage nach Sinn und Zweck meiner Reise gestellt. Davon ist jetzt nichts mehr zu spüren. Meine Euphorie mündet abends gar in einen kulinarischen Exkurs auf See – zumindest für meine Verhältnisse. Heute soll es kein Tütengericht sein. Dafür schnipple ich die letzte verbliebene Salatgurke in Scheiben, hacke eine Zwiebel klein und richte das Ganze mit Essig und Öl zu einem schmackhaften Salat an. Dazu gibt es eine Portion Reis mit Hähnchen und Soße. Zugegeben, Letzteres kommt dann doch aus einer Fertigpackung. Aber das Gefühl, richtig gekocht zu haben, ist da und befriedigend. Ohnehin ist ein funktionierender Bordalltag auf Langfahrt wichtig.

Bordalltag

Alltag ist auf den ersten Blick vielleicht nicht unbedingt ein Begriff, den man mit Urlaub, Abenteuer oder Reise verbindet. Dennoch sind es gerade die eingeschliffenen Rituale und Abläufe, welche die Zeit auf See kürzer und in gewisser Weise auch abwechslungsreicher erscheinen lassen. Gerade dann, wenn man allein unterwegs ist und es naturgemäß an crewbedingter Zerstreuung fehlt. Womöglich ist Alltag auch das falsche Wort. Also besser Rhythmus. Was genau ich damit meine, lässt sich am besten anhand eines typischen Tags auf See beschreiben.

Bereits die Nächte unterliegen bestimmten, immer wiederkehrenden Abläufen. Natürlich geht es nachts in erster Linie ums Schlafen. Wie auch tagsüber sind aber besonders die turnusmäßigen Kontrollen wichtig, zum Beispiel: Stimmt der Kurs? Ist die Umgebung frei? Stehen die Segel richtig? Was machen Wind und Wetter? Je nach Verhältnissen kann das schon mal anstrengend und nervig werden. Gerade wenn man Probleme mit dem ungewohnten Intervallschlafen hat oder beispielsweise das Wetter nicht mitspielt. Von den etwaigen Konsequenzen der vielen Kontrollen mal ganz zu schweigen. Irgendwas ist eigentlich immer zu tun, und nur selten kann man sich schnell wieder in die Koje verziehen. Über zu lange Nächte kann ich mich im Nachhinein jedenfalls nicht beschweren.

Der typische Seetag beginnt für mich zwischen sechs und zehn Uhr. Wann genau ich in den Tag starte, hängt von den aktuellen Gegebenheiten ab. War die Nacht anstrengend und schlaflos, versuche ich, so lange wie möglich zu ruhen und die Akkus aufzuladen. Bin ich fit und ausgeruht, sitze ich auch schon mal um sechs mit einem Kaffee im Cockpit und beobachte den Sonnenaufgang. Was folgt, ist der morgendliche Wasch- und Toilettengang. Es kann gut und gern eine halbe Stunde und länger dauern, bis ich mich wieder aus der engen Nasszelle pelle, um erschöpft, aber froh ans Frühstück zu denken. Die erste Mahlzeit des Tags ist bei mir standardmäßig eine Schüssel Müsli mit Milch. Schnell gemacht, lecker und sättigend. Damit sich nicht bereits nach wenigen Tagen riesige Geschirrberge in der Pantry stapeln, verwende ich übrigens immer dieselbe Schüssel, die ich vor jedem Gebrauch kurz mit Seewasser durchspüle. Gleiches gilt für die Kaffeetasse und meinen Trinkbecher. Oft ist dann bereits Mittag, bis ich mein Morgenprogramm erledigt habe.

Die zweite Hälfte des Tags steht meist im Zeichen navigatorischer Aufgaben, hier und da eines Segelmanövers, Wartungs- und Reparaturarbeiten, manchmal Körperpflege, aber auch Müßiggang. Ich lese viel, schreibe regelmäßig ins Logbuch, lade frische Wetterdaten und mache regelmäßig ein Nickerchen. Wer weiß schon, was da noch kommt und wann sich die nächste Gelegenheit bietet? Das Ganze wird von meinem kleinen Weltempfänger begleitet. Das kleine Gerät ist einer meiner wichtigsten Begleiter auf See. Meist läuft der Kasten von morgens bis abends und versorgt mich mit bisweilen sehr exotischen Klängen, Sportreportagen und Nachrichten. Einen deutschen Sender zu finden, ist dabei sehr schwer. Nur selten gelingt es mir, die Deutsche Welle einzustellen. Clevererweise sendet die aber in Englisch und Chinesisch. Verstehen muss ich das nicht. Besonders, weil ansonsten jedes noch so kleine Land gleich eine Handvoll eigener Stationen mit interessanten und abwechslungsreichen Inhalten anbietet. Ein Sonderfall sind die vielen US-amerikanischen Kirchensender, an denen man einfach nicht vorbeikommt. Scheinbar verfügen diese Anstalten über die mit Abstand stärksten Sender auf der ganzen Welt. Sind BBC und AFN komplett verrauscht, höre ich die immer gleichen Dauerprediger laut und deutlich. Ein weiterer wichtiger Tagesordnungspunkt ist das Filmen. Insgesamt drei kleine Kameras habe ich an Bord verteilt. Egal wo ich gerade bin, ist es so nur ein Handgriff, und ich kann schnell etwas in die Linse sprechen. Neben dem Logbuch will ich damit meine Reise möglichst detailliert dokumentieren sowie meine Gefühle und Erfahrungen konservieren.

Irgendwann neigt sich der Tag seinem Ende entgegen. Oft sitze ich dann im Cockpit und beobachte das sich stetig verändernde Licht. Die Dämmerung auf See ist für mich immer wieder ein besonderer Moment. Außerdem kann man ganz nebenbei prüfen, ob man noch in die richtige Richtung fährt. Geht die Sonne abends vor mir unter, ist alles in Ordnung. Dann wird es schon wieder Zeit, ans Essen zu denken. Tagsüber esse ich nicht wirklich viel. Hier und da mal einen kleinen Snack, vielleicht etwas Süßes oder die aufgewärmten Reste vom Vortag. Abends muss es dann aber doch noch was Richtiges sein. Dementsprechend ist der Zeitaufwand, denn auch die Arbeit in der Pantry ist auf See etwas ganz anderes als an Land.

Bevor ich gegen 22 Uhr in die Federn krieche, schaue ich mir fast jeden Abend noch eine Folge *Breaking Bad* auf dem Laptop an. Die amerikanische Serie über den Werdegang eines spießigen Chemielehrers zum Drogenbaron habe ich mir vorher extra besorgt. Das etwa einstündige Abendkino ist schon auf den ersten längeren Etappen zu einer festen Größe geworden. Während CARPE allein durch die Dunkelheit gleitet, mache ich es mir unter Deck gemütlich, tauche in die bizarre Geschichte ein und fühle mich plötzlich gar nicht mehr allein. Wenn das nicht hilft, bleibt noch der Griff zum Satellitentelefon, mit dem ich alle zwei, drei Tage ein Lebenszeichen nach Hause schicke.

13. Januar 2013, sechster Seetag

Ich bin zufrieden. Schon den zweiten Tag bläst der Wind nun etwas stetiger mit drei bis vier Beaufort. Das aktuelle Etmal ist mit 109 Seemeilen zwar nicht berauschend, aber wenigstens wieder über der neuralgischen Hundertergrenze. Trotzdem hoffe ich für die nächsten Tage auf mehr Wind. Bis zur Karibik sind es nämlich noch gut 1600 Seemeilen, eine Strecke, die mir angesichts der gemächlichen Fahrt gerade unendlich vorkommt. Das Wetter bekommt mehr und mehr tropische Züge. Schon in der Nacht war es schwül und drückend. Ohne Decke und nur mit Unterhose bekleidet habe ich mich unruhig in der Koje hin und her gewälzt. Erst gegen Morgen bin ich für kurze Phasen richtig eingeschlafen. Alles in allem bin ich damit aber happy und fühle mich relativ ausgeruht. Ein Komisches hat der Seeschlaf allerdings: Ich träume das absurdeste Zeug zusammen. Waren es auf den ersten langen Etappen eher Schreckensszenarien über Kollisionen oder ernsthafte Schäden am Boot, sind es jetzt merkwürdige Geschichten mit Protagonisten aus meiner Vergangenheit oder irgendwelchen *Breaking-Bad*-Folgen. Woran das wohl liegt? Vielleicht an dem nach wie vor ungewohnten Rhythmus oder einer latenten Übermüdung, die ich als solche gar nicht wahrnehme? Oder am Schaukeln der Koje, das sich einen Weg in meine Traumwelten bahnt? »Ich weiß es nicht«, schiebe ich den Gedanken am Navitisch beiseite. Dort sitze ich gerade staunend vor dem Laptop. Habe ich seit Tagen gar keine AIS-Signale empfangen, quillt der Bildschirm jetzt vor grünen Schiffssymbolen geradezu über. Insgesamt 15 (!) Schiffe zähle ich. Teilweise stammen die Signale von Booten an der afrikanischen Küste in über 800 Seemeilen Entfernung. »Da stimmt doch was nicht«, brummle ich noch etwas verschlafen. Als ich den Empfänger seinerzeit nachrüsten ließ, sprach der Mechaniker von einer maximalen Reichweite um die 30 Seemeilen. Da liege ich nun ja nur »ganz leicht« drüber. Dennoch scheinen die Signale echt zu sein. Die Positionen sind stetig in Bewegung, und die mitgelieferten Start- und Zielhäfen machen ebenfalls Sinn. Auf jeden Fall ist es besser, zu viele anstatt zu wenige Kontakte mit dem AIS aufzufangen. So ist wenigstens klar, dass die Technik funktioniert.

Auch draußen ist es schwülwarm. Das ganze Boot ist von einem feuchten Schmierfilm überzogen, denn die letzten Reste Saharastaub haben sich überall zu einer unschönen Dreckschicht zusammengefunden. Ein Putzteufel bin ich beileibe nicht, trotzdem geht mir das heute auf den Nerv. Noch immer in Unterhose und mit Pütz und Schrubber in der Hand starte ich also eine groß angelegte Reinigungsaktion. Auf Deck liegen ein paar vertrocknete Fliegende Minifische verstreut. Anscheinend sind diese in der Dunkelheit irgendwie auf CARPE gelandet und haben dort das Zeitliche gesegnet. »Schade«, denke ich und entsorge die kleinen Kadaver ins Meer.

Der Tag zieht sich heute ganz schön. Vielleicht liegt das ja an den Temperaturen. Jedenfalls bin ich nicht böse, als es schließlich dunkel wird und das Thermometer ein paar Grad nach unten geht. Wie üblich sitze ich im Cockpit und löffle das Abendessen. Es gibt mal wieder Nudeln mit einer haarsträubenden Fertigsoße. Dann fliegt plötzlich etwas durch den Lichtkegel meiner Stirnlampe und knallt hinter dem Ruderstand gegen die Reling. Noch die bizarren Träume der letzten Nacht im Kopf, frage ich mich kurz, ob es jetzt schlimmer bei mir wird. Meine Befürchtungen erhalten zusätzlich Auftrieb, als auch die anschließende Suche nach dem Flugobjekt ergebnislos verläuft. Sehr merkwürdig ...

14. Januar 2013, siebter Seetag

»Aha!«, stelle ich beruhigt fest. Doch keine Halluzinationen gehabt. Ich sitze hinterm Steuerrad und halte einen großen Fliegenden Fisch in der Hand. Leider wieder tot. Mit offenem Maul und weit aufgerissenen Augen kann man ihm den Schock noch deutlich ansehen. Offenbar ist der stattliche Kerl gestern Abend auf einem seiner Rundflüge durchs Cockpit gesegelt und auf der anderen Seite gegen die Reling gedonnert. Blöd, dass ich ihn gestern nicht gefunden habe. Dann hätte ich ihn retten und er weiter im Atlantik schwimmen können. Wenn die Fische fliegen, ist das anscheinend auch ein Zeichen für Wind. Satte vier Windstärken aus Ostnordost messe ich heute Morgen. Ich will mal hoffen, dass das jetzt endlich eine stabile Passatwindlage ist und wir bessere Etmale produzieren können. Um vier Uhr nachmittags ist der Wind wieder weg.

»1,8 Knoten ... großartig!«, lautet der abendliche Kommentar in die Tagebuchkamera. Das andauernde Hin und Her mit dem Wind zerrt mächtig an meinen Nerven. Nach zwei Stunden Dauerknattern ist der Diesel wieder aus. Schon gestern Abend musste ich die Maschine kurz anschmeißen, um den erneut schwächelnden Akkus etwas Energie zuzuführen. Auch jetzt zeigt der kleine Batteriemonitor nur schlappe 12,2 Volt an. Kein Wunder bei der unsteten und zudem achterlichen Brise. Der Windgenerator am Heck kommt so einfach nicht richtig in die Gänge. Die neuen Wetterdaten sorgen auch nicht gerade für Erheiterung. Unmittelbar westlich von mir liegt ein großes Flautefeld. Ich entscheide mich daher auszuweichen und setze Kurs Süd. Bis circa 12° N will ich so fahren, um anschließend wieder auf Westkurs zu gehen.

15. Januar 2013, achter Seetag

Die zweite Woche auf See beginnt mit einer Halse. Die ganze Nacht sind wir auf der Suche nach Wind Richtung Süden abgelaufen. Die Distanz zu meinem Ziel ist damit heute Morgen noch die gleiche wie gestern Abend. Jetzt eiern wir wieder nach Südwesten, was sich zumindest etwas besser anfühlt. Der Himmel ist bereits den zweiten Tag dunstig und wolkenverhangen, laut *Handbuch für den Atlantischen Ozean* oft ein Zeichen für Störungen in der Passatwindzone. In der Hurrikansaison müssten jetzt alle Alarmglocken schrillen. Denn dann bestünden gute Chancen auf einen tropischen Wirbelsturm. Jetzt im Januar bedeutet Störung aber nichts anderes als keinen Passat. Entsprechend lang dehnt sich auch der heutige Tag. »Offenbar kann man es mir nicht recht machen«, gestehe ich. Während der Starkwindtage zwischen Portugal und Las Palmas hätte ich mir nichts sehnlicher als einen ruhigen Tag gewünscht. Hier und jetzt spüre ich zunehmende Ungeduld. Da ist sie wieder, meine alte Abneigung gegen zu wenig Wind. Nur gut, dass ich ausreichend Batterien für mein Radio dabeihabe. Einem ausgedehnten Ausflug in den Äther steht also nichts im Weg. Die Bandbreite der verfügbaren Sender wechselt eigentlich jeden Tag. Heute sind es vorwiegend asiatische Stationen, die verrauscht aus dem kleinen Lautsprecher quengeln. Zum Beispiel der Moderator einer indischen Übertragung, der unfassbar schnell und mit zahllosen rollenden R-Lauten aus seinem viele Tausend Kilometer entfernten Studio palavert. Dann wieder einer der Funkprediger, die unablässig versuchen, einen besseren Menschen aus mir zu machen. Die richtigen Hardcoresender finden sich erst ziemlich am Ende der Frequenzskala. Dort schmettert plötzlich eine offenbar chinesische Sängerin die für europäische Ohren gewöhnungsbedürftige Melodie eines Volkslieds. »Was heißt eigentlich Halse auf Chinesisch?«, überlege ich kurz.

16. Januar 2013, neunter Seetag

Im Westen nichts Neues. So oder ähnlich kann man es beschreiben. Die Nacht war in Ordnung. Unglaublich, wie der Windpilot das Boot bei nur zwei Windstärken und Schleichfahrt problemlos auf Kurs gehalten hat. Lediglich das immer wieder schlagende Vorsegel hat etwas an meiner Geduld genagt. Das heutige Etmal bildet mit nur 81 Seemeilen in den vergangenen 24 Stunden einen neuen Negativrekord. Manchmal erwische ich mich schon dabei, wie ich im Geist meine Proviantvorräte durchgehe und über etwaige Rationierungen nachdenke. Um 13.59 Uhr passiere ich 037,5° W. Damit befinde ich mich in der Zeitzone von Rio de Janeiro. Wenn man bedenkt, dass meine Borduhren ursprünglich mit Fehmarnzeit gestartet sind, gar nicht so schlecht. Dennoch ist die auf der Seekarte markierte Hälfte der Strecke nach wie vor in weiter Ferne und scheint unerreichbar. Die schier endlose Weite des Atlantiks fasziniert mich immer wieder aufs Neue. »Wie das wohl früher war?«, geht mir durch den Kopf. Die Pioniere der Seefahrt hatten sicher mit ganz anderen Problemen zu kämpfen. In einfachsten Verhältnissen lebend, schlecht versorgt und ohne genaue Seekarten waren sie damals unterwegs. Ich stelle mir die Frage, ob gute Seekarten und GPS eher Segen oder Fluch sind. Weiß ich doch immer ganz genau, wo ich gerade bin und wie viele Tage noch auf mich zukommen. Ohne genaue Karten könnte man hingegen rein theoretisch jeden Tag ankommen. Ein interessanter Gedanke.

CARPE sieht nach meinem kürzlichen Putzanfall wieder halbwegs manierlich aus, zumindest für meine Verhältnisse. So manch anderem Segler würde es angesichts des Leinenwirrwarrs in der Plicht und den Klamottenbergen im Salon sicher schaudern. Auch der Skipper zeigt trotz regelmäßiger Salzwasserduschen ein paar kleinere Verschleißerscheinungen. Die Haare stehen wild in alle Richtungen, und mein Bart wird zusehends länger. Mit der Küchenschere sorge ich für Abhilfe, allerdings nur, was die störenden Bartflusen angeht. Vom Rest lasse ich lieber die Finger.

Abends tuckert einmal mehr der Diesel. Die Flügel des Windgenerators stehen bereits seit Stunden mehr oder weniger still und die Batterien erneut vor dem Kollaps. Um den Kraftstoffverbrauch möglichst gering zu halten, dreht die Maschine wieder nur im Standgas. Wir bringen es so auf sage und schreibe zwei Knoten Fahrt. Aber wenigstens etwas. Ansonsten würden wir nämlich schlichtweg stehen und CARPE DIEM in der lang gezogenen Dünung unangenehm rollen. Mit frisch getrimmtem Gesichtshaar sitze ich im Cockpit und schäle Kartoffeln, aus denen nach nur knapp zehn Tagen bereits lange, lilafarbene Keime sprießen. Das Kochwasser besteht zu einem Drittel aus See- sowie zwei Dritteln Süßwasser. Ich hoffe, diese Mischung ist etwas weniger salzig als beim letzten Versuch. Vor ein paar Tagen hatte ich es nämlich mit dem stark salzigen Meerwasser etwas zu gut gemeint und wäre nachts fast verdurstet. Zu den Kartoffeln will ich mir ein Omelett backen. Eier habe ich zwar keine mehr, dafür aber vakuumverpacktes gelbes Volleipulver, das man mit Wasser zu geschlagenem Ei anrühren soll. Dummerweise steht auf der Tüte aber nicht, wie viel Wasser man dafür benötigt. Vorsichtshalber stecke ich also die Nase in den Beutel und schnuppere vorsichtig. Es ist die Hölle. Ein Geruch irgendwo zwischen Legebatterie, Schwefelsäure und Schweißfüßen steigt mir in die Nase, und nur mit Mühe kann ich verhindern, sofort ins Cockpit zu kotzen. »Was ist das denn?«, keuche ich. Eigentlich ist mir der Appetit schon jetzt vergangen. Aber so leicht gebe ich nicht auf. Mit gesundem Augenmaß rühre ich eine Portion aus Wasser und Instant-Ei an und haue das Ganze in die Pfanne. Das Ergebnis ähnelt tatsächlich einem Omelett, das man zwar essen kann ... aber nicht unbedingt muss. Wenigstens der von der Hitze butterweiche Schokoriegel zum Nachtisch erfüllt die Erwartungen und stimmt mich versöhnlich. Aber morgen gibt es mal wieder was aus der Dose ...

Proviant

Segeln geht in gewisser Weise auch durch den Magen, so zumindest meine Erfahrung. Esse ich zu wenig oder unregelmäßig, schwinden schnell die Kräfte, und manchmal droht sogar Seekrankheit. Ernährt man sich außerdem wochenlang nur von Fertigmahlzeiten und Konserven, ist das nicht gut fürs Gemüt und die Stimmung. Trotz nicht gerade professioneller Kochkenntnisse habe ich daher versucht, den Proviant möglichst ausgewogen zu gestalten.

Ein Hauptproblem auf Langfahrt sind die oft nicht idealen Lagerbedingungen für Lebensmittel, sei es wegen mangelnder Kühlung oder der allgegenwärtigen Feuchtigkeit. Also habe ich während meiner Reisevorbereitungen zunächst nach lang haltbaren und tunlichst kühlungsunabhängigen Gaumenfreuden gesucht. Bei gleich mehreren Internetshops habe ich sogenannte Expeditionsverpflegung, Notvorräte und Langzeitnahrung gefunden. Die Produktpalette kennt dabei kaum Grenzen, egal ob gefriergetrocknete Gerichte für die einfache und schnelle Zubereitung mit heißem Wasser, Wurst und Käse aus der Dose, Konservenkuchen, Tütenpudding und sogar komplett fertige Gerichte – es gibt einfach alles. Und das in der Regel zehn und mehr Jahre lang haltbar. Die Grundversorgung war damit schnell gesichert. Ergänzt habe ich das bunte Sammelsurium mit den üblichen Verdächtigen wie Nudeln und Reis in rauen Mengen, Müsli, Zucker, Salz, normalen Konserven, Essig, Öl usw. usw. Unterwegs kamen dann zusätzlich frische Lebensmittel an Bord. Gerade vor den längeren Etappen war das sehr wichtig. Man soll gar nicht glauben, wie sehr ich nach nur wenigen Seetagen anfing, frisches Obst und Gemüse zu vermissen. Dann wurde es Zeit für einen Apfel, eine Orange, etwas Salat oder auch nur eine Möhre. Naturgemäß sind der Lagerung von verderblicher Nahrung aber Grenzen gesetzt. Etwa ein bis maximal zwei Wochen geht das an Bord. Danach wird es schwierig. Dann helfen Dinge wie Dosen- und Trockenobst oder vielleicht mal ein frischer Fisch aus dem Meer. Eine Angelrute samt Fischbestimmmungsbuch hatte ich dafür jedenfalls an Bord. Schokolade und Chips tun es zur Not aber auch.

Zweiter wichtiger Punkt ist natürlich die Trinkwasserversorgung, auf CARPE DIEM und für mich als Alleinsegler allerdings kein großes Problem. Zum einen bietet mein Schiff ausreichend Stauraum, und der Frischwassertank ist mit 170 Litern gut und ausreichend bemessen. Bei der Kalkulation des Wasserbedarfs bin ich von drei Litern pro Tag zum Trinken und weiteren zwei Litern für Kochen, Körperpflege, Reinigung etc. ausgegangen. Die reinen Trinkwasservorräte habe ich stets in 1,5-Liter-Kunststoffflaschen gebunkert. Auf den längsten Schlägen waren das umgerechnet 50 bis 60 Flaschen. Den übrigen Bedarf an Süßwasser habe ich aus CARPES Tank gedeckt. Das war mehr als ausreichend und bot für den Notfall sogar noch eine komfortable Reserve. Auf einen Watermaker oder Ähnliches habe ich daher bewusst verzichtet.

17. Januar 2013, zehnter Seetag

Mitternacht auf dem Atlantik. Anstatt gemütlich in der Koje zu schlummern, sitze ich schon wieder am Kartentisch. Über mir klappert und scheppert das Rigg. »Nichts geht mehr«, habe ich soeben im Logbuch verewigt. Ich befinde mich ziemlich genau in der Mitte des nordatlantischen Ozeans, und es herrscht völlige Flaute. Kein Lüftchen weht. Irgendwie eine merkwürdige Situation. Ungefähr 1000 Seemeilen in alle Richtungen befindet sich nur Wasser. Die nächstgelegene Landmasse wäre jetzt die brasilianische Küste im Süden. Nachdem ich das schlagende Vorsegel samt Spibaum geborgen habe, überlege ich, wie es jetzt weitergehen soll. Treiben lassen oder doch lieber die Maschine einschalten? So oder so wird es mit dem Schlafen schwer werden. Entweder treiben wir bald quer zur nach wie vor langen Dünung und ich rolle munter durch die Koje, oder der röhrende Diesel verhindert süße Träume. Am Ende entscheide ich mich für den Diesel. Vielleicht kann ich so zumindest aus der gröbsten Flaute hinausmotoren. Die restliche Nacht verbringe ich mehr schlecht als recht auf den Bänken im Salon.

Um halb sieben steigt die Sonne müde aus meinem Kielwasser empor. Am Himmel stehen ein paar einzelne Cumuluswölkchen. Die typischen Schönwetterboten haben das zuvor dunstig zugezogene Firmament mittlerweile abgelöst. »Vielleicht kündigt das ja eine bevorstehende Änderung der Windverhältnisse an«, hoffe ich. Passen würde es. Denn auch die neuen GRIB-Files machen Hoffnung auf besseres Segelwetter. Die leicht gekräuselte See erinnert heute Morgen an eine sanfte Hügellandschaft. Ganz langsam rollt die lange Dünung im weichen Morgenlicht heran und hebt uns immer wieder vorsichtig nach oben. Ich muss kurz an zu Hause denken. Dort macht Ruth sich jetzt für einen neuen Arbeitstag fertig. Vielleicht denkt sie ja auch gerade an mich. Die Gedanken an die Heimat erinnern mich an ein Versprechen, das ich vor meiner Abfahrt gegeben habe. Mit einer leeren Wasserflasche schöpfe ich als Mitbringsel für zu Hause etwas Wasser aus der Mitte des Atlantiks. Um den genauen Ort nicht zu vergessen, notiere ich außerdem die Koordinaten im Logbuch: 12°39' N, 038°30' W. Zurück im Cockpit sinniere ich in die Kamera:

»Was ja schon faszinierend ist an so einer Flaute, ist diese Ruhe. Man hört nur Geräusche vom Boot, und ansonsten ist rundherum absolute Stille. Keine anderen Boote zu sehen oder Schiffe. Nichts, noch nicht mal Flugzeuge am Himmel. Ein bisschen Wind wäre trotzdem nicht schlecht.«

12.24 Uhr. »Tadaaah!«, rufe ich im Cockpit sitzend. Es gibt gleich doppelten Grund zur Freude. Vor etwa einer Stunde ist doch tatsächlich etwas Wind aufgekommen, und wir laufen seit einer gefühlten Ewigkeit mal wieder schneller als drei Knoten. Außerdem entdecke ich mittags erstmals ein anderes Schiff am Horizont. Ganze zehn Tage hat es also bis zur ersten Begegnung auf hoher See gebraucht. Das AIS liefert ergänzende Informationen. Das klobige Ungetüm ist ein Frachter unter panamesischer Flagge und pflügt mit unglaublichen 24 Knoten durch den Atlantik. Entsprechend schnell ist der Ozeanriese dann auch aus meinem Sichtfeld verschwunden, und ich bin wieder allein. Wobei, ganz allein stimmt auch nicht. Auch heute Nachmittag besucht mich ein großer weißer Seevogel mit langer Schwanzfeder. Schon in den vergangenen Tagen tauchte der gefiederte Kamerad regelmäßig auf und drehte endlose Runden um CARPE und mich. Offenbar hat es ihm neuerdings der Mast besonders angetan. Immer wieder hält er auf den kreiselnden Verklicker im Topp zu, bremst, schaut und versucht manchmal sogar, darauf zu landen. Das will angesichts des stark pendelnden Riggs allerdings nicht funktionieren. Was folgt, ist ein kurzer, heller Fiepser und nur wenige Minuten später ein weiterer Anflug. Der ideale Zeitvertreib auf See. Über eine Stunde verfolge ich das Schauspiel und mache zahllose Fotos. Dann ist er wieder verschwunden.

18. Januar 2013, elfter Seetag

Wind! So lautet die wichtigste Erkenntnis nach einer unruhigen Nacht. Seit etwa zwei Uhr morgens weht es mit idealen 15 Knoten aus Ost. Die Zeiten von Schwachwind und Flaute sind nun hoffentlich vorbei. Angefangen hatte es mit einem kräftigen Schauer, der mich in der Koje aufhorchen ließ. Seither rauscht CARPE mit weit ausgestellter Genua und ungeahnter Geschwindigkeit gen Westen. Der Himmel ist nach dem kurzen Blauintermezzo von gestern wieder dicht bewölkt, und auch die Schwüle hat weiter zugenommen. Das tropische Klima gewinnt so immer mehr die Oberhand. Auch die achterlich anrollenden Wellen nehmen in der nun stärkeren Brise wieder spürbar an Fahrt auf.

Es ist kurz vor elf Uhr vormittags, als sich von hinten eine dunkle Wolkenwand heranschiebt. In der Ferne haben die Wellen bereits deutlich sichtbare Schaumkronen, ein unverkennbares Indiz für stärkeren Wind. Im *Handbuch für den Atlantischen Ozean* habe ich schon vor einiger Zeit von sogenannten Squalls gelesen. Das sind plötzliche und scharfe Windzunahmen, die oft mit starken Niederschlägen, Gewittern und in bestimmten Breiten sogar Schneeschauern einhergehen. Und genau das ist es, was ich jetzt befürchte. CARPES Vorsegel ist noch immer mit dem Spibaum ausgestellt. Damit wäre ein schnelles und unkompliziertes Reffen der Genua nur schwer möglich. Noch einmal blicke ich nach hinten. Das schwarze Wolkenband kommt schnell näher, ebenso die weißen Kappen der sich immer höher auftürmenden Wellen. Mein Boot wird immer schneller, rollt und giert bereits heftig. Es wird also höchste Zeit, etwas zu unternehmen. Schnell schlüpfe ich in meinen Lifebelt und pieke die Lifeline an Deck ein. Tief gebückt geht es aufs Vorschiff. Dort löse ich den Spinnakerbaum aus seiner Arretierung an der Vorschot, schiebe die Teleskopverlängerung zusammen und schäkle das lange Alugestänge in der Masthalterung ein. Zurück im Cockpit konzentriere ich mich wieder aufs Wetter. Der Wind hat in diesen wenigen Minuten weiter an Stärke gewonnen. Zur Sicherheit löse ich den Windpiloten vom Hauptruder und steuere fortan per Hand. Das habe ich seit Tagen nicht mehr gemacht. Das Gefühl, CARPE nun wieder selbst zu manövrieren und mit intuitiven Steuerbewegungen gegen den zunehmenden Ruderdruck zu arbeiten, ist schon fast ungewohnt. Ein weiterer Blick nach hinten: Das dunkle Wolkenknäuel hat sich ein gutes Stück nach Steuerbord verlagert und setzt zum Überholen an. »Es scheint vorbeizuziehen«, rede ich mit mir selbst. Doch leider liege ich falsch. Nur wenige Augenblicke später erreicht der böige Wind über 30 Knoten. Die Seen rollen jetzt von allen Seiten gleichzeitig an und werden immer unberechenbarer. Wild schlingern wir von einer Seite zur anderen. Daher reffe ich das Vorsegel auf die Hälfte seiner ursprünglichen Größe. Das muss möglichst schnell gehen, um CARPE weiter in Fahrt und damit auf Kurs zu halten. Eine knappe Viertelstunde dauert der wilde Ritt. Dann beruhigen sich die Schauerböen und werden von einem prasselnden Regenguss abgelöst. »Puh«, stöhne ich erleichtert und kupple den Windpiloten wieder ein. Der starke Regen erinnert mich an Szenen aus alten Hollywoodfilmen, in denen schwarz-weißen Anzugträgern mit Trenchcoat wahre Sturzbäche von der Hutkrempe laufen. Wie ein dichter Vorhang glättet der Niederschlag die eben noch kabbeligen Wellen zu einer zäh wogenden Masse, und die Sicht geht binnen Sekunden auf eine geschätzte halbe Seemeile zurück. Aber wenigstens ist der Regen schön warm. Ich nutze also die seltene Gelegenheit und genehmige mir eine spontane Süßwasserdusche. Zwei Stunden später passiert dann das Unfassbare. Bei wolkenlosem Himmel und enormer Hitze verschwindet der Wind erneut nach und nach. Am Abend herrscht dann völlig Flaute. Die Batterien sind auch schon wieder leer. Also lasse ich mich mit eingeschaltetem Diesel und geborgenen Segeln durch die Restwellen des Vormittags treiben. Bis halb fünf morgens geht es so mit klappernden Schoten durch die Nacht. Dann ist es endlich so weit ...

19. Januar 2013, zwölfter Seetag

Mit guten 20 Knoten erfasst uns ein kräftiger Nordostpassat. CARPE DIEM macht einen Satz und rauscht von jetzt auf gleich mit über sechs Knoten Richtung Westen. »Hui«, frohlocke ich am Kartentisch.

Als der Morgen dämmert, sitze ich in der engen Nasszelle und schrubbe meine Zähne. Durch die kleine Luke kann ich dabei den tiefblauen Atlantik beobachten. Mit Wellen bis zu vier Meter Höhe rollt die Dünung jetzt von schräg achtern heran. Auch der Blick ins Kielwasser ist geradezu erhebend. Das kleine Strömungsruder der Selbststeueranlage zieht eine scharfe Furche durchs Wasser, während CARPES Heck in einem festen Rhythmus auf und ab schwingt. Gleiches gilt für die achterliche Aussicht. Sind wir oben, öffnet sich das weite Panorama bis zum Horizont, nur um Sekunden später im Wellental wieder zu verschwinden. Die Logge zeigt nach wie vor stabile 6,5 Knoten Fahrt. Ich bin selig. Auch weil wir heute Vormittag die 1000-Seemeilen-Grenze seit unserem Aufbruch in Mindelo passieren. 1000 Seemeilen … egal, was jetzt auch noch passiert, das kann mir keiner mehr nehmen!

Meine Stimmung ist prächtig. Regelrecht aufgekratzt klettere ich rastlos übers Deck, liege verträumt am Bug, beobachte ganze Kolonien Fliegender Fische und genieße das warme, sonnige Wetter. Nachmittags sitze ich einmal mehr vor dem Radio. Auf BBC World läuft die Übertragung des Fußballspiels zwischen den Kapverden und Südafrika. Die Partie endet torlos. Dennoch freue ich mich zusammen mit den Blue Sharks über dieses respektable Ergebnis gegen die hoch favorisierten Kapbewohner. Der Tag endet mit etwas dänischer Krimilektüre, einem Teller Spaghetti sowie einer weiteren Folge *Breaking Bad*. »Ich bin über den Berg. Ab jetzt geht es bergab«, denke ich zufrieden, als ich um 21 Uhr in die Koje krieche.

20. Januar 2013, 13. Seetag
Die Nächte werden anstrengender. Klar bei dem Seegang. Trotz der beiden Decken, die ich rechts und links in der Koje zu dicken Würsten aufgerollt habe, wippe ich fortwährend auf der Matratze hin und her. Aber ehrlich gesagt ist mir das gerade ziemlich wurscht. Lieber etwas schlechter schlafen und dafür wieder gut und schnell unterwegs sein. Spätestens als ich mittags das aktuelle Etmal notiere, ist die mühsame Nacht vergessen. Über 125 Seemeilen sind wir in den letzten 24 Stunden gesegelt. Wenn es so weiterläuft, bin ich in einer Woche da.

Der Wind hat seit gestern auf angenehme vier Beaufort abgenommen. Anfangs hatte ich schon eine erneute Schwachwindphase befürchtet und insgeheim zwei, drei kleine Stoßgebete zum Himmel geschickt. Scheinbar hat das geholfen. Die Brise bleibt stabil, der Himmel nahezu wolkenlos und mein Stimmungsbarometer oben. Nach dem Experiment mit der Unterwasserkamera befestige ich heute meine kleine GoPro an der Spitze des Spinnakerbaums. Mit gefühlten 200 Meter Panzertape und zwei Dutzend Kabelbindern vertüdle ich das wasserdichte Gehäuse an der Stange. Schließlich will ich das wertvolle Gerät nicht auch noch an den Atlantik verlieren. Erst vorgestern hat sich meine heiß geliebte Maglite mit einem lauten Plumps in etwa 4000 Meter Wassertiefe verabschiedet. So was passiert leider immer wieder und ist anscheinend unvermeidbar. Schon in der Nordsee habe ich ein Hand-GPS verloren, von diversen Sonnenbrillen und Kappen mal ganz zu schweigen. »Wenn man den Ozean oder zumindest manch einen Hafen mal kurzzeitig ablassen könnte, würde da sicher einiges Interessantes zum Vorschein kommen«, überlege ich. Die Perspektive vom Spibaum ist jedenfalls gut. Auch wenn die Szene für den Aufwand letztlich nur sehr kurz ist.

Der 13. Seetag verläuft alles in allem ruhig. Obwohl ich sicher noch eine gute Woche auf See sein werde, spüre ich heute doch so etwas wie Ungeduld in mir aufsteigen. Nicht, dass ich jetzt um jeden Preis besonders schnell ankommen möchte. Die innere Aufregung rührt eher von der Erkenntnis, dass ich es in Kürze wohl tatsächlich geschafft haben werde. Eigentlich zum ersten Mal ist der Gedanke an eine erfolgreiche Atlantiküberquerung nicht mehr diffus und unwirklich, sondern wird immer realer und greifbarer. Ein Mix aus Stolz, Freude, aber auch leichter Ernüchterung erfüllt mich. Was passiert eigentlich, wenn ich es wirklich geschafft habe? Immerhin dreht sich ein Großteil meines Lebens nun schon seit zwei Jahren um diese Fahrt. Was kommt danach? Den Gedanken daran hatte ich bislang immer vor mir hergeschoben. Jetzt drängt er sich allerdings gerade unangenehm auf.

Bevor ich zu sehr ins Grübeln komme, suche ich mir schnell eine neue Ablenkung und stöbere in meiner großen Seekartenkiste. Dort finde ich einen Übersegler von der Mitte des Atlantiks bis zur Karibik. Neugierig schaue ich auf den riesigen Papierbogen, bis mir plötzlich zwei Tonnen ins Auge springen. »Äh, Tonnen?«, murmele ich in meinen Bart. Aber tatsächlich. In relativ überschaubarer Entfernung gibt es zwei Tonnen. Einmal die ODAS 41041 auf knapp 3500 Meter Wassertiefe sowie die ODAS 41040 auf fast 5000 Meter Tiefe. Beides Datensammelstellen der National Oceanic and Atmospheric Administration, kurz NOAA. »Das ist echt der Hammer!«, kommentiere ich fachmännisch und stelle mir vor, wie monströs und schwer allein die Ketten sein müssen, die die Bojen in Position halten. Darüber hinaus muss ich wirklich aufpassen, nicht noch kurz vor dem Ziel mit einer der beiden Stahlkonstruktionen zu kollidieren. Das wäre zwar noch unwahrscheinlicher als ein Sechser im Lotto, aber meine bisherigen Erfahrungen zeigen, dass es gerade auf unendlich anmutenden Wasserflächen oftmals eng werden kann. Um auf Nummer sicher zu gehen, markiere ich jedenfalls beide Positionen groß und deutlich auf der elektronischen Seekarte. Mit Kurs 275° über Grund und gut fünf Knoten auf der Logge verziehe ich mich anschließend in die Koje.

21. Januar 2013, 14. Seetag

Zwei Wochen auf See. Die Tage vergehen in einem festen Rhythmus aus Segelmanövern, Filmen, Lesen, Essen und Schlafen. Daneben führe ich nach wie vor penibel Logbuch. Wind und Wetter haben sich weiter stabilisiert. So geht die Fahrt unvermindert und zügig Richtung Karibik. Durch das noch immer starke Rollen von CARPE DIEM bin ich auch heute Nacht munter durch mein Schlafgemach gepurzelt. Als Folge machten mir heute Morgen sogar leichte Rückenschmerzen zu schaffen. Ich will mal hoffen, dass das nicht schlimmer wird.

Leider ist mein Rückgrat nicht die einzige Baustelle, die sich heute auftut. Als ich mich nachmittags im Cockpit rekle, bemerke ich, dass der Mast des Windgenerators gefährlich hin und her wankt. Die Ursache ist schnell gefunden. Eine der seitlichen Stützstreben hat sich aus der Verankerung an Deck gelöst. Gott sei Dank hat sich die Stange aber sofort am Heckkorb verklemmt und so Schlimmeres verhindert. Ich will mir gar nicht ausmalen, was passiert wäre, wenn der schwere Generator samt drehender Rotoren ins Cockpit gestürzt wäre. Die langen, scharfen Flügel hätten sicher für einige Flurschäden an Mensch und Material gesorgt. Kurzerhand vertäue ich die lose Stütze in ihrer neuen Position am Heckkorb und prüfe anschließend die Konstruktion. Das sollte erst mal halten.

Der absehbare Landfall beschäftigt mich auch heute Abend. Aus dem Radio plärrt ein Sender mit chinesischer Popmusik. Wieder krame ich in der Naviecke nach neuen Karten und den Gastlandflaggen. Ich kann mich noch gut erinnern, als ich die kleinen bunten Wimpel bei einem Hamburger Versandhandel bestellt habe und wenig später andächtig in Händen hielt. Damals wusste ich ziemlich genau, welches Banner zu welchem Land gehört. Daran kann ich mich mittlerweile jedoch ums Verrecken nicht mehr erinnern. Entsprechend blöd schaue ich drein, als ich versuche, die Stander zuzuordnen. »Das müsste Barbados sein«, glaube ich, als ich eine blau-gelb gestreifte Flagge mit schwarzem Dreizack in den Händen halte. Das nächste Exemplar erinnert an das Bordabzeichen des Raumschiffs Enterprise: ein schlankes, aufrecht stehendes Dreieck mit weißen, schwarzen und gelben Elementen auf blauem Grund. »St. Lucia«, entscheide ich. Dann eine wiederum blaue Fahne mit rotem, gelb umrandetem Kreuz. »Sieht ja schon fast ein bisschen skandinavisch aus«, meine ich. Und wirklich, das Tuch gehört zu den finnischen Åland-Inseln. Keine Ahnung, warum ich das gekauft habe.

22. Januar 2013, 15. Seetag

»Oh what a night«, schreibe ich in Anlehnung an den Hit der Four Seasons ins Logbuch. Irgendwie hatte ich heute Nacht Hummeln im Hintern. Zigmal bin ich zwischen Schaukelkoje und Salonbank hin und her gependelt. Wirklich geschlafen habe ich kaum. Entsprechend gerädert starte ich bereits um halb sieben in Tag. Hauptgrund für die schlaflose Nacht war der auffrischende Wind um die 25 Knoten bei zeitgleich enormen Wellen um die fünf Meter. Ein ums andere Mal wurde CARPES Heck plötzlich steil angehoben und legte sich gefährlich auf die Seite. Ein paar Mal befürchtete ich gar, sie würde aus dem Ruder laufen und vor den mächtigen Wasserbergen querschlagen. Die mechanische Steueranlage musste dann all ihr Können aufbieten, um unsere Fahrt wieder zu stabilisieren.

Auch heute Morgen ist die Dünung nicht von schlechten Eltern. Kurz nach dem Aufstehen steigt sogar eine achterliche Welle ins Cockpit ein. Binnen Sekunden ist die komplette Plicht geflutet und Sitzkissen und Leinen triefnass. Nur gut, dass dieses Mal die Luke zu meiner Koje verschlossen war. Trotz nach wie vor guter Stimmung spüre ich so langsam, aber sicher die Anstrengungen der letzten zwei Wochen an allen Ecken und Enden. Blaue Flecken, Hautabschürfungen und das Schlafdefizit haben mich gefühlt um ein paar Jahre altern lassen. Die unentwegt anrollenden Seen lassen zudem das Gefühl einer unendlichen Achterbahnfahrt aufkommen. CARPE scheint's Spaß zu machen. Wie ein übermütiger Welpe wirft sie sich vor den auflaufenden Wellen von einer Seite zur anderen. Als ich am frühen Nachmittag wieder einmal auf dem Vordeck sitze, haut mich eine seitlich überkommende See sogar fast in die Reling. Die juckende Salzkruste auf der Haut kann ich während eines weiteren abendlichen Squalls aber wieder abwaschen. Noch gut 600 Seemeilen bis Barbados.

23. Januar 2013, 16. Seetag

Ein Hammer-Etmal! Fast 140 Seemeilen errechne ich um zwölf Uhr Bordzeit. Der Vormittag hatte bereits einiges zu bieten. Gleich mehrere Schauer sind durchgezogen und haben CARPE und mich regelmäßig geduscht. Überhaupt hat es den Anschein, dass immer häufiger Regengüsse niedergehen, je näher ich der Karibik komme. Abgesehen davon ist der Tag aber ruhig. Einzig der in der hohen See mitunter klackernde Windpilot sorgt zwischendurch für etwas Arbeit. Die Ratsche mit der Nuss für das Strömungsruder lässt sich mittlerweile kaum noch bewegen, so sehr ist sie vom Salzwasser korrodiert. Mit einer ordentlichen Portion WD40 und etwas Geduld bekomme ich das Werkzeug aber wieder in Gang. Kurze Zeit darauf läuft die Windsteueranlage wieder ruhig.

Werkzeug

»Endlich ist mal was kaputtgegangen.« Mit diesem augenzwinkernden Satz dokumentiere ich regelmäßig die immer wieder neuen Arbeitsaufträge im Logbuch. Das Aufgabengebiet ist dabei vielfältig, seien es elektronische oder mechanische Probleme, Maschinenwartung, Computergedöns, Wasser, wo keins sein soll, oder sonstiger Bruch. Man absolviert während einer

Langfahrt quasi so eine Art Schnellausbildung zum Mädchen für alles.

Eigentlich bin ich ja ein ziemlicher Handwerksmuffel. Umso wichtiger ist es, wenigstens halbwegs vernünftiges Werkzeug an Bord zu haben. Dass das ursprünglich an Bord verstaute Aldikitt dafür nicht ausreichend ist, war entsprechend schnell klar. In einer großen und kostspieligen Haruckaktion habe ich also vor meiner Abfahrt den heimischen Baumarkt geplündert. Aber was genau benötigt man eigentlich für eine Langfahrt auf See? Macht es Sinn, teures, wertiges Werkzeug zu kaufen, das nach der Fahrt wahrscheinlich ein Fall für die Tonne ist? Die klare Antwort lautet: »Ja!« Nichts ist nerviger als unpräzise, billige Arbeitsmittel wie die klassische Blutblasenzange oder mangels passender Nuss rundgedrehte Schrauben. Also hier bitte nicht sparen und lieber etwas mehr als nötig kaufen. Gute Schraubenschlüssel mit Maul und Ring, zwei wertige Ratschen mit ausreichend Nüssen, diverse Schraubendreher in verschiedenen Größen, zwei Imbussätze, eine Metallsäge, schwere und leichte Hämmer, Zangen aller Art, gegebenenfalls notwendiges Spezialwerkzeug, Maßband und Zollstock sowie ausreichend Ersatzteile und Reparaturmaterial für alle denkbaren Bereiche seien hier beispielhaft genannt. Besonders oft benutzt man übrigens Dinge, die man so gar nicht auf der Agenda hatte. Als echte Multitalente haben sich bei mir beispielsweise Klebeband in verschiedenen Ausführungen, Kabelbinder, raue Mengen an Schmier-, Dicht- und Klebstoffen, ein Multistromprüfer sowie ein sogenannter Engländer für schnelle, unkomplizierte Schraubereien herauskristallisiert. Auch der an einem flexiblen Schwanenhals montierte Magnet kam auf der Suche nach verschwundenen Schrauben und Muttern regelmäßig zum Einsatz. Maschinen wie den Akkuschrauber oder die Flex habe ich hingegen so gut wie gar nicht gebraucht. In der klammen Backskiste haben die sowieso keine allzu hohe Lebenserwartung.

24. Januar 2013, 17. Seetag

Nach zwei mühsamen Nächten habe ich endlich mal wieder etwas besser geschlafen. Nur einmal war mein Einsatz gefragt, als morgens gegen halb vier eine weitere Schauerzelle mit gut sechs Beaufort durchzog. Die übrige Zeit hat es mit angenehmen drei bis vier Windstärken geblasen, und auch die Wellen waren spürbar zahmer. Das Frühstück fällt heute Morgen spartanisch aus, denn mangels Milch gibt es ab sofort kein Müsli mehr. Den Versuch, die Milch durch Orangensaft zu ersetzen, habe ich zuvor abgebrochen. Für die letzten Tage muss ich mich also auf Schwarzbrot und Wurst aus der Dose beschränken. Das schmeckt halbwegs gut und macht pappsatt. Das grobe Dosenbrot ist außerdem ein echter Enddarmbeschleuniger. Wer also bei Bewegungsmangel Probleme mit der Verdauung bekommt, dem seien die runden, dunklen Scheiben empfohlen.

Eine weitere Abwechslung bietet der Blick nach Steuerbord. Dort zieht erneut ein Frachter vorbei. Fast hätte ich ihn nicht gesehen. Im Gegensatz zum letzten Schiffskontakt vor einer Woche wogt die See nämlich mit geschätzten drei Meter Höhe. Der winzige Punkt am Horizont ist deshalb immer nur für kurze Augenblicke zu sehen. »17 Tage«, denke ich. Habe ich zu Hause schon mal 17 Tage lang niemanden bzw. nur von Weitem jemanden gesehen? Wahrscheinlich nicht, einsam fühle ich mich trotzdem nicht. Möglicherweise ist auch das eine Folge der wachsenden Vorfreude auf meine Ankunft.

Ich genehmige mir noch eine Scheibe Pumpernickel. Hunger habe ich zwar keinen mehr, aber von achtern zieht es schon wieder dunkel heran. Ich befürchte, da kommt der nächste Squall. Also lieber schnell noch etwas futtern – wer weiß, wie sich der Tag entwickelt und wann ich das nächsten Mal Lust aufs Broteschmieren hab. Bevor ich mich in den Salon verhole, fahre ich außerdem noch eine Halse. Alle paar Tage ist dieses Manöver vonnöten, um nicht zu weit vom Idealkurs abzukommen. Wenig später zieht bereits die erste Schauerzelle über uns hinweg. Die schnellen Wetterumschwünge überraschen mich immer wieder aufs Neue. Während ich vor 15 Minuten noch bei Sonnenschein draußen saß, treiben die achterlichen Böen den Regen jetzt bis in die Mitte des Salons. Heute will es Rasmus wohl noch einmal von mir wissen. Insgesamt fünf Squalls mit Starkwind und Regen verzeichne ich für diesen Tag im Logbuch. Erst gegen Abend beruhigt sich das Wetter. Vor dem Schlafengehen stelle ich die Uhr ein letztes Mal um eine Stunde zurück.

25. Januar 2013, 18. Seetag

Die erste Notiz im Logbuch ist wenig seemännisch. »Wo kommt nur die ganze Brühe her?«, steht da. Gemeint sind damit nicht etwa Regen oder Bilgenwasser, sondern vielmehr das, was ich seit Stunden aus dem Bordklo pumpe. Alle Stunde hat mich der Blasendruck geweckt und aus der gemütlichen Koje getrieben. Okay, auch ein Weg, um turnusmäßig wach zu werden. Aber wirklich Spaß macht das nicht, besonders wenn man gar nicht weiß, weshalb und warum.

Der Blick auf den Plotter sorgt für Ablenkung. »Wir sind schon ziemlich nah dran«, stelle ich zufrieden fest. Barbados und CARPE sind jetzt sogar schon bei gezoomter Karte zusammen auf dem Bildschirm zu sehen. War die Karibikinsel bislang immer nur ein kleiner Pixelhaufen, kann man nun schon die genaueren Umrisse des Eilands erkennen. Für die östliche Anfahrt nach Barbados gibt es im Grunde nur zwei Varianten: entweder um die Nord- oder die Südspitze herum auf die Leeseite der Insel. Dort befinden sich zwei bekannte Spots für Wassersportler: im Norden Port Ferdinand, eine laut Revierführer luxuriöse Marina, in der hauptsächlich große Motoryachten festmachen, sowie die Carlisle Bay im Süden. Meine Wahl fällt auf den Naturhafen in der Nähe von Bridgetown. Hier sollen die meisten ankommenden Segler ankern, und auch der kurze

Weg in die Inselhauptstadt klingt verlockend. Die Anfahrt um die Südspitze sollte mich vor keine größeren Probleme stellen. Einzig auf ein flaches Riff mit möglichem Schwell wird hingewiesen. Hält man sich davon frei, kann man schon bald das Ankergeschirr fertigmachen. Trotz der gefühlten Nähe sind es allerdings noch 336 Seemeilen. Grob gerechnet also noch mal drei Tage.

Der Tag ist bullenheiß und zieht sich. Im Salon steht die Luft bei geschätzten 40 °C. Entsprechend mau fallen meine Aktivitäten aus. Meist liege ich im Salon, spiele am Sendersuchlauf des Radios herum und vernichte die letzten Schoko- und Müsliriegel. Erst gegen Abend werden die Temperaturen wieder erträglicher, und ich kann mich für längere Zeit ins Cockpit verholen. Am Himmel steht schon bald ein mächtiger Mond, der ordentlich Licht macht. Die Sonne ist wie üblich kurz zuvor in meiner gedachten Kurslinie versunken. Alles gut.

26. Januar 2013, 19. Seetag

Schon als Kind war ich tendenziell eher ungeduldig. Alles sollte nach Möglichkeit schnell und unkompliziert passieren. Gerade wenn ich mich auf etwas Schönes freute, schien die Zeit besonders langsam zu vergehen, und selbst Minuten waren endlos. Anscheinend wird man manche Eigenschaften nie ganz los. Denn auch jetzt spüre ich diese altbekannte Unruhe. Ich will ankommen! Fast komme ich mir schon idiotisch vor, wenn ich mich ein ums andere Mal auf den Plotter gaffend ertappe. Wenn ich noch zwei Wochen vor mir hätte, wäre ich sicher relaxter.

Mittags überschreiten wir mit einem Etmal von 123 Seemeilen die 2000. Nonstopseemeile seit Mindelo, eine Strecke von über 3700 Kilometern bzw. die ungefähre Distanz zwischen New York und Los Angeles. Nach knapp 19 Seetagen bedeutet das eine Durchschnittsgeschwindigkeit von etwa 8,5 Stundenkilometern. Zahlenspiele ...

Die Hitze macht mich heute ganz schön fertig. Den ganzen Tag quälen mich starke Kopfschmerzen, die auch nach ein paar Tabletten nicht verschwinden wollen. Zu nichts kann ich mich aufraffen und das trotz meiner inneren Unruhe. Die abendliche Dämmerung bringt dann endlich die ersehnte Erlösung. Nur in Unterhose stehe ich an den Wanten und lasse mir den kühlen Abendwind um die Nase wehen. Mit ein paar Kabelbindern befestige ich außerdem schon mal die Einklarierungs- und Gastlandflagge an der rechten Unterwant, denn leider ist die dafür vorgesehene Standerleine vor ein paar Tagen abgerissen.

Tag 19 endet so versöhnlich. Mein Brummschädel wird langsam besser, und ein Teller Ravioli plus kalter Cola wecken neue Lebensgeister. Mit dem Ozean habe ich nun wirklich meinen Frieden gemacht. Vorbei die Zeiten meiner einsamen Kämpfe gegen Selbstzweifel, Tristesse und Erschöpfung. Auch der Atlantik hat mich wohl zwischenzeitlich lieb gewonnen und behandelt mich gut. Ideale Winde und mäßiger Seegang begleiten mich auf dem letzten Stück meiner langen Reise. Vielleicht sehe ich ja morgen Abend schon Land.

27. Januar 2013, 20. Seetag

17.00 Uhr. Aus dem Weltempfänger dudelt Radio Barbados, und zwar nicht mit dem üblichen Mittelwellengerausche, sondern als satter, klarer UKW-Sound. Bis zur Küste sind es noch etwa 60 Seemeilen. Land ist noch keins zu sehen. Das wäre angesichts der Entfernung auch etwas zu viel erwartet. Ohnehin ist Barbados im Gegensatz zu den übrigen Antillen sehr flach. Die höchste Erhebung misst gerade einmal 300 Meter. Von daher wird man die Insel wohl sowieso erst relativ spät sehen können. Leider kommt uns nach einem weiteren drückenden Tropentag heute Nachmittag der Wind immer mehr abhanden. Auch seine ansonsten stabile Richtung pendelt nun munter hin und her. Nach drei Halsen habe ich auf weitere entsprechende Logbucheinträge verzichtet. Insgesamt sind es heute sicher schon an die sechs.

Am späteren Abend verabschiedet sich der Wind dann ganz und gar. »Das gibt's doch nicht«, bin ich genervt. Wie schon in der Anfahrt zu den Kapverden geht uns auf dem Endspurt die Puste aus. Noch einmal schmeiße ich den Diesel an, bis es mitten in der Nacht plötzlich kracht ...

28. Januar 2013, 21. Seetag und Landfall

Wasser tropft von meiner Stirnlampe auf den Kartentisch. Es ist ungefähr ein Uhr morgens, und vor etwa zehn Minuten bin ich von prasselndem Regen und kräftigen Schauerböen geweckt worden. Bis dahin hatte ich mich im Salon vom Diesel in einen unruhigen Schlaf lullen lassen. Erneut zieht ein Squall mit Sechserwind durch. Ich schalte die Maschine aus und setze das Vorsegel. Mit nur halb ausgerollter Genua machen wir von jetzt auf gleich über sechs Knoten Fahrt. Auf geht's!

3.33 Uhr. »Watt soll daaaat?«, krächze ich mit gespielter Empörung. Auf der Logge in der Naviecke stehen unfassbare 0,7 Knoten. Vom Vorschiff hört man regelmäßig das Klappern der Rollanlage. Ansonsten ist es still. Der Wind ist wieder weg.

8.30 Uhr. Angestrengt halte ich Ausguck. Immer wieder glaube ich, etwas zu erkennen, nur um Sekunden später festzustellen, dass vor CARPE doch nur Wasser liegt. Dann plötzlich ist der Moment gekommen. Der eine Augenblick, auf den ich seit nunmehr knapp zwei Jahren hingefiebert habe. Schwach und schemenhaft zeigt sich am Horizont die Küste von Barbados. Noch traue ich dem Braten nicht und fixiere die gespenstische Erscheinung ein weiteres Mal, doch es stimmt – da ist Land!

Es ist gar nicht so einfach, diesen ersten Sichtkontakt mit meinem großen Ziel zu beschreiben. Natürlich freue ich mich und brülle übermütig ein lautes »Juchuuuuuu« in den Wind. Auch CARPE wird überschwänglich gelobt, indem ich ihre Sprayhood tätschle. Die ganz großen Emotionen wollen sich aber noch nicht einstellen. Vielleicht habe ich, was das angeht, auch zu viel erwartet. Hinzu kommt meine doch immer deutlicher spürbare Erschöpfung und Müdigkeit. Es gilt wohl, erst mal anzukommen und die vielen Eindrücke und Gefühle in die richtigen Schubladen zu sortieren.

Nur noch acht Seemeilen bis in die Carlisle Bay. Wenn man bedenkt, was hinter mir liegt, eine geradezu lächerliche Strecke. Dennoch will die Anfahrt kein Ende nehmen. Nach Wochen in Badehose und Unterwäsche drücke ich mich regelrecht davor, eine richtige Hose und ein T-Shirt überzustreifen. Am Ende mache ich es aber doch und spüre sofort eine ungewohnte Enge am Körper.

Noch drei Seemeilen. Die Küste ist jetzt ganz nah. Ich erkenne Details wie Häuser, Sträucher und Bäume sowie hier und da ein kleines Motorboot. Zeit, sich beim Hafendienst anzumelden. Laut Revierführer soll man sich zunächst im großen Kreuzfahrtterminal von Barbados einfinden und dort einklarieren. Das große Hafenbecken ist in der Ferne bereits deutlich zu erkennen. Gleich eine Handvoll Kreuzfahrtschiffe ragen hinter der Mole hervor. Die als charakteristisch beschriebenen Zuckerrohrsilos kann ich jedoch nicht erkennen. Ich vermute, diese verstecken sich hinter einem großen vor Anker liegenden Frachtschiff. Über UKW rufe ich die Verkehrszentrale an. Sofort meldet sich ein Mann und erfragt auf Englisch meine Schiffs- und Personendaten. Darüber hinaus werde ich angewiesen, nicht in den überfüllten Hafen, sondern direkt in die Carlisle Bay zu fahren. Die notwendigen Formalitäten solle ich morgen auf dem Landweg erledigen. »Okay«, sage ich. »Over and out.«

Vorbei an einer grauen Fregatte laufe ich in die weite Bucht ein. Etwa ein Dutzend Yachten kann ich im seichten Wasser ausmachen. Daneben ziehen zwei Pärchen auf ihren Jetskis rasant ihre Runden. Am Strand sehe ich jetzt auch Bars, Restaurants und ausgelassen planschende Urlauber. Der schnelle Wechsel zwischen meinem wochenlangen, einsamen Mikrokosmos und der plötzlich allgegenwärtigen Zivilisation überrollt mich fast ein wenig. Für das Ankermanöver brauche ich dann insgesamt vier Anläufe, bis ich festen Halt in dem teils sandigen, aber meist von kleinen Steinen und Korallen bedeckten Grund finde. Dann ist es geschafft. CARPE DIEM liegt sicher vor Anker und ich schnaufend im Cockpit.

Ich bin da

»Ich bin da, ich bin da, ich bin da«, bestätige ich mir immer wieder aufs Neue und reiße mir als erste Amtshandlung eine eiskalte Dose Strella Export auf. Dafür hatte ich heute Morgen extra den Kühlschrank wieder aktiviert. Das kapverdische Bier war und ist das einzige alkoholische Getränk an Bord. Eine im Übrigen ganz bewusste Entscheidung, denn Alkohol ist auf See kein Thema für mich, besonders wenn ich allein unterwegs bin. Jetzt freue ich mich allerdings auf das lang ersehnte Landungsbier und nehme einen kräftigen Schluck. Der ungewohnt kalte Gerstensaft dreht mir dabei fast den Magen um. Aber das ist jetzt alles ganz egal. Ich bin da!

Zwei Stunden später sitze ich an der Bar eines Beachclubs. Mit Dingi und Außenborder habe ich zuvor die kurze Strecke zum Strand zurückgelegt und an einer wackeligen Holzpier festgemacht. Vor mir stehen ein frisch gezapftes Pils sowie ein riesiger Burger mit Fritten. Ganz langsam schleicht sich ein Gefühl tiefer Zufriedenheit ein. Bier und Burger jagen mir immer wieder neue Schauer über den Rücken. Mit ein paar kurzen SMS lasse ich die Welt außerdem wissen, dass ich es geschafft habe.

Satt und faul kehre ich zu CARPE zurück. Obwohl ich nur gut zwei Stunden an Land war, hat sie mir schon ein wenig gefehlt. Seit Wochen sehe ich mein Schiff jetzt erstmals von außen.

Rechts und links baumeln die grün bezogenen Fender, die ich in der Annahme eines bevorstehenden Hafenanlegers ausgebracht hatte. Am Bug ragt die Kette des Ankergeschirrs schräg aus dem Wasser, während sich achtern der Windgenerator zischend dreht. Abgesehen von etwas Bewuchs scheint mein Bötchen die Tour sehr gut verkraftet zu haben. Jedenfalls kann ich außenbords keine Schäden oder Verschleißspuren feststellen. »Jetzt bist du eine echte Fahrtenyacht geworden«, raune ich ihr zu und steige zurück an Bord. Im Salon nehme ich das Logbuch zur Hand. 71 Seiten habe ich in den zurückliegenden Monaten vollgeschrieben. Als ich die Blätter durch meine Finger gleiten lasse, sehe ich für kurze Augenblicke Stationen wie Laboe, Zeebrugge, Fécamp, La Coruña und Las Palmas. Den vorerst letzten Eintrag schreibe ich nun in ungelenken Großbuchstaben: »ICH BIN DA!«

Wieder zu Hause
Oktober 2013, Koblenz

Draußen regnet es schon wieder. Der bislang nur kalendarische Herbst beginnt so langsam, aber sicher auch meteorologisch. CARPE DIEM steht nun schon seit Monaten geduldig im Hurrikanlager auf Grenada. Seither plätschert das Jahr so dahin. Abgesehen von einigen kürzeren Auftragstörns habe ich nur wenig Zeit auf dem Wasser verbracht. Dafür hatte ich viel mit der Sichtung und Bearbeitung der unzähligen kleinen und großen Filmschnipsel zu tun, die ich von meiner Reise mit nach Hause gebracht habe. Gleich drei Filme sind in der Zwischenzeit entstanden, und ich freue mich über das tolle Feedback im Internet. Auch sonst ist seit meiner Rückkehr ein ungeahntes öffentliches Interesse über mich hereingebrochen. Gleich zwei Liveauftritte im Fernsehen und ein Radiointerview habe ich in den letzten Wochen absolviert.

Bei aller Freude über diese Begeisterung beschäftigt mich seit einiger Zeit aber eine weitere Frage. Wie soll es nun weitergehen bzw. was passiert mit CARPE DIEM? Ursprünglich war meine Reise nur als One-Way-Trip angelegt. Ich wollte einmal über den Atlantik segeln und bei hoffentlich erfolgreicher Ankunft entscheiden, was als Nächstes passiert. Das klingt nicht besonders vorausschauend, aber vielleicht bin ich mir insgeheim meiner Sache doch nicht so sicher gewesen und wollte mich nicht gleich zu weit aus dem Fenster lehnen. »Jetzt hab ich den Salat«, denke ich mehr als einmal. Mein geliebtes Boot steht mehr oder weniger auf der anderen Seite des Planeten, und ich habe keinen rechten Plan. Gleich mehrere Alternativen geistern mir jetzt durch den Kopf. Noch einmal auf eigenem Kiel die lange Strecke über den Nordatlantik segeln? Und wenn ja, wieder allein oder lieber mit einer Begleitung? Möglicherweise doch besser den zwar sicheren, aber dafür sehr kostspieligen Rücktransport per Frachtschiff? Oder am Ende sogar CARPE DIEM vor Ort verkaufen und in Europa nach einem neuen Schiff suchen? Keine leichte Entscheidung. Mein Respekt vor dem Nordatlantik ist groß, das Budget für einen etwaigen Transport eigentlich zu schmal und der Gedanke an einen Verkauf sowieso undenkbar. Und überhaupt, was würde Ruth wohl sagen? So ganz einerlei waren ihr die Sorgen und Probleme während der turbulenten Hinfahrt ja nun auch nicht gewesen. Einige Tage später ist dann eine Entscheidung gefallen.

Abendstimmung auf dem Atlantik, der Kurs stimmt.
Viel Zeit für Spielereien mit der Kamera.

▲ Flaute und lausiger Speed auf dem Atlantik.

◥ Ein Fliegender Fisch hat sich ins Cockpit verirrt.

▲ Endlich geschafft, CARPE vor Anker in der Carlisle Bay (Barbados).

▶ CARPE und Skipper sind glücklich.

▲ Hurrikanwrack in der Bucht von Le Marin (Martinique).

▲ Straßenkarneval in Fort-de-France (Martinique).

◄ Enge Gassen in Martiniques Hauptstadt.

▲ Die majestätischen Pitons auf St. Lucia.

▲ Ein neues Ruder wird gebaut (Grenada).

◀ CARPE DIEM im Hurrikanlager auf Grenada.

▲ Mein Freund Dave und seine PAVANE (Grenada).

◄ Letzte Vorbereitungen auf Guadeloupe.

▼ Rolling home ... es geht nach Hause.

Raue See und viel Wind im Nordatlantik.
Hafenbilder in der Marina von Horta (Faial/Azoren).

▲ Das berühmte Café Sport in Horta.

◄ Auch ich male natürlich mein Bild im Hafen.

▼ Wieder mal Flaute zwischen den Azoreninseln.

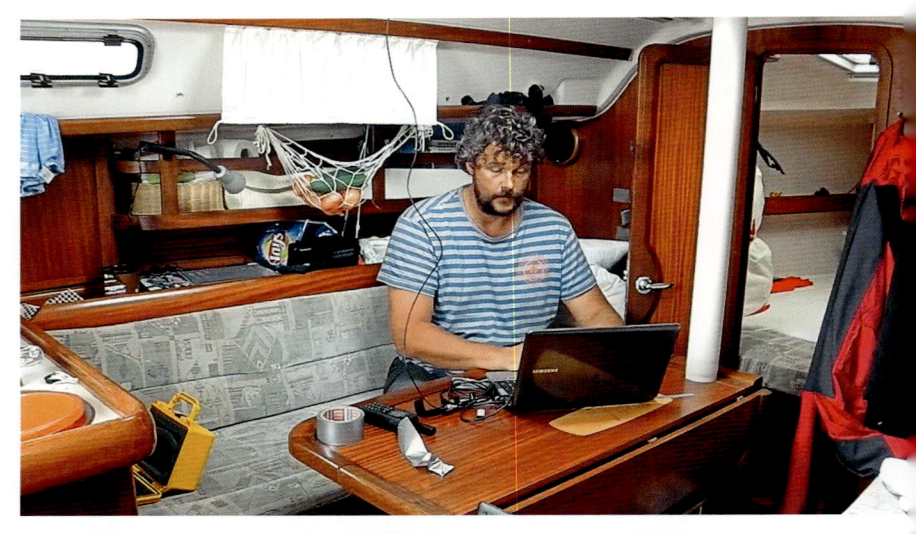

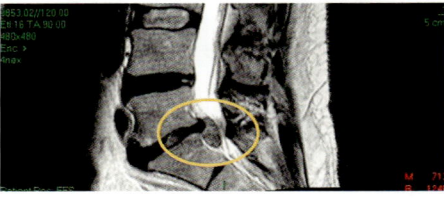

- ▲ Wetterdaten laden über Satellit.
- ▲ Schlechte Nachrichten in Landerneau: Die Bandscheibe ist futsch.
- ▶ Nach einer Woche im Hospital geht es mir schon besser.
- ▼ Die letzten Meter im Hafen von Stavoren.

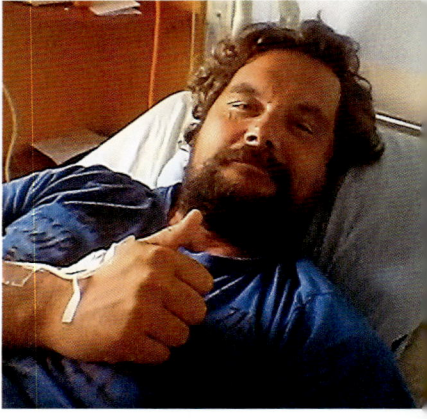

Karibik
Januar 2013 bis März 2014

Meine Zeit in der Karibik umfasst insgesamt vier Aufenthalte. Da ist zu Beginn natürlich die Periode nach dem Landfall. Eine Woche verbringe ich auf Barbados, bevor es mich weiter Richtung Martinique zieht. Die zweite Episode folgt Ostern 2013, als ich CARPE DIEM zusammen mit Ruth in Etappen entlang der Kleinen Antillen bis nach Grenada segle. Hier verbringt das Boot die nahende Hurrikansaison in einer Werft. Im November 2013 reise ich ein drittes Mal in die Tropen, denn in der Zwischenzeit hatte ich mich entschieden, noch einmal einhand über den Atlantik zu segeln, um CARPE zurück nach Hause zu bringen. Die beiden Wochen auf Grenada dienen daher hauptsächlich ersten Vorbereitungen und notwendigen Instandsetzungen. Ein Vierteljahr später ist es dann so weit: In zwei langen Schlägen segle ich über Martinique nach Guadeloupe. Von hier will ich im März 2014 zu den Azoren aufbrechen.

Barbados und Martinique

Barbados ist schön ... und laut. Egal zu welcher Tageszeit man sich der Küste auch nähert, von irgendwoher dröhnt eigentlich immer eine bis zum Anschlag aufgerissene Lautsprecheranlage. Seien es Musik (live oder aus der Konserve), Radioübertragungen oder irgendwelche Händler und Redner, die ihre Produkte und Meinungen anpreisen. Darüber liegt der Klangteppich des dichten und rasanten Straßenverkehrs.

Nur einen Katzensprung von meinem Ankerplatz entfernt liegt Bridgetown. Die Hauptstadt von Barbados wurde im 17. Jahrhundert von den Briten gegründet und hat heute etwa

80 000 Einwohner. Auch hier herrscht Alarm in allen Gassen. Unzählige Läden, Lokale, aber vor allem Schmuck- und Goldhändler findet man hier. Offenbar hat man sich auf die regelmäßig einfallenden Kreuzfahrttouristen spezialisiert, die die Geschäfte bevölkern. Meine Aufenthalte in der Stadt beschränken sich mehr auf alltägliche Dinge, zum Beispiel den Kauf einer lokalen SIM-Karte fürs Handy. Das ist allerdings gar nicht so einfach. Denn zwar findet man an jeder Ecke einen Laden, der mit großen »Top up here«-Schildern wirbt, allerdings beschränken sich deren Dienste nur auf das Laden bereits vorhandener Karten. Eine neue Karte selbst bekomme ich nur im Hauptquartier des örtlichen Mobilfunkanbieters. »Kein Problem«, denke ich und mache mich auf den Weg. Das große Bürogebäude steht gleich an der Careenage, einer Art Stadtkanal mit kleinem Fischereihafen und einer Handvoll Yachtliegeplätze. Vor der Tür stehen zwei Wachmänner, die finster dreinschauen. Als ich freundlich grüßend hineinspazieren will, stellt sich mir einer der Hünen in den Weg. »Sorry Sir, but you have to wear a shirt«, bedeutet man mir. Ungläubig schaue ich an mir herab. Ich trage ein ärmelloses Trägershirt mit Shorts und Flipflops. Zugegeben, mit meinem Rauschebart und der mittlerweile beachtlichen Haarmähne mache ich auf den ersten Blick vielleicht nicht den besten Eindruck. Aber was soll das jetzt? Alles Diskutieren und Lamentieren nützt allerdings nichts. Ich muss mir ein richtiges Shirt oder besser noch ein Hemd anziehen, um Zutritt ins Allerheiligste zu bekommen. »Oh Mann«, denke ich. Dafür tuckere ich jetzt aber nicht noch mal extra mit dem Dingi zurück. Also vertage ich den Kartenkauf. Dann lieber erst mal was frühstücken. Auch dafür gibt es hier nämlich unzählige Angebote. Da die restaurantähnlichen Etablissements gar nicht mal so billig sind, entscheide ich mich für ein kleines Hinterhofcafé. Hier gibt es für kleines Geld ein riesiges Thunfischsandwich sowie einen lauwarmen Kaffee aus dem Styroporbecher. Wieder huschen mir wohlige Schauer

über den Rücken. »Es sind doch wirklich diese kleinen Sachen, die das Leben schön machen«, stelle ich zufrieden kauend fest. Ein kleines Abenteuer ist auch der Gang zu den Immigrations- und Zollbehörden. Diese befinden sich am großen Hafenterminal, der leider eine knappe Stunde Fußmarsch entfernt liegt. Also leiste ich mir ein Taxi. Mein Fahrer heißt Gregory, trägt ein völlig zerrissenes Basecap und ist wohl das, was wir einen echten Karibikbewohner nennen würden. Völlig tiefenentspannt und stets freundlich lächelnd steuert er sein Taxi souverän durch den chaotischen Linksverkehr. Am Hafen dann schon wieder zwei Aufpasser. Zwei Formulare, eine Ausweiskopie und ein Papierarmbändchen später darf ich schließlich passieren. Die Sonne brennt erbarmungslos vom Himmel, als ich die Zollbüros erreiche. Ich klopfe, trete ein und erleide fast augenblicklich einen Kreislaufkollaps. Während im restlichen Gebäude die Luft steht, ist das enge Büro des hochdekorierten Beamten auf Kühlschranktemperatur klimatisiert. Dieses Mal ist die Gänsehaut auf dem Rücken daher alles andere als wohlig. Was folgt, ist ein bemerkenswerter Verwaltungsakt, der in Deutschland entstanden sein könnte. Es werden Unmengen an Papier produziert, unzählige Stempel gestempelt und Unterschriften geleistet. Mit den neu erworbenen Unterlagen muss ich nun in ein anderes Büro. Mit einem inneren Rums schlage ich draußen gegen eine Wand aus feuchtschwüler Luft. Ein Stockwerk tiefer geht es dann in den nächsten Kühlschrank. Wieder knallen die Stempel, und weitere Durchschriften werden angefertigt. Wer nun glaubt, das war's, täuscht sich. Noch einmal wird mein Kreislauf einer harten Bewährungsprobe unterzogen, als ich erneut die Treppen zum ersten Officer hochtorkele. Dann ist es vollbracht. Mit einer Kladde voll Papier sitze ich vor dem großen Terminalgebäude und versuche, meine Körperfunktionen wieder in den Griff zu bekommen.

Die Distanz bis nach Martinique beträgt ziemlich genau 100 Seemeilen, also ein Schlag von 20 bis 24 Stunden. Über das

Wetter brauche ich mir keine wirklichen Gedanken zu machen. Zu dieser Jahreszeit sehen die Vorhersagen nämlich sowieso immer gleich aus: Wind aus Ost, Stärke vier bis fünf, fertig. Entsprechend schnell und ohne größere Probleme verläuft dann auch die Überfahrt. »Passatsegeln at it's best«, könnte man auch sagen. Nur ein einzelner kräftiger Squall schüttelt uns des Nachts durch, bevor wir vormittags den großen Yachthafen von Le Marin erreichen. Die moderne Marina ist mit allen erdenklichen Annehmlichkeiten ausgestattet. An jeder Ecke findet man Bars und Restaurants, und auch die maritime Infrastruktur hat europäischen Standard. Kein Wunder, schließlich ist Martinique ein französisches Überseedepartement, in dem – wie im Mutterland auch – mit Euro bezahlt wird. Ebenfalls sehr erfreulich ist die hier besonders einfache Einklarierungsprozedur, bei der man einfach seine Daten an einem Terminal erfasst, fünf Euro bezahlt und wieder geht.

Mit dem Dingi knattere ich am nächsten Tag durch die Bucht. Ich muss etwas Proviant nachkaufen und will außerdem einen Blick in die nahe Schiffswerft werfen. Denn hier soll CARPE für die nächsten Wochen an Land kommen. In der Bucht liegen unzählige Schiffe vor Anker, dazwischen aber auch immer wieder verlassene Geisterschiffe in desolatem Zustand und sogar gesunkene Wracks, deren ausgeschlachtete Aufbauten aus dem Wasser ragen. Ich vermute stumme Zeugen des letzten Tropensturms. Die Landschaft um mich herum ist nun völlig anders als noch auf Barbados. Die nahen Hügel und Hänge sind dicht und tiefgrün bewachsen. Fast schon wie ein Dschungel mutet das Panorama an. Im Landesinneren streben derweil mächtige Berge dem Himmel entgegen, deren Gipfel von tief hängenden Wolken umwabert werden.

Das Leben in der Karibik hat schon was für sich, gerade wenn man sich an Bord eines Schiffs befindet. Auch wenn es die Hafenmeister nicht gern sehen, kann man mal eben schnell ins Wasser springen und sich abkühlen. Wenn das nicht geht, ist es mit dem Dingi nicht weit zum nächsten Strand oder Ort. Nur die unglaubliche Hitze ist für einen Mitteleuropäer ganz schön gewöhnungsbedürftig. Großartige körperliche Aktivitäten sollte man entweder auf die frühen Morgen- oder späteren Abendstunden reduzieren. Eine weitere Besonderheit sind die Uhren der Karibik. Denn diese gehen in der Tat anders als bei uns. Mit anderen Worten, alles dauert etwas länger als gewohnt, und Warten ist fester Bestandteil eines jeden Tags. Hat man sich erst einmal daran gewöhnt, ist das aber nicht weiter schlimm. Morgen ist ja schließlich auch noch ein Tag.

Nach drei erholsamen Tagen in der Marina steht mein Krantermin an. Die Anfahrt zur Werft ist laut Seekarte nur einen halben Meter tief. Aber irgendwie müssen ja all die anderen Boote auch zum Kran gekommen sein. Entsprechend vorsichtig manövriere ich durch die dicht an dicht ankernden Yachten. In der Kranbox angekommen, heißt es dann erst mal warten. Geschlagene anderthalb Stunden gare ich so in der Sonne. Dann wird es wieder laut. Mit viel Palaver und einem beeindruckend brüllenden Monsterkran wird CARPE DIEM aus dem Wasser gefischt. Wenig später steht sie in einer Ecke des geschotterten Geländes an Land. Hier verbringe ich noch weitere drei Tage, erneuere den lädierten Unterwasseranstrich und reise schließlich ins nahe gelegene Fort-de-France. Nach über drei Monaten an Bord genieße ich hier die Errungenschaften der Moderne und quartiere mich in einem klimatisierten Hotelzimmer samt Minibar ein. Übermorgen geht mein Flug nach Hause.

Inselhopping nach Süden

In der Karibik gibt es keine Osterhasen. Jedenfalls habe ich keine gesehen. Gefeiert wird das biblische Fest aber dennoch. Als Ruth und ich im April 2013 von einer Insel zur nächsten hüpfen, geraten wir immer wieder zwischen sturzbetrunkene, anhängliche Einheimische. Vor einer knappen Woche sind wir mit dem Flieger auf Martinique gelandet, haben CARPE zurück ins Wasser gesetzt und uns ein paar Tage in der Marina akklimatisiert. Unser erster Schlag führt uns anschließend nach St. Lucia. Die südliche Nachbarinsel von Martinique ist wie fast alle Antilleninseln ein eigenständiges Land und zugleich Zielort der alljährlichen Atlantic Rally for Cruisers (ARC). Dann ist in der riesigen Rodney Bay Marina und den angrenzenden Kneipen tagelang die Hölle los. Wir verbringen hier nur eine Nacht, denn wenn der Hafen auch ganz nett ist, ist die etwas künstlich anmutende Umgebung mit Boutiquen und Hochsicherheitszaun nicht so unser Ding. Dann lieber weiter in die etwas südlicher gelegene Soufrière Bay. Diese malerische Bucht ist nach dem nahen Ort benannt, der früher Hauptstadt von St. Lucia war. Schon von Weitem kündigt sich die Zufahrt durch die beiden Pitons an, zwei erkaltete Vulkankegel, die mit über 700 Meter Höhe majestätisch in den Himmel ragen.

Schon ein gutes Stück vor der Bucht werden wir von einem kleinen Motorboot in Empfang genommen. An Bord ein bunt gekleideter Mann, der uns sofort zutextet. »Hello, my name is Dr. Feelgood and I am your host today«, ruft er uns zu. Nach einigem Hin und Her einigen wir uns auf einen Preis für seine Muringboje und fahren hinter ihm her Richtung Küste. Dicht unter Land schwimmen dort einige Bojen im Wasser, und die hinterste soll für die kommende Nacht unser Zuhause sein. Der Platz ist wirklich schön. Etwa 500 Meter vor uns liegt der pittoreske Ort, während am nahen Ufer rechts von uns eine kleine Behausung samt Schweinestall zu sehen ist. »So habe ich mir das vorgestellt«, sage ich noch zu Ruth, als sich von hinten schon wieder ein Motorboot nähert. Auch dieses Mal werden wir freundlich begrüßt, gefolgt von der Aufforderung, unsere Muringgebühr zu bezahlen. »We have already payed to Dr. Feelgood«, antworte ich. »Oh no sir, this was only for leading you to the buoy«, heißt es darauf. »Na toll«, denke ich. Die blöde Boje hätte ich wahrscheinlich auch allein gefunden. Aber okay, ich schlucke die bittere Pille, drücke noch einmal 50 East Caribbean Dollar, die lokale und auf den meisten Inseln gültige Währung, ab und hoffe, dass es damit dann gut ist. Meine kurz aufkeimende Wut kühle ich anschließend mit einem Sprung ins türkisfarbene Wasser ab. Da höre ich schon wieder einen Außenborder. Erneut kommt ein Holzboot längsseits. Dieses Mal sitzen gleich drei junge Männer darin. »Hello sir, this is my buoy. Please pay 50 EC for the night«, werde ich, zurück an Deck, aufgefordert. Jetzt platzt mir aber gleich der Hintern. Bemüht, die Fassung zu bewahren, erkläre ich den Jungs, dass ich bereits zweimal bezahlt habe. Die meinen jedoch nur, dass ich da wohl ein paar Betrügern aufgesessen wäre. Jedenfalls müsse ich jetzt noch mal bezahlen. Mir reicht es. Ich lehne jede weitere Zahlung ab und basta. Der anschließende Schlagabtausch ist dann plötzlich gar nicht mehr freundlich. Im Gegenteil, man droht uns offen mit einem nächtlichen Besuch und dem Kappen unserer Muringleine. »No problem, mates. I'll wait for you«, antworte ich knapp und verziehe mich unter Deck. Wenig später hauen die Burschen endlich ab.

Mir ist völlig klar, dass jeder Segler mit großer weißer Yacht für die Einheimischen wie ein Millionär wirken muss. Im Vergleich zu den oft ärmlichen Lebensverhältnissen der Locals stimmt das wahrscheinlich auch ein Stück weit. Ebenso klar ist, dass die Menschen lediglich versuchen, ein bescheidenes Einkommen zu erzielen. Dennoch bin ich über die Art und Weise, wie man hier probiert, uns über den Tisch zu ziehen, echt enttäuscht. Daran ändert auch der Besuch im Ort nicht viel. Die Straßen sind voll von Betrunkenen, die uns ungewohnt distanzlos verfolgen und immer wieder nach Geld fragen. Ich hoffe, das wird nicht zur Dauereinrichtung.

Unser nächster Stopp ist die Insel St. Vincent, die zusammen mit den Grenadinen einen weiteren Inselstaat bildet. Dort ankern wir in der Wallilabou Bay. Im Seehandbuch hatten wir vorher gelesen, dass hier Teile der bekannten *Pirates-of-the-Caribbean*-Filme entstanden sind. Und tatsächlich, mir kommt gleich alles bekannt vor. Die geschwungene Bucht, der Steg, an dem Johnny Depp lässig sein fast komplett versunkenes Schiff verließ, und sogar Reste der Originalkulissen begeistern mich. Das Ankermanöver läuft hier übrigens etwas anders ab als üblich. Durch den steil abfallenden Meeresgrund muss man die Küste rückwärts anfahren, den Anker werfen und das Heck mit einer Landleine zum Strand hin ausrichten. Aber auch hier finden sich schnell helfende Hände, die gegen etwas Bares unsere Leine an einer Palme vertäuen. Den Abend verbringen wir dann in einem kleinen Restaurant inmitten der Pappmascheebauten. Echt schön hier. Am folgenden Morgen besichtigen wir dann das, was von den Dreharbeiten noch übrig ist. Auf unserem Rückweg zum Boot werden wir von einer drallen Dame angesprochen. »Is this your boat?«, fragt sie uns. Ich bejahe die Frage und erfahre, dass CARPE DIEM anscheinend gerade abtreibt. »Ach du Scheiße«, entfährt es mir. CARPE ist in der Tat schon ein gutes Stück Richtung Steg vertrieben. Offensichtlich hat der seitliche Wind unseren Anker gelöst. Unser Rückweg an Bord muss wie ein zu schnell laufender Film wirken. Dort angekommen, schmeiße ich sofort die Maschine an, löse die Landleine und gehe Anker auf.

Über Zwischenstationen auf Union Island, Bequia und Carriacou erreichen wir schließlich Grenada, was bis heute eine meiner karibischen Lieblingsinseln ist. Natürlich ist uns auch auf diesem letzten Stück unseres Törns allerlei passiert. Auf Union Island geraten wir beispielsweise unvermittelt in ein ausschweifendes Straßenfest. Ostern scheint hier wirklich eine große Nummer zu sein. Das schöne Bequia hingegen ist fast ruhig, obwohl dort sicher über 100 Yachten vor Anker liegen. In Erinnerung sind mir vor allem die rasante Fahrt mit einem der vielen Wassertaxis und eine Ankernacht bei sieben Beaufort geblieben. Die Anschaffung des neuen Ankergeschirrs hat sich spätestens hier bezahlt gemacht. Auch Carriacou gefällt uns gut. Das Eiland und der Hauptort Hillsborough erinnern uns irgendwie an alte James-Bond-Filme mit Sean Connery und Roger Moore. Nur ein unfassbar eskalierender Familienstreit auf einem benachbarten Katamaran trübt die Stimmung kurz. Wir verholen uns daher in die nahe Tyrell Bay. Hier ist die Stimmung ganz anders. Fast etwas morbid muten die vielen verlassenen Segelyachten an, die hier ihr Dasein fristen. Nach den offenbar anstrengenden Feiertagen ist an Land auch nicht viel los. Umso erfreuter sind wir, als eine nette einheimische Dame extra für uns ihr kleines Restaurant öffnet und leckeren Fisch serviert.

Auf Grenada kommt CARPE DIEM schließlich erneut an Land. Die Hurrikansaison steht vor der Tür, und auf dem großen Gelände der Grenada Marine findet sie für die nächsten Monate ein neues Zuhause. Zur Sicherheit wird der Rumpf sogar mit dicken Spanngurten an massiven Betonblöcken fixiert. Zwei Tage später sind wir wieder in Deutschland.

Alles auf Anfang

Es ist November 2013, und ich bin zurück auf Grenada. Auf dem Programm steht dieses Mal aber kein Urlaub, sondern Arbeit. Ich will noch einmal über den Atlantik segeln und hier vor Ort mit den ersten Vorbereitungen beginnen. Obwohl CARPE die Reise bislang sehr tapfer durchgestanden hat, gibt es doch ein paar kleinere Baustellen. Der nervig tickernde Mast, aber vor allen Dingen der Ruderschaft brauchen etwas Aufmerksamkeit. Letzterer hat leider im unteren Lager zu arbeiten angefangen, ist dabei schmaler geworden. Das daraus resultierende Spiel lässt den Schaft zunehmend im Lager arbeiten. Zunächst hatte ich versucht, die notwendigen Aufträge via E-Mail und Telefon zu koordinieren. Das hat aber leider nicht funktioniert. Also bin ich kurz entschlossen noch einmal angereist. So kann ich die

Mechaniker sicher besser nerven und den Büroleuten auf die Füße steigen.

Zuständig für das Ruderproblem ist der zur Werft gehörende Metal Workshop, was sich fast wie eine Fortbildungsmaßnahme für aufstrebende Hardrock-Bands anhört. Gemeint sind aber die Spezialisten für Metallarbeiten. Die Werkstatt wirkt für europäische Augen recht ungewohnt, denn dort spielt sich fast alles unter freiem Himmel ab. Kreuz und quer stehen die Werkbänke, Schweißgeräte und Werkzeugkisten auf dem staubigen Hof herum. Sollte es mal regnen, gibt es außerdem ein großes Zeltdach. Geleitet wird die Werkstatt von einem Deutschen namens Dieter, was die Kommunikation erheblich erleichtert. Mein Englisch ist zwar ganz passabel, aber gerade wenn es um Fachbegriffe oder Problembeschreibungen geht, stoße ich doch regelmäßig an meine Grenzen. Der beschädigte Ruderschaft ist schnell demontiert und ein neuer in den USA bestellt. Sobald das Ersatzteil eintrifft, will Dieter das alte Ruderblatt aufschneiden und den neuen Schaft einlaminieren. Darüber hinaus soll ein flexibles Lager eingesetzt werden, damit ich nicht schon bald das gleiche Problem wieder habe. Bis Januar nächsten Jahrs soll alles fertig sein.

Insgesamt zwei Wochen hause ich in meinem aufgebockten Boot. Das ist irgendwie immer wieder eine komische Sache. Um an Bord zu gelangen, muss ich über eine wackelige Leiter am Heck klettern. Dann sitze ich hoch oben im Cockpit und schaue auf ein Meer gestrandeter Boote herab. Fast wie in einem überdimensionalen Wohnwagen kommt man sich vor. Wasser und Strom gibt es auch. Dafür kann ich aber leider die Toilette nicht benutzen, denn alles, was ich dort entsorge, würde wenig später auf dem Werfthof landen. Von dem fehlenden Seewasser zum Nachspülen ganz zu schweigen.

Meine Tage verbringe ich mit vielen kleineren Arbeiten. Zunächst gilt es, das allgegenwärtige Chaos ein wenig in den Griff zu bekommen. Die zurückliegenden Monate haben außerdem für eine ordentliche Dreckschicht gesorgt, derer ich mich etappenweise annehme. Dabei entdecke ich eines Tags sogar ein Vogelnest im Windgenerator am Mast. »Jetzt hat er doch tatsächlich eine Aufgabe gefunden«, stelle ich amüsiert fest. Abends sitze ich oft in der Werftbar, wo sich Tag für Tag all die anderen Segler treffen, die angestrengt an ihren Booten arbeiten. Hauptsächlich sind es Engländer und Franzosen, mit denen ich am Tresen fachsimple und das eine oder andere Stag trinke. Wenn man sich früh genug anmeldet, gibt es sogar ein täglich wechselndes Abendessen.

Ein echtes Highlight ist der Ausflug mit Kattie und seinem blauen Toyota. Den Tipp hatte ich ebenfalls in der Bar bekommen. Kattie ist ein einheimischer Farmer, der sich mit liebevoll organisierten Touren etwas dazuverdient. Zusammen mit drei englischen Touristen fahren wir stundenlang kreuz und quer über die Insel. Wir erleben einen beeindruckenden Wasserfall, sehen tropische Rieseninsekten, treffen auf wild lebende Mona-Affen und besichtigen eine winzige Schokoladenfabrik. Krönender Abschluss ist der Besuch in einer uralten Rumdestillerie. Hier entsteht in mehreren Arbeitsschritten das sage und schreibe 78 % starke Getränk, das wir bei über 40 °C im Schatten verkosten. Wirklich nichts für schwache Nerven …

Die Zeit auf Grenada vergeht wie im Flug, und schon holpre ich mit meinem kleinen Mietwagen über die engen Inselstraßen zurück zum Flughafen. Von hier startet heute Nachmittag mein Flug Richtung Europa. In einem Vierteljahr will ich wieder hier sein, CARPE hoffentlich repariert vorfinden und noch einmal in See stechen. Schon jetzt spüre ich das leichte Kribbeln. Schaffe ich es noch einmal allein über den Ozean?

Café Sport
April 2014, Horta/Azoren, zurückgelegte Distanz seit Fehmarn: circa 8700 Seemeilen

Die wohl berühmteste Seglerkneipe der Welt liegt auf den Azoren, genauer gesagt in Horta auf der kleinen Insel Faial. Bereits seit 1918 und in dritter Generation bietet das traditionsreiche Café Sport Verpflegung und Unterstützung für Seefahrer aus aller Welt. Bis heute dient das Gasthaus zum Beispiel als Adressat für Pakete und Briefe durchreisender Segler. Viele bekannte Seeleute haben hier bereits Station gemacht, so auch der Einhandpionier Joshua Slocum, Weltumsegler Sir Francis Chichester oder der legendäre Bernard Moitessier. Alle haben hier Anschluss und Hilfe gefunden. Und genau da sitze ich gerade.

Der Gastraum ist ein gutes Stück kleiner, als ich ihn mir immer vorgestellt habe. Alle Wände sowie die holzvertäfelte Decke sind nahezu lückenlos mit Bildern, Wimpeln und Fähnchen verziert. Fasziniert betrachte ich die vielen kleinen Erinnerungsstücke. Die teilweise schon Jahrzehnte alten Reliquien stammen aus allen Winkeln der Erde. Neuseeland, Russland, Brasilien und sogar Japan erkenne ich. Hier und da entdecke ich sogar ein paar deutsche Spuren. Die kleinen quadratischen Tische sind schon nachmittags voll besetzt. Mit ihren Laptops und Handys haben sich viele der Gäste in das kostenlose WLAN eingeloggt, studieren Wetterdaten, aktualisieren ihre Internetblogs oder skypen mit zu Hause. Andere klönen lauthals und Bier trinkend über ihre zurückliegenden Abenteuer. So manches Gesicht kenne ich bereits aus der Marina, wo CARPE DIEM seit ein paar Tagen liegt.

23 Tage bin ich zuvor unterwegs gewesen, um die gut 2600 Seemeilen von Guadeloupe bis nach Horta zu bewältigen.

Ich habe dafür nur zwei Tage mehr als für meine erste Atlantiküberquerung gebraucht, gefühlt war der bislang weiteste Schlag meiner Reise jedoch ungleich härter. Insbesondere die letzten Tage vor dem Landfall haben mir einiges abverlangt. Schlechtes Wetter, Schlafmangel und ungünstige Winde haben die Tage lang und zehrend gemacht. Mehr als einmal bin ich dabei an innere Grenzen gestoßen. Ohne Zweifel kann ich sagen, dass die zurückliegende Etappe mein bislang härtestes Seestück gewesen ist. Nach drei Tagen auf Faial bin ich nun jedoch wieder auf dem Damm, und die vermeintlich schlechten Erinnerungen verblassen zusehends. Ein echter Vorteil beim Segeln. Ansonsten würde man vielleicht zweimal überlegen, bevor es wieder auf See geht.

Rolling home
März bis April 2014

Zurück ins Wasser

Ich bin gespannt wie ein Flitzebogen, als ich mit meinem kleinen Suzuki Jimmy auf den Hof der Grenada Marine fahre. Die vor Monaten in Auftrag gegebenen Arbeiten hatten sich in den letzten Wochen immer weiter verzögert, und so war der ursprünglich anvisierte Termin im Januar schon im Dezember kein Thema mehr gewesen. Nun hoffe ich inständig, dass alles gerichtet ist.

CARPE DIEM steht nicht mehr an ihrem alten Platz. »Ist das ein gutes oder schlechtes Zeichen?«, überlege ich kurz, da ruft mich auch schon Roland heran. Roland ist so was wie der Chef innerhalb der Mechanikercrew und ein echter Pfundskerl. Stundenlang kann er in brütender Hitze arbeiten, ohne auch nur einen Tropfen Schweiß zu vergießen. Wo manch ein Bleichgesicht schon unterm Sauerstoffzelt liegen würde, packt der einheimische Riese noch locker eine Schippe drauf. Ein kurzer Schnack liefert dann weitere Infos. Alles sei gut, und CARPE DIEM stünde jetzt auf dem vorderen Teil des Werftgeländes. Augenblicke später stehe ich dann bei ihr. Das neue Ruder scheint wirklich fertig zu sein. Zumindest ragt das geklebte und verspachtelte Blatt aus CARPES Heck. Der obligatorische Rütteltest stimmt mich positiv. Kein Millimeter Spiel ist mehr zu spüren, und auch die Drehungen des Schafts laufen butterweich. Zurück an Bord bestätigt sich der gute Eindruck. Der im November demontierte Ruderquadrant ist wieder dort, wo er sein soll, und alle beweglichen Teile sind vorbildlich gewartet und geschmiert. Ich bin begeistert.

Drei Tage später. Carpe steht noch immer an Land. Eigentlich wollte ich schon lange im Wasser sein. Allerdings musste ich gestern ein kleines Donnerwetter im Werftbüro loslassen. Seit meiner Ankunft bekomme ich nämlich fortwährend neue Rechnungen präsentiert, die den vereinbarten Komplettpreis immer weiter aufblähen. Nach zwei weiteren Runden Hickhack heute Morgen ist die Sache aber geklärt. Wir finden eine für beide Seiten akzeptable Lösung, und ich zahle zähneknirschend meinen Deckel. Noch am gleichen Nachmittag schwimmt CARPE DIEM wieder im Atlantik.

Zwei lange Schläge nach Norden

Ich jauchze vor Freude. Seit über zehn Monaten sind CARPE und ich endlich wieder unterwegs. Unsere erste kurze Etappe führt uns in die benachbarte Clarkes Court Bay, wo ich mit meinem Kumpel Dave verabredet bin. Seit seiner abenteuerlichen Atlantiküberquerung mit der PAVANE liegt er hier vor Anker. Die Wiedersehensfreude ist groß. Zur Feier des Tages lade ich Dave für den gleichen Abend zum Essen in eines der örtlichen Restaurants ein. Das hätte ich jedoch besser nicht getan, denn als wir satt und müde den Heimweg antreten, merke ich bereits, dass irgendwas nicht stimmt. In meinem Magen rumort es verdächtig, der Schädel brummt und überhaupt fühle ich mich alles andere als gut. Daves Angebot, noch auf ein Bier in die kleine Marinabar einzukehren, lehne ich daher ab und haue mich lieber gleich aufs Ohr. Mitten in der Nacht werde ich wach. Auf der Stirn kalter Schweiß und am anderen Ende des Körpers deutliche Alarmzeichen für eine unmittelbar bevorstehende Durchfallattacke. »Oh nein«, stöhne ich noch, bevor ich zur Toilette flitze. Am nächsten Morgen sieht es nicht viel besser aus. Zigmal bin ich in der Nacht zum Klo gerannt, um anschließend erschöpft und matt wieder an Bord zu klettern. Mir ist übel, und der Brummschädel von gestern hat sich zu einem beachtlichen Kopfschmerz gemausert. Außerdem glaube ich, leichtes Fieber zu spüren. Meine Selbstdiagnose lautet: Lebensmittelproblem plus Sonnenstich. Den ganzen Tag verbringe ich so in der Koje, trinke viel und versuche, meinen Flüssigkeitshaushalt wieder auf die Reihe zu bekommen. Einen Tag später bin ich wieder halbwegs fit.

Trotz noch zittriger Knie werfe ich daher gegen Mittag die Leinen los. Während ich aus der Bucht motore, schaue ich immer wieder zum Steg zurück. Dort steht Dave und winkt. »Vermutlich werden wir uns so schnell nicht mehr wiedersehen«, denke ich. Dann konzentriere ich mich wieder auf das vor mir liegende Fahrwasser. Auch der heutige Schlag ist nur ein kurzer. Unter Segeln geht es über zehn Seemeilen um die Südspitze Grenadas nach St. George's, wo ich mich für zwei Nächte in den luxuriösen Port Louis einmiete. Die Anlage ist echt der Hammer. Riesige schwimmende Pontons mit Seitenstegen, Sanitäranlagen wie in einem Fünfsternehotel, ein Pool und die exzellente Gastronomie machen meinen Sonnenkoller schnell vergessen. Übermorgen will ich dann in möglichst einem Rutsch nach Martinique segeln, eine Strecke von ungefähr 160 Seemeilen. Das sollte in 30 Stunden zu schaffen sein.

Am 26. Februar starte ich dann mit leicht verzerrten Gesichtszügen in den Tag. Wie üblich trinke ich im Cockpit eine Tasse Kaffee und beobachte, was um mich herum geschieht. Wenig später passiere ich bereits den großen Frachtschiffterminal von St. George's, wo gerade die REPULSE BAY entladen wird: Ein Container nach dem anderen wird von großen Kränen an Land gehievt, und sicherlich ist auch mein neuer Ruderschaft hier vor einigen Wochen angekommen. »So eine Insel braucht doch einiges an Logistik«, überlege ich kurz. Wirklich viel wird hier nämlich nicht produziert, hauptsächlich landwirtschaftliche Erzeugnisse wie Muskatnüsse, dazu etwas Rum und ein paar Tafeln Schokolade. Wirklich alles andere muss hergebracht werden. Ein ganz schöner Aufwand.

Vor der Küste hat es kaum Wind, was nicht wirklich überrascht. Schließlich befinden wir uns auf der Leeseite der

Windward Islands. Zu dicht unter Land sollte man hier also nicht unterwegs sein. Unter Maschine setze ich Kurs Nordwest, bis wir gegen elf Uhr endlich den Passat erreichen. Mit vollen Segeln hauen wir sogleich über sieben Knoten raus. An Steuerbord kann ich bereits die Umrisse von Carriacou erkennen. Ein bisschen schade ist es schon, dass ich die vielen schönen Inseln jetzt einfach passiere, ohne noch einmal Halt zu machen. Aber mein Ziel ist ein anderes: Ich will möglichst schnell bis nach Guadeloupe kommen, um von dort den großen Sprung über den Nordatlantik anzugehen. Als gegen 18 Uhr die kurze karibische Dämmerung anbricht, sitze ich im Cockpit und spreche einen ersten nachdenklichen Kommentar in die Kamera:

»Ich habe noch so eine leichte Anfangsparanoia, dass irgendwas kaputtgeht, reißt oder bricht. Das relativiert sich mit der Zeit, aber ist momentan noch so ein Schiss, den ich hier mit mir herumtrage.«

Dass meine Sorgen nicht ganz unbegründet sind, zeigt sich schon wenige Stunden später. Es ist kurz vor 21 Uhr und bereits stockdunkel. Während eines meiner routinemäßigen Rundumblicke entdecke ich backbord voraus ein schwaches weißes Licht. So wie es den Anschein hat, leuchtet die Laterne von der Spitze eines Masts. Zumindest ist die Lichtquelle im Vergleich zu mir sehr weit oben und schwankt deutlich sichtbar hin und her. Da ich keine weiteren Lichter erkennen kann, gehe ich vom Hecklichtsektor einer Segelyacht aus. Schnell prüfe ich, ob ich ein AIS-Signal empfange, jedoch zeigt das Display im Seekartenbereich vor mir nichts an. Zurück an Deck geht mein Blick wieder nach vorn, und ich erstarre. Das eben noch recht weit entfernte Licht ist plötzlich ganz nah und unmittelbar vor mir. Instinktiv springe ich ans Ruder, kupple den Windpiloten aus und falle per Handsteuerung ab. Das weiße Licht ist nun rechts von mir. Weitere Navigationslichter sind noch immer nicht zu sehen. Dafür zeigt sich für einen kurzen Augenblick so etwas wie ein erleuchtetes Kajütfenster knapp über der Wasseroberfläche. »Das muss ein Segler nur mit Ankerlicht sein«, sage ich zu mir selbst. Die Wassertiefe beträgt zu diesem Zeitpunkt allerdings über 2500 Meter. Ankern scheidet damit definitiv aus. Ich gehe zurück auf meinen alten Kurs und habe das Licht jetzt schräg achteraus. Da mir die ganze Sache doch sehr komisch vorkommt, versuche ich anschließend, das Schiff per Funk zu erreichen. Der Lautsprecher meines Funkgeräts bleibt aber auch nach mehreren Anrufen stumm. Momente später ist das Licht hinter mir verschwunden.

»Mein lieber Scholli!« Die ganze Aktion hat mir doch einen ganz schönen Schrecken eingejagt. Mit Schiffsverkehr hatte ich ja durchaus gerechnet. Dass mir aber gleich in der ersten Nacht eine Beinahekollision ins Haus steht, ist doch etwas viel des Guten. Auch die übrige Nacht verläuft aufreibender als erwartet. Als St. Vincent querab liegt, geraten wir in eine circa einstündige Flaute, die mich zwingt, den Motor einzuschalten. Daneben tauchen regelmäßig Frachter und Kreuzfahrtschiffe auf, die sich per schrillem AIS-Alarm ankündigen. Schlaf finde ich so gut wie keinen. Das liegt auch an unserem Kurs hoch am Wind, CARPE krängt stark und stampft ungestüm gegen die vielleicht zwei Meter hohen Wellen.

Der morgendliche Blick auf den Plotter offenbart, dass wir in der Nacht unseren Kurs Richtung Nordost leider nicht halten konnten. Seit mehreren Stunden zeigt unser Track genau nach Nord und entfernt sich so von unserem eigentlichen Ziel. In der Düse zwischen Martinique und St. Lucia brist der Wind dann mittags spürbar auf. So hoch wie möglich am Wind versuche ich die direkte Anfahrt in die Bucht von Le Marin. Letztlich benötige ich dafür insgesamt sieben Stunden und eine Handvoll Kreuzschläge. Um neun Uhr abends werfe ich dann nach 36 Stunden Fahrt in der Bucht den Anker. Morgen will ich mir einen Platz in der Marina suchen.

Am Ende ist es eine ganze Woche, die ich auf Martinique verbringe. Von meinem Liegeplatz im Yachthafen sind es nur ein paar Schritte bis zum nächsten Supermarkt. Da ich nicht weiß, wie die Versorgungssituation auf Guadeloupe ist, decke ich mich schon hier mit allem, was ich für die lange Fahrt zu den Azoren benötige, ein. Gott sei Dank muss ich das ganze Geraffel bei der Hitze nicht selbst zum Boot schleppen: Meine Einkäufe werden per Quad und Anhänger direkt zum Boot geliefert. Weitere Punkte auf meiner To-do-Liste sind die Demontage des nutzlosen Windgenerators im Mast sowie der Einbau einer neuen Impellerdichtung. Leider macht die kleine Antriebswelle nämlich seit einiger Zeit Wasser. Die notwendigen Teile finde ich bei einem der gut sortierten Ship-Chandler nahe dem Hafen.

Bis nach Guadeloupe sind es gut 120 Seemeilen. Nach einer ganzen Woche Dauerbestrahlung in der Marina versteckt sich die Sonne heute Morgen bei meinem Aufbruch hinter einer dichten Wolkendecke. Wirklich böse bin ich darüber nicht, denn die feuchte Hitze hat mich in den letzten Tagen doch ganz schön frittiert. Nach einem Aufreger wegen einer Beinahekollision mit einer riesigen motorenden Aluyacht geht die Fahrt dann vorbei an Fort-de-France Richtung Nordnordwest. Dort will ich in der Nacht den Inselstaat Dominica rechts liegen lassen und morgen Vormittag in den Hafen Bas du Fort auf Guadeloupe einlaufen.

Alles in allem verläuft die Etappe undramatisch. Nur das Wetter hat ein paar Kapriolen auf Lager. Immer wieder ziehen kleine Schauerzellen durch, die den Wind kurz aufbrisen und dessen Richtung variieren lassen. Noch bevor ich Martinique am frühen Abend hinter mir lasse, stehen bereits sechs Reffmanöver im Bordtagebuch. In der Nacht entwickeln sich die Schauer dann zu prasselndem Dauerregen bei konstanten sechs Beaufort. An Steuerbord ziehen erneut einige Kreuzfahrtriesen vorbei. Anders als auf meinem Weg nach Martinique kann ich aber heute Nacht trotzdem ein paar kurze Nickerchen einlegen.

Um sechs wird es langsam hell. Der Regen hat sich in der Zwischenzeit verzogen. Trotzdem ist an Bord alles klatschnass. Nur in der Badehose sitze ich im diffusen Morgenlicht und schaue mich um. Schräg hinter mir kann ich die Silhouette der kleinen Insel Terre-de-Haut erkennen. Backbord voraus zeichnen sich bereits deutlich die beiden Hauptinseln des Archipels, Basse-Terre und Grande-Terre, ab. Die beiden Eilande sind nur über eine schmale Landbrücke im Zentrum miteinander verbunden und erinnern so an die Umrisse eines Schmetterlings. Mein Zielhafen liegt genau an dieser Verbindungsstelle.

Von achtern kommt schon wieder ein Kreuzfahrtschiff auf. Eben noch in weiter Ferne, ist es zehn Minuten später auch schon querab. Interessiert beobachte ich, wie sich ein Lotsenboot durch die Wellen kämpft, längsseits geht und seine Fracht an einer kleinen Öffnung im Rumpf übergibt. Weiter oben stehen einige Passagiere an der Reling, die Fotos schießen und mir zuwinken. Dann biegt der Gigant rechts ab, um dem betonnten Fahrwasser zu folgen. Ich selbst fahre weiter geradeaus. Tief genug sollte es hier sein.

Zehn Uhr, die Leinen sind fest. Ich liege im hintersten Eck der Marina Bas du Fort, quasi direkt in der angeschlossenen Schiffswerft. Entsprechend groß ist der Lärm und der Weg zum Hafenbüro weit. Eigentlich wollte ich am ersten Steg festmachen, der laut Beschilderung für Gäste vorbehalten ist. Damit war aber der Hafenmeister nicht einverstanden – warum auch immer. Im Hafenbüro angekommen, erkundige ich mich dann auch gleich nach den Gründen für meine Verbannung. Immerhin sind an dem großen Gaststeiger noch einige Plätze frei. Was folgt, ist eine merkwürdige Diskussion über Schiffsgrößen, Liegezeiten und was weiß ich noch alles. Ganz offensichtlich passen CARPE und ich nicht ganz in das mondäne Erscheinungsbild des Gaststegs. Dort liegen nämlich vorwiegend große Yachten ab 45 Fuß aufwärts. Irgendwann breche ich das Gespräch ab, indem ich mich verabschiede und meine sofortige Abreise ankündige. Und siehe da, nur eine Viertelstunde später liege ich inmitten prächtiger Yachten direkt beim Hafenmeister und den Toiletten ...

Guadeloupe

Ebenso wie Martinique gehört auch Guadeloupe zu Frankreich. Von daher erinnert vieles spontan an die Schwesterinsel. Der Yachthafen ist groß und modern, Duschen und Toiletten haben mediterranes Flair und bis zur nächsten Fress- und Trinkmeile ist es auch nicht weit. Ansonsten wirkt die nähere Umgebung allerdings etwas trist und siffig. Besser gefällt es mir in Pointeá-Pitre, der Hauptstadt von Guadeloupe. Eingepfercht in einen kleinen, giftgrünen Mietflitzer fahre ich gleich mehrfach in den quirligen Ort. Obwohl die Stadt gerade einmal 16 000 Einwohner hat, wartet sie mit einer Unmenge an Läden, Dienstleistern und Märkten auf. Hier gibt's wirklich alles. Nur einen Ersatzakku für meine kleine GoPro suche ich vergebens.

Maritimes Zubehör findet sich wie üblich bei einem zur Werft gehörenden Schiffsausrüster. Denn ausgerechnet die Bordtoilette hat unlängst ihren Dienst quittiert, und so steht trotz über 40 °C im Salon eine schweißtreibende Reparatur an. Mit meinem 2,07 Meter langen Körper ist es nämlich gar nicht so einfach, sich in der engen Klokabine richtig in Position zu bringen. »Das sind die Momente, in denen man sich 'ne 60-Fuß-Yacht wünscht«, stelle ich schon nach Minuten genervt fest. Fast zwei Stunden dauert der nicht gerade appetitliche Austausch des defekten Pumpmechanismus schließlich.

Die übrigen Tage meines vorerst letzten Landaufenthalts nutze ich für einige Erkundungstouren über die Insel. Ich suche und finde Postkartenstrände mit Palmen und lauwarmem Badewasser, starte eine kurze Wanderung durch den dichten Regenwald und mache eine ausgedehnte Rundfahrt über den Westteil von Basse-Terre. Mein Kopf ist aber die meiste Zeit woanders, nämlich auf dem Atlantik und bei dem langen Weg, der vor mir liegt.

Atlantik die Zweite
März 2014, erste Woche auf See

Mein alter, hochseeerfahrener Hafenmeister am IJsselmeer hat seine ganz eigene Sicht auf Langfahrten. Vor vielen Jahren ist er gemeinsam mit seiner damaligen Freundin in etwa die gleiche Strecke wie ich gesegelt. Als ich ihm erstmals von meinem Vorhaben berichtet habe, sagte er sinngemäß: »Die erste Woche ist super, die zweite geht so, die dritte braucht kein Mensch.« So drastisch würde ich es vielleicht nicht ausdrücken. Aber im Kern trifft es die Sache schon recht gut. Zumindest, was meinen Weg zu den Azoren angeht.

Der Schweiß läuft bereits in Strömen, als ich mich gegen zehn Uhr zur Abfahrt bereit mache. Zum Abschied hat sich am Steg die Crew der deutschen Segelyacht LOUP DE MER versammelt, die seit einigen Tagen mein Nachbar ist. Schon bald wollen die drei Männer und eine Frau zusammen mit Profiskipper Frank ebenfalls zu den Azoren starten. Gestern habe ich noch einmal alles gegeben. Frisches Obst und Gemüse wurden gebunkert, die Wassertanks gefüllt und ein letztes Mal Rigg und Segelgarderobe geprüft. Die letzte Nacht an Land war dann überraschenderweise besser als befürchtet. Fast acht Stunden habe ich in der schweißnassen Koje geschlafen, bevor mich eine zunehmende innere Unruhe um sieben geweckt hat. Dann geht alles ganz schnell. Der Hafenmeister wirft meine Muringleine los, und ich kappe die letzte Landverbindung zum Steg. CARPE DIEM und ich fahren nach Hause, Rolling home!

Gleich zu Beginn meiner langen Fahrt muss ich geduldig sein. Gut 20 Seemeilen motore ich gegen Wind und Wellen bis zur südöstlichen Spitze Guadeloupes. Unsere Durchschnittsgeschwindigkeit über Grund liegt gerade mal bei drei Knoten.

Unter Deck scheppert und kracht es mächtig, wenn CARPE ein ums andere Mal hart in die Wellen schlägt. Noch immer beschäftigen mich meine Ängste vor etwaigen Schäden und Problemen. »Mache ich mir zu viele Sorgen?«, schreibe ich im Logbuch nieder. Auf der anderen Seite kann ich es kaum erwarten, bis ich wieder die Segel setzen kann. Um 16 Uhr erreiche ich endlich die Pointe des Châteaux, setze Kurs Nordost und heiße die Segel auf. CARPE dankt es mir mit über sechs Knoten Fahrt bei angenehmen vier Windstärken. Steuerbord voraus liegt die karge Vulkaninsel La Désirade, die voraussichtlich letzte Landmarke auf meinem Weg zu den Azoren. Beim Blick nach vorn dann eine erste Schrecksekunde. Die Holeleine der Rollanlage hat sich gleich mehrfach um das Stag des Vorsegels gewickelt. Auf dem Vordeck kauernd, erkenne ich die Ursache des Malheurs. Offenbar gab es ein Problem beim Aufrollen der Holeleine auf der dafür vorgesehenen Trommel. Das ist mir auf dem Weg zu den Kanaren schon einmal passiert. Ich vermute, dass die Wulst der aufgerollten Leine zu dick geworden und deshalb aus der Führung der Furlex gesprungen ist. Keine ungefährliche Sache. Hätte ich das Leinenwirrwarr nicht bemerkt, wäre es unmöglich gewesen, das Segel bei Bedarf schnell und sicher zu reffen. Da muss ich also künftig ein Auge drauf haben. Nachdem ich die Leine aufgeklart habe, berge ich die Genua zur Sicherheit noch einmal komplett und setze sie erneut. Dieses Mal läuft alles glatt.

Um sechs Uhr ist die erste Nacht auf See vorbei. Trotz moderater Verhältnisse und keinerlei Schiffsverkehr habe ich kaum geschlafen. Aber das kenne ich ja bereits von meiner Hinreise. Gerade zu Beginn langer Etappen fehlt es noch oft am notwendigen Rhythmus, und die Bordrituale müssen sich neu einschleifen. Hinzu kommt die allgegenwärtige Hitze. »Alles ist turboanstrengend«, heißt es dazu im Logbuch. Gut gelaunt bin ich dennoch. Besonders unsere Fahrt in die aufziehende Nacht habe ich gestern Abend genossen. Sicher eine ganze Stunde habe ich stumm und bewegt im Cockpit gesessen, während um mich herum die Farben des Tags zu schummrigen Graublautönen verblasst sind. Unser Kurs liegt stabil zwischen 15 und 20°, also Nordnordost. Das wird für die nächsten Tage auch so etwas wie unser Generalkurs sein. Der Weg zu den Azoren führt nämlich nicht in direkter Linie schräg über den Atlantik, sondern in einem weiten Bogen über Nord nach Ost. Dabei machen wir uns das im Uhrzeigersinn drehende atlantische Windsystem aus östlichem Passat und Westwindzone zunutze. Dazwischen liegen die sogenannten Rossbreiten, ein Gebiet mit häufig schwachen und drehenden Winden. Bis dahin hoffe ich auf stabilen Passat und gute Etmale. Als erste Tagesmarke notiere ich mittags 136 Seemeilen. Ein echter Hammerwert, wenn man bedenkt, dass ich zuvor fast sechs Stunden an Guadeloupes Küste entlanggekrochen bin. So kann's weitergehen.

Im Salon ist alles schräg. In den Schränken klappert das Geschirr, und die Obst- und Gemüsenetze baumeln schief von den hölzernen Handläufen darüber. Dieser deutlich spürbare Unterschied zu den Bedingungen meiner Überfahrt in die Karibik ist mir bereits auf den beiden Schlägen entlang der Antillen aufgefallen: Was für den Salon gilt, betrifft natürlich auch den Rest von CARPE. In der Koje rolle ich jetzt nicht mehr hin und her, sondern werde von der Schräglage ganz an den Rand meines Schlafplatzes gedrückt. Auf der Toilette ist es nicht besser. Das Wasser aus dem Hahn läuft merkwürdig schief ins Waschbecken, und meine Sitzposition auf dem Lokus erinnert an Menschen mit starken Rückenproblemen. So wird es für die nächsten Wochen wohl bleiben. Zeit genug also, sich daran zu gewöhnen.

Die zweite Nacht auf See ist ungewöhnlich hell: Wir werden die ganze Zeit von einem vollen, fast grell leuchtenden Mond begleitet, der die Umgebung in ein unwirkliches Licht taucht. Die Kojenperformance ist heute besser. Trotz Vollkontakt zu Bordwand und Kleiderschrank habe ich in Etappen etwa drei Stunden geschlafen. Dennoch sitze ich bereits um 5.30 Uhr wieder im Cockpit. Die Sehnsucht nach frischer, kühler Luft war einfach zu groß. Am sich langsam aufhellenden Himmel steht ein ungewöhnlich großer Stern. Kurz überlege ich, ob es sich vielleicht um die Internationale Raumstation ISS handelt. Möglich wäre es, zumal ansonsten keinerlei andere Himmelskörper zu sehen sind. Letztlich auflösen kann ich das Rätsel aber nicht. Der mächtige Mond der Nacht geht dann langsam hinter mir unter. Nicht mehr lange und schräg vor uns wird die Sonne aufgehen. Dann ist es schlagartig vorbei mit der angenehmen Kühle der Nacht, und ein weiterer Saunatag beginnt.

Mittags messe ich 45 °C im Salon. Ich sitze am Kartentisch und leide, während der Schweiß fortwährend von meinen zu Würsten verklebten Haaren herabtropft. Draußen kann man sich im Grunde gar nicht aufhalten. Zwar weht der Wind noch immer mit schönen 15 bis 20 Knoten aus östlichen Richtungen, allerdings ist die Sonne derart intensiv, dass man bereits nach fünf Minuten zu verbrennen glaubt. Dann schon lieber im Salon verdampfen. Das drückende Klima macht den Bordalltag zu einer Art Ausdauersport. Selbst das Laden neuer Wetterdaten ist anstrengend und schweißtreibend. Der Wind soll in den nächsten Tagen weiter rechtdrehen und uns so einen guten Kurs Richtung Nordost ermöglichen. Leider ist aus den GRIB-Files aber auch eine deutliche Windabnahme zu erkennen.

Der Wind wird in der Tat wackeliger. Zwar sind die jetzt regelmäßig auftretenden Windlöcher und Flauten nur von kurzer Dauer, die Abstände dazwischen werden aber spürbar kürzer. Am Morgen des vierten Seetags springt die Brise sogar von jetzt auf gleich um fast 60° zurück. Entsprechend scharf gezackt verläuft mein Track auf der elektronischen Seekarte vor mir. Die Windkapriolen kündigen wohl doch so langsam die Rossbreiten an. »Rossbreiten«, überlege ich. Ein merkwürdiger Name für ein Seegebiet. Wo der wohl herkommt? »Nichts leichter als das!«, würde jetzt Frederick zu Piggeldy sagen und das Seehandbuch zurate ziehen. Und genauso mache ich es auch:

»Die Rossbreiten bezeichnen die Gebiete zwischen 25° und 35° nördlicher sowie südlicher Breite. Da es sich um nahezu windlose Gebiete handelt, saßen die frühen Segelschiffe hier oft wochenlang fest. Aus Wassermangel trennte man sich daher von den mitgeführten Pferden (Rössern), die die größten Frischwasserverbraucher an Bord waren. Durch das grausame Über-Bord-Werfen der Tiere wollte man zum einen die Wasservorräte schonen und ihnen zum anderen das qualvolle Verdursten an Bord ersparen.«

Eine schaurige Geschichte, die so gar nicht zu diesem ansonsten doch recht beschaulichen Fleckchen Erde passen will. Nur gut, dass ich keine Haustiere an Bord habe, über deren Existenz ich mir Gedanken machen muss. So glaube ich zumindest, bis ich nachmittags eines Besseren belehrt werde. Ich sitze mal wieder splitternackt im Cockpit und schütte mir einen Eimer Seewasser über den Kopf, um das Shampoo abzuspülen. Da sehe ich aus dem Augenwinkel plötzlich eine Bewegung. Erst glaube ich an eine Einbildung. Damit habe ich ja bereits so meine Erfahrungen. Auf den langen Etappen zu den Kanaren und den Kapverden hatte ich mehr als einmal Stimmen gehört, wenn der Wind gespenstisch durchs Rigg heulte. Meist ein hohes Haalloooo oder ein merkwürdig vertrautes Guiiidoooo. Damals war das ohne Zweifel meiner Müdigkeit und Erschöpfung geschuldet. Hier und jetzt bin ich eigentlich ganz fit. Also schaue ich noch mal genauer hin. Und tatsächlich: Auf der mir gegenüberliegenden Seite sitzt eine kleine Eidechse. »Ich werd bekloppt«, entfährt es mir, da setzt sich der blinde Passagier auch schon in Bewegung. Wie ein geölter Blitz rennt er zielstrebig zum hinteren Teil der Plicht, stoppt kurz und verschwindet dann in einem der Lüftungsschlitze der Achterpiek. Kurz überlege ich, wie sich Eidechsen wohl vermehren und ob dadurch Gefahr droht, bald auf einer Art Arche Noah unterwegs zu sein. Da ich aber davon ausgehe, dass der Mitsegler allein an Bord ist, ist das wohl eher unwahrscheinlich. Das Tierchen sehe ich jedenfalls kein weiteres Mal. Das schöne Gefühl aber, nun doch nicht ganz allein zu sein, bleibt.

Abends um sieben ist der Wind zum ersten Mal für längere Zeit weg. Mit geborgenen Segeln dümpeln wir so bis zwei durch die Nacht. Ich döse gerade gemütlich in der Bugkoje, als es draußen zu regnen anfängt. Schon befürchte ich einen Squall. Der mit dem Regen aufkommende Wind bleibt aber mäßig, und CARPE nimmt unter Genua wieder etwas Fahrt auf. Der Niederschlag sorgt außerdem für angenehme Kühle, in der ich ausreichend und gut schlafe. Morgens um acht knattert dann erstmals seit unserem Aufbruch wieder der Diesel. Der bis dato eingeschaltete Kühlschrank gepaart mit dem unsteten Wind lässt die Batterien erneut schwächeln. Irgendwie werde ich das Gefühl nicht los, dass da was faul ist. Die beiden Blöcke sollten selbst ohne jeden Ladestrom länger halten, als sie es tatsächlich tun. Auf See will ich allerdings nicht unnötigerweise an der Stromversorgung herumfummeln. Wie ich mich kenne, mache ich dabei mehr kaputt als besser. Auf den Azoren werde ich mir das aber auf jeden Fall mal genauer anschauen.

Der Vormittag des fünften Seetags nimmt seinen gewohnten Verlauf mit Toilettengymnastik, Frühstück und Logbuchschreiben. Außerdem nutze ich die ruhigen Verhältnisse, um etwas Diesel nachzutanken. Dafür verwende ich einen sogenannten Schüttelschlauch, ein Begriff, der nach Tagen allein auf See merkwürdige Assoziationen hervorruft. Das Ding ist allerdings ein echter Geniestreich. Der etwa zwei Meter lange Schlauch hat an einem Ende eine Metallhülse. Darin befindet sich eine ebenfalls metallene kleine Kugel, die bei entsprechenden Schüttelbewegungen hin und her klackert. Wie das Teil genau funktioniert, ist mir bis heute ein Rätsel. Jedenfalls steckt man diese Hülse in den Dieselkanister, beginnt zu schütteln und wenig später läuft der Brennstoff bereits aus dem anderen Ende in den Tank. Ein kleines, aber wichtiges Utensil. Wie üblich habe ich insgesamt 100 Liter Diesel an Bord. Das sollte reichen, mehr geht ohnehin beim besten Willen nicht. Dennoch bin ich, was den Kraftstoff angeht, vorsichtig. Es ist sehr verführerisch, mal eben die Maschine anzuschmeißen, Strom zu produzieren oder bei Flauten etwas Strecke zu machen. Die Vorräte sollte man jedoch unter Berücksichtigung der noch ausstehenden Distanz nie aus dem Auge verlieren.

Nach zwei Stunden Dieseldröhnung stellt sich zu meiner Freude wieder etwas Wind ein, der uns unter Segeln durch den Tag bringt. Die neuen Wetterdaten kündigen für die nächsten Tage jedoch weitere Flauten und Schwachwindphasen an. Am Abend ist es dann vorbei mit dem Segelspaß. Mit geborgenen Segeln treiben wir durch die Dunkelheit. Als ich einmal mehr im Cockpit sitze und nach hinten schaue, entdecke ich unvermittelt ein schwaches weißes Licht. Das AIS auf dem Kartentisch zeigt derweil keinerlei Schiffskontakte an. »Komisch«, brummle ich vor mich hin. Die Entfernung bis zur nächsten Küste beträgt über 500 Seemeilen, also knapp 1000 Kilometer. Kann das vielleicht ein Fischerboot ohne AIS-Transponder sein? Irgendein Gefühl sagt mir, dass das unwahrscheinlich ist, obwohl das vermeintliche Fahrzeug nicht besonders groß zu sein scheint. Dann schleicht sich ganz plötzlich ein anderer Gedanke ein. Als ich mich vor Monaten zu Hause auf meine Fahrt vorbereitet habe, bin auch ich immer wieder auf Geschichten über kleine Piratenboote auf hoher See gestoßen. Mitunter weit vom Festland entfernt würden diese potenziellen Opfern auflauern und sich dabei deren AIS-Signale zunutze machen. Bislang habe ich das stets für übertriebene Räuberpistolen und Seemannsgarn gehalten. Jetzt spüre ich jedoch ein merkwürdig beklemmendes Gefühl in mir aufsteigen. Ein eigenes AIS-Signal sende ich nicht. Dafür sind aber meine hellen LED-Lichter sicher weithin sichtbar. Kurz entschlossen schalte ich all meine Navigationslichter aus. Eine gute halbe Stunde später ist das Licht dann in der Kimm verschwunden.

Tag sechs beginnt für mich um acht Uhr. Die restliche Nacht haben wir es doch tatsächlich geschafft, bei nur vier Koten Wind zu segeln. Von der Bordwand ist ab und zu ein sachtes Glucksen zu vernehmen. Ansonsten ist es mucksmäuschenstill. Draußen scheint die Sonne von einem leicht bewölkten Himmel und sorgt bereits jetzt für hohe Temperaturen. In der Ferne zieht ein großer Frachter vorbei. Viel mehr gibt es nicht zu berichten. Erst als sich am frühen Nachmittag von Backbord einige Schauer nähern, bekommt der bis dahin dröge Tag etwas Abwechslung. Nach über 20 Stunden Schwachwind und Flaute erreicht der Wind innerhalb von Minuten bis zu 30 Knoten aus Südost. Eben noch in einer hitzebedingten Lethargie, muss ich mich jetzt beeilen, die Segel zu verkleinern. Abends ist der Spuk so plötzlich, wie er kam, auch wieder vorbei. Die Nacht treiben wir erneut vor Topp und Takel durch die Restwellen des Tags. Wie in einer überdimensionierten Wiege taumle ich durch die Nacht, während meine gesammelte Ausrüstung durch den Salon poltert.

Meine erste Woche auf See endet mit einem ersten echten Stimmungstief. Die Mischung aus Müdigkeit, Hitze und Wetterkapriolen zerrt gerade ganz schön an meinen Nerven. Daran ändert auch der vormittags kurzzeitig aufkommende Wind nicht viel. Mit meinem Misstrauen liege ich dann auch nicht falsch. Insgesamt neunmal setze und berge ich an diesem Tag die Segel. Dazwischen liegen immer wieder kurze Segeleinlagen, gefolgt von nervigen Maschinenstunden. Die Rossbreiten machen ihren düsteren Vorhersagen wirklich alle Ehre. Einen kleinen Lichtblick gibt es jedoch: Ab übermorgen soll es für einige Zeit kräftig aus südlichen Richtungen blasen. Hoffen wir's.

In den Rossbreiten
März 2014, zweite Woche auf See

»Mist!«, hallt es durch den Salon. Es ist mitten in der Nacht, und steuerbord voraus sind deutlich die Lichter eines anderen Fahrzeugs zu erkennen. Im Grunde noch kein Anlass zum Fluchen. Was mich allerdings wurmt, ist das schon wieder fehlende AIS-Signal. Eigentlich kann das nur zwei Ursachen haben. Entweder funktioniert der Empfänger nicht richtig, oder die anderen senden schlichtweg kein Signal. Letzteres halte ich allerdings für eher unwahrscheinlich, denn der Pott scheint ein ganz schöner Brocken zu sein. Um auf Nummer sicher zu gehen, entscheide ich mich, das Schiff anzufunken. In Ermangelung eines Schiffsnamens rufe ich das Motor Vessel zusammen mit den ungefähren GPS-Koordinaten über Kanal 16 an. Wenig später meldet sich der Kapitän eines chinesischen Frachters. Auf meine Nachfrage wird bestätigt, dass deren AIS-Sender ordnungsgemäß funktionieren würde. Sekunden später empfange ich dann auch plötzlich ein Signal. »Sehr merkwürdig«, stelle ich fest. Irgendwie werde ich das Gefühl nicht los, dass der Schiffsführer nicht ganz die Wahrheit sagt. Aber wie auch immer. Mein Empfänger scheint nicht das Problem zu sein, was beruhigend ist. Dennoch nehme ich mir vor, das Gerät in den nächsten Tagen vermehrt im Auge zu behalten. Eine Störung des wichtigen Kollisionsschutzes wäre doch ein nicht zu unterschätzendes Problem. Nachdem der Kapitän und ich uns noch kurz in holprigem Englisch über die aktuelle Wetterlage ausgetauscht haben, ziehen wir beide unserer Wege.

Mit nur 77 Seemeilen bestätigen sich am Mittag des folgenden Tags meine schlimmsten Etmal-Vorahnungen. Die zurückliegende Nacht und auch der Vormittag haben zumindest phasenweise etwas Wind gebracht. Seit etwa zwei Stunden eiern wir nun aber mit nur noch knapp zwei Knoten Fahrt Richtung Nordost. Die gut 400 Seemeilen bis zur anvisierten Halbzeitmarke wirken angesichts dessen wie der Beginn einer

Marsmission. Einen gewissen Galgenhumor bewahre ich mir trotzdem. »Vielleicht sollte ich ja mal ein Stück schwimmen. Möglicherweise bin ich dann schneller«, überlege ich beispielsweise. Ein weiterer Trost ist der ab 18 Uhr vorhergesagte Wind, dessen Vorboten schon zu erkennen sind. Im Lauf des Nachmittags wird die Wolkendecke zusehends dichter, und sogar der ansonsten zementierte Luftdruck kommt in Bewegung. Aber leider kommt weder um sechs, noch um sieben, geschweige denn um acht Uhr der versprochene Wind auf. Nun könnte man meinen, die paar Stunden mehr oder weniger machen den Kohl nicht fett. Ich spüre allerdings, wie mir die Zeit zunehmend lang wird. Und das gerade mal nach einer guten Woche auf See. Daran ändert auch das mir selbst verordnete Koch- und Leseprogramm nicht viel. Umso schöner ist es, als gegen neun endlich die versprochene Brise auftaucht. Fortan rauschen wir mit sieben Knoten durch die Nacht, und meine Welt ist bis auf Weiteres wieder in Ordnung.

Der nächste Morgen. Es läuft jetzt wirklich gut. Mit halbem Wind um die sechs Beaufort fliegen wir geradezu Richtung Nordost. Im Lauf der Nacht hat sich eine ganz beachtliche Welle aufgebaut, die mit etwa drei Meter Höhe von Steuerbord heranrollt. Als der Wind wenig später noch einmal zulegt, binde ich zunächst das dritte Reff ins Groß. Einmal mehr ertappe ich mich dabei, wie ich mir zu viele Gedanken um mein Schiff mache. »Jetzt habe ich den Wind, den ich wollte, und mache mir prompt Sorgen. Bekloppt!«, vermerke ich im Logbuch. Meine merkwürdigen Befürchtungen werde ich aber auch in der Folge nicht ganz los. Als logische Konsequenz berge ich kurze Zeit später das Groß komplett, um den Druck im Rigg weiter zu reduzieren. Der Weg zu den Azoren ist noch weit, und ich will meinem kleinen Boot einfach nicht zu viel zumuten. Wer weiß, was da noch alles kommt.

Zehnter Seetag, 15 Uhr. Im Salon klappert eine leere Brotdose träge auf der Ablage hin und her, während aus dem Radio ein kitschiger Schlager leiert. Vor wenigen Minuten ist der Wind innerhalb kürzester Zeit vollständig verschwunden. Seither rollen CARPE DIEM und ich ungelenk durch die Restdünung des Vormittags, dabei hatte der Tag eigentlich gut angefangen. Meine Laune war wieder deutlich besser und die mittlerweile raum einfallende Brise sorgte weiterhin für gute Fahrt. Außerdem waren die Temperaturen seit Wochen das erste Mal wieder erträglich. Sogar eine lange Hose hatte ich mir gestern Abend übergestreift. Nun sitze ich an meinem Stammplatz am Kartentisch und überlege, was zu tun ist. Wirklich viele Alternativen gibt es nicht: entweder treiben lassen oder motoren. Nicht zuletzt wegen der mal wieder nachlassenden Batterien, aber auch, um etwas Ruhe und Stabilität in unsere Fahrt zu bekommen, entscheide ich mich schließlich für die Maschine. Mit nur 1000 Umdrehungen lasse ich den Diesel laufen, der uns so auf ungefähr zwei Knoten Fahrt bringt. Kraftstoff sparen ist angesagt. Auch so ein Dauergedanke, der mich fortwährend beschäftigt. Wie lange werden diese Wetterkapriolen wohl noch anhalten? Wird das überhaupt mal etwas zuverlässiger? Der Wetterbericht hatte für heute eigentlich durchgehend 15 Knoten Wind prognostiziert. Hoffentlich bleibt es wenigstens bei den für morgen gemeldeten sechs Windstärken aus Südost. Am Ende läuft der Motor bis abends um halb zehn. Dann kommt mit ein bis zwei Beaufort wieder so etwas wie Wind auf, und ich kann nur mit der Genua durch die Nacht segeln.

Der elfte Seetag bricht an. In der Nacht haben CARPE und ich die 1000-Seemeilen-Marke seit Guadeloupe passiert. Der Wind bläst wieder stabil mit gut fünf Beaufort aus südlichen Richtungen. Nach mittlerweile vier unbeständigen Tagen hoffe ich heute auf solide Verhältnisse ohne Windlöcher und Flauten. Als ich vormittags vom Cockpit aus in die Wellen starre, entdecke ich plötzlich eine große Holzkiste, die in etwa fünf Meter Entfernung an uns vorbeizieht. Erst glaube ich an eine optische Täuschung, aber die Kiste ist tatsächlich da. Das massive Teil ist sicher anderthalb Meter lang und 50 Zentimeter breit. Auf der Seite kann ich für einen kurzen Moment so etwas wie eine Beschriftung erkennen. Dann ist das hölzerne Behältnis wieder verschwunden. »Hoppla«, denke ich. Wenn ich das Ding frontal mit dem Bug getroffen hätte, wäre sicher einiges zu Bruch gegangen. Nicht gerade die beste Therapie für meine latenten Befürchtungen vor ernsthafteren Schäden. Auf der anderen Seite ist die Wahrscheinlichkeit einer erneuten gefährlichen Annäherung jetzt sicher geringer als zuvor. Also Ruhe bewahren und weitermachen.

Der Tag entwickelt sich vielversprechend. Ideale fünf Windstärken treiben uns bei angenehmen Temperaturen und Sonnenschein mit durchschnittlich sechs Knoten durch die See. Der Atlantik um mich herum leuchtet nach dem wolkenverhangenen Tag gestern tiefblau. Ich fühle mich wieder obenauf, auch weil wir uns mit Rauschefahrt auf einen wichtigen Wegpunkt zubewegen. Nur noch wenige Seemeilen und die Hälfte der Strecke nach Horta ist geschafft. Einen kleinen Wermutstropfen gibt es aber trotzdem. Via Satellit erhalte ich eine E-Mail von der LOUP DE MER, die inzwischen auch Richtung Azoren unterwegs ist. Die Nachricht betrifft das Wetter der nächsten Tage: Von Nordwesten nähert sich ein ausgewachsenes Tief mit Böen bis zu 40 Knoten. Ab morgen früh soll der Wind nach und nach über Süd auf Nordost drehen, was gleichbedeutend mit hartem Segeln am Wind wäre. Um dem möglichst aus dem Weg zu gehen, setze ich nachmittags meinen Kurs etwas weiter Richtung Ost ab. Dort hoffe ich dem Schlimmsten zu entgehen und weiter auf direktem Azorenkurs fahren zu können.

Um halb sieben ist die Nacht vorbei. Seit Mitternacht hat der Wind stetig zugenommen und bläst mittlerweile um die sechs Beaufort von schräg achtern. Die Wellenhöhe schätze ich im morgendlichen Sonnenlicht auf gut vier Meter. Entsprechend unruhig war die Nacht und mit wenig Schlaf gesegnet. Leider spielt mir auch die Bordtechnik heute Morgen nicht in die Karten. Der Laptop vor mir liefert immer wieder die gleiche Fehlermeldung: »LOST GPS FIX«. Mit anderen Worten, der Rechner empfängt keine verwertbaren Satellitensignale. Zigmal versuche ich, dass System durch immer wieder neues Einrichten der GPS-Antenne in Gang zu kriegen. Dann finde ich die Ursache. Ganz offensichtlich gibt es ein Problem im Zusammenspiel zwischen GPS und AIS, denn als ich den AIS-Receiver deaktiviere, funktioniert auch plötzlich der Satellitenempfang wieder. Bis auf Weiteres muss ich also auf das AIS verzichten, um sicher durch das aufkommende Wetter navigieren zu können. Das Etmal von gestern auf heute bildet mit 151 Seemeilen einen neuen Rekord für CARPE und mich. Der aufziehenden Windkante kann ich wohl trotzdem nicht ausweichen. So zeigen es zumindest die neuen Wetterdaten, die ich nach zahllosen erfolglosen Anläufen nachmittags laden kann. Denn ab morgen werde ich für bis zu 40 Stunden gegen Wind und Welle aufkreuzen müssen. Davor gibt es, wie bei einem solchen Winddreher üblich, noch ein paar Stunden Schwachwind.

Mit Restbrise und Genua schleichen wir durch die Nacht. Wirklich überall habe ich ein bisschen geschlafen. Könnte man die Nacht im Zeitraffer darstellen, würde man mich hektisch durch Salon, Kojen und Cockpit flitzen sehen, nur unterbrochen von kleineren, unruhigen Ruhepausen in allen erdenklichen Körperstellungen. Heute ist der 13. Tag meiner Fahrt zu den Azoren. Abergläubisch bin ich nicht. Die Unglück verheißende Zahl nehme ich beim morgendlichen Logbucheintrag aber trotzdem zur Kenntnis. Seit etwa sechs Uhr tuckert einmal mehr der Diesel. Im nahezu windstillen Cockpit warte ich auf den bevorstehenden Windsprung. Backbord voraus türmen sich bereits dunkle Wolken auf, wahrscheinlich Vorboten des aufziehenden Tiefs. Eine halbe Stunde später geht der Tanz dann los. Regen setzt ein, und von jetzt auf gleich bläst es mit sechs Windstärken aus Nordost. Da der Wind nun genau aus meiner Zielrichtung weht, muss ich gezwungenermaßen aufkreuzen. Nach kurzem Abwägen der Optionen entscheide ich mich zunächst, so hoch wie möglich am Wind auf Steuerbordbug Richtung Ost zu segeln. Das scheint anfangs die bessere und vor allem kürzere Taktik zu sein. Erstmals seit Tagen liegt CARPE jetzt andersherum im Wasser. Die ersten Stunden wirken daher so, als ob ich plötzlich ein zu kurzes Bein oder keinen Gleichgewichtssinn mehr hätte.

Die See wird zusehends rauer. Mit guten fünf Knoten rauscht CARPE durch das aufgewühlte Wasser und poltert ungestüm über die wachsenden Wellenberge. So gut es geht, versuche ich bei diesen Verhältnissen den Alltag zu bewältigen. Dazu gehört neben Navigation und Segeltrimm auch kochen und filmen. Mittags schaufelt ein seitlicher Brecher unvermittelt eine ordentliche Ladung Seewasser in den Salon. In Sekunden steht die Naviecke knöcheltief unter Wasser. Schnell versuche ich, den gröbsten Wassereinbruch mit einem großen Handtuch zu beseitigen. Leider versickert die Brühe aber größtenteils zwischen den Bodenbrettern, wo sie fortan laut plätschernd durch die Bilge schwappt. Mit nassen Haaren und klammen Klamotten sitze ich anschließend immer wieder am Kartentisch und studiere die Wetterdaten. »Ist die Variante über Ost wirklich die richtige?«, frage ich mich Dutzende Mal. Noch können wir mit 80 bis 90° einen guten Kurs Richtung Ost laufen. Was aber, wenn der Wind weiter dreht und sich die Verhältnisse verschlechtern? Schon jetzt kracht CARPES Rumpf bedenklich laut, wenn sie hart am Wind über die Wellenkämme in das nachfolgende Tal springt. Die donnernden Schläge gehen auch mir durch Mark und Bein. Dann habe ich plötzlich eine Idee. Nach letzter Positionsmeldung muss die LOUP DE MER nur etwa 80 Seemeilen von mir entfernt sein. Die werden also vor ähnlichen Problemen stehen. Kurz entschlossen sende ich per Laptop und Satellitentelefon eine E-Mail an Skipper Frank, um seinen Rat zu erfragen. Immerhin segelt er diese Strecke bereits zum elften Mal. Eine knappe Stunde später erhalte ich dann Antwort. Nach seiner Einschätzung solle ich auf jeden Fall versuchen, Nord zu machen. So würden auch sie es gegenwärtig tun. Der Weg über Ost könne zwar auch funktionieren, dennoch bestünde die Gefahr, unmittelbar südlich von den Azoren in eine erneute Nordwindphase zu geraten. Dann wäre eine direkte Ansteuerung des Archipels nur schwer möglich. Was also tun? Um 18 Uhr Bordzeit ist eine Entscheidung gefallen. Ich wende und gehe auf Kurs Nordwest.

In der Nacht nehmen Wind und Wellenhöhe weiter zu. Um 22 Uhr zeigt der Windmesser bereits konstant über 30 Knoten an. Die Windfahne am Heck schlägt immer öfter hart zu beiden Seiten aus und kann nur mit Mühe den eingestellten Kurs halten. Das Großsegel ist seit meiner Wende bereits im dritten Reff und relativ weit aufgefiert, da kann ich also nicht mehr viel machen: Das Segel muss runter. Ich werfe die Großschot los, löse das Fall und klettere mit eingepiektem Lifebelt auf das wild schwankende Vordeck. Gerade als ich das Cockpit verlasse, höre ich von vorn einen dumpfen Schlag. CARPE DIEM taucht mit dem Bug tief in eine der riesigen Wellen, und nur Momente später rauscht eine mächtige See über mein Boot. Sofort ist das Deck komplett geflutet, während der dichte Schwall von der Sprayhood nach oben katapultiert wird. Ich selbst bin augenblicklich nass bis auf die Knochen. Nur gut, dass ich vorsichtshalber bloß in Unterwäsche angetreten bin. Anschließend zurück im Cockpit schnaufe ich durch. Um mich herum tosende Schwärze und das Heulen des Winds. Ich müsste lügen, wenn ich behauptete, dass mir das nicht einen gehörigen Respekt einjagen würde. Wirklich Angst habe ich aber nicht. Die Situation ist rau, aber unter Kontrolle. Trotzdem bringt die Nacht kaum Erholung.

»Genau das Richtige morgens um halb sieben«, maule ich am nächsten Tag. Ich sitze auf dem nasskalten Salonboden und schöpfe Wasser aus der Bilge. Der Wind hat zwar leicht abgenommen, aber dennoch klatschen über mir regelmäßig überkommende Seen und Gischt gegen die Sprayhood. Seit über 24 Stunden habe ich nicht mehr richtig geschlafen. Das daraus resultierende Gefühl ist schwer zu beschreiben. Körper und Geist laufen irgendwie auf Sparflamme. Selbst einfachste Bewegungsabläufe und Tätigkeiten bedürfen meiner vollen Konzentration, besonders wenn Arbeiten auf dem Vordeck anstehen. Auch im Vorschiff schwappt seit heute Nacht einiges an Salzwasser. «Mein armes Bötchen», denke ich mehr als einmal. Um die Einschläge in die fast frontal aufkommenden Wellen etwas abzumildern, bin ich vor einiger Zeit noch weiter abgefallen. Seither ist es mit den dröhnenden Erschütterungen besser geworden. Dafür fahren wir aber seit unserem Richtungswechsel gestern wieder auf der nahezu gleichen Kurslinie zurück. Wirklich Strecke nach Nord machen wir so gut wie keine. Hinzu kommt, dass uns die Fahrt nach Westnordwest seit einer gefühlten Ewigkeit von unserem eigentlichen Ziel wegführt. Auch nicht gerade die beste Motivation. Nachmittags ziehe ich noch einmal frische Wetterdaten. Nach einer vorübergehenden Abschwächung soll ein weiteres Tief Windspitzen über 40 Knoten bringen. »Zum Kotzen!«, kommentiere ich genervt. Ein Gutes hat der neue Wind aber: Er soll aus südlichen Richtungen wehen und uns damit wieder einen guten Kurs Richtung Azoren ermöglichen. Gegen Abend lässt der Windgott dann endlich von mir ab. Nach über 36 Stunden finde ich wieder etwas Schlaf.

Feuertaufe im Nordatlantik
März und April 2014, dritte Woche auf See

Endlich wieder Kurs Azoren! Oder besser gesagt, seit ein Uhr früh liegt meine Welt wieder auf der richtigen Seite. Bis dahin hatte ich sogar kurz den Diesel eingeschaltet, um in meinem elendig rollenden Domizil nicht kirre zu werden. Nun segeln wir bei schwachem, rückdrehendem Nordwestwind wieder

Richtung Osten. Der Schlaf hat gut getan. Das wattig-angestrengte Gefühl der zurückliegenden Tage ist so gut wie verflogen. Das liegt auch an den wärmenden Sonnenstrahlen, die heute Morgen vom plötzlich wieder wolkenlosen Himmel scheinen. Meine Latitude beträgt etwa 32°35' N, noch bin ich also nicht ganz raus aus den unsteten Rossbreiten. Ich bin wirklich gespannt, wie sich das Wetter in den kommenden Tagen entwickelt. Im Cockpit sieht es derweil aus wie auf einem Wäschebazar. Überball hängen meine nassen Klamotten, aus denen im Sekundentakt salzige Tropfen auf den Boden fallen. Auch auf dem Steuerstand hat sich eine dicke Salzkruste gebildet. Einem spontanen Impuls folgend, tätschele ich stumm mein Schiff. »Gut gemacht«, denke ich. CARPE hat einmal mehr bewiesen, dass man auch mit einem vermeintlich ungeeigneten Boot durch schwere Bedingungen segeln kann. Fast könnte man glauben, auch sie lernt mit zunehmender Reisedauer stetig dazu. Für mich gilt das auf jeden Fall. Als ziemlicher Rookie gestartet, fühle ich mich trotz aller Strapazen und manchmal aufziehenden Ängsten mittlerweile auf See zu Hause. Wer hätte das gedacht? Abends empfange ich eine weitere Meldung der LOUP DE MER. Auch sie sind gut und sicher durch das Wetter der letzten Tage gekommen und warten jetzt auf den gemeldeten Südwestwind. Die Entfernung zu mir beträgt nur noch 68 Seemeilen. Für einen kurzen Moment flackert so etwas wie Kampfeswille in mir auf. Mal sehen, wer zuerst auf den Azoren einläuft.

Der 16. Seetag. Ideale vier bis fünf Windstärken aus Nordwest kündigen einen weiteren entspannten Segeltag an. Meine Akkus sind nach den beiden anstrengenden Tagen gegen den Wind wieder gut aufgeladen. Zeit, sich um die eine oder andere vorbereitende Maßnahme zu kümmern, bevor es ab morgen früh mit bis zu acht Beaufort blasen soll. Ein wichtiger Punkt ist beispielsweise die Wartung der Steuerseile des Windpiloten. Denn in der Zwischenzeit zeigen sich in Höhe der Umlenkrollen des Zugsystems deutliche Verschleißspuren. Kein Wunder, wenn man sich vorstellt, wie viele Hunderttausend Mal die Selbststeueranlage bislang an den dünnen Strippen gezogen haben muss. Noch muss ich die Leinen allerdings nicht austauschen, sondern lediglich nachspannen. Nächster Tagesordnungspunkt ist der Wechsel der fast leeren Gasflasche. Es wäre fatal, wenn ich gerade in schwerem Wetter nicht in der Lage wäre, schnell eine warme Mahlzeit oder zumindest ein heißes Getränk zuzubereiten. Also raus mit der alten Gaspulle, die mittlerweile total verrostet ist. Als Letztes prüfe ich sämtliche Beschläge, Bolzen und insbesondere die Sicherungssplinte an Deck und Rigg. Danach kümmere ich mich um das Junggesellenchaos ein Stockwerk tiefer.

Schon den ganzen Tag freue ich mich auf das abends bevorstehende Telefonat mit Ruth. Ich bemerke dann jedoch schnell, dass etwas nicht stimmt. Denn kaum steht die Verbindung, höre ich die Erleichterung am anderen Ende. Was war passiert? An Bord meiner CARPE befindet sich eine sogenannte Yellowbrick-Einheit. Das ist ein kleines Gerät, das alle paar Stunden meine Position via Satellit an eine Onlinekarte sendet. So können die Besucher meiner Webseite den Reisefortschritt quasi in Echtzeit verfolgen. Bislang hat das System sehr gut und zuverlässig funktioniert, gestern gab es dann aber ein Problem. Für insgesamt mehr als zwölf Stunden hatte der Tracker kein Signal mehr gesendet, und das unmittelbar nach den beiden Tagen gegen den Wind. Verständlicherweise schrillten zu Hause sofort alle Alarmglocken. In ihrer Angst rief Ruth kurzerhand bei der Seenotleitstelle (MRCC) in Bremen an. Eine kluge Entscheidung, wie sich zeigen sollte. Denn die kompetenten und überaus freundlichen Mitarbeiter der Deutschen Gesellschaft zur Rettung Schiffbrüchiger (DGzRS) prüften sofort, ob meine EPIRB in den vergangenen Tagen ein Signal gesendet hatte. Darüber hinaus wurden die Notfallmeldungen der hiesigen Großschifffahrt nach auffälligen Meldungen durchforstet. Beides war negativ und so konnten die ersten Sorgen schnell ausgeräumt werden. In der Folge beobachteten die Seenotretter weiter, was mit meinem Trackersignal geschah. Als nach zwölf Stunden Funkstille endlich ein neuer Wegpunkt auf der Karte auftauchte, riefen sie sogar noch einmal an, um die frohe Nachricht sofort zu überbringen. Ihr seid einfach klasse, Jungs!

Der neue Tag beginnt still. Anstatt des versprochenen Winds herrscht seit Stunden mehr oder weniger Flaute. Mit gerade einmal 19 Seemeilen Fortschritt in neun Stunden eiert unser Track scheinbar willkürlich auf der Karte hin und her. Dafür war aber wenigstens der Diesel nicht an. Noch ungefähr 40 Liter habe ich im Tank. Die beiden Reservekanister sind in der Zwischenzeit endgültig leer. Angesichts von noch fast 700 Seemeilen bis Horta und des ausbleibenden Winds nehme ich mir vor, noch sparsamer mit dem Kraftstoff umzugehen. Das laufende Etmal stimmt mich mit nur 98 Seemeilen auch nicht gerade euphorisch. Das ewige Hin und Her mit den Bedingungen geht mir so langsam auf die Nerven. Am frühen Nachmittag gibt es dann doch noch eine Abwechslung im Schwachwindeinerlei: An Backbord taucht unvermittelt ein beachtlicher Wal auf und bläst seinen Atem laut zischend in die Höhe. Ich bin völlig von den Socken und glaube erst gar nicht, was ich da in nur wenigen Metern Entfernung sehe. Schnell hole ich das Fischbestimmungsbuch von unten, in dem sich auch ein Kapitel über Meeressäuger findet. Wahrscheinlich ist es ein Zwerg- oder Finnwal, der mich über eine Stunde begleitet und viele Male unter CARPE uns her taucht. Dann ist er verschwunden, und ich bin wieder allein.

2.04 Uhr. Man soll es nicht glauben, aber wir segeln wieder. Seit etwa 17 Uhr des Vortags ist der Diesel endlich aus, und der raum einfallende Wind nimmt langsam zu. Bis gerade eben habe ich gemütlich in der Bugkoje gelegen und fest geschlafen. Nach Zigtausend Seemeilen in der schaukeligen Achterkoje entwickelt sich der Schlafplatz vorn langsam zu einem echten

Geheimtipp. Schräg vor mir sehe ich seit Tagen erstmals wieder ein anderes Schiff. Trotz mittlerweile wieder aktiviertem AIS empfange ich erneut kein Signal. »Das kann doch nicht sein«, nöle ich am Kartentisch und nehme das Funkgerät zur Hand. Kurz darauf meldet sich die AZAMARA QUEST, ein Kreuzfahrtschiff unter maltesischer Flagge. Wieder versichert mir der Wachhabende, dass mit dem AIS des Passagierschiffs alles in Ordnung sei. Das Problem mit den ausbleibenden Signalen liegt also definitiv bei mir. Ich beschließe, das Gerät nun dauerhaft abzuschalten. So bin ich wenigstens die nach wie vor bestehenden Probleme mit dem GPS-Empfang los. Was die Kollisionsverhütung angeht, muss ich künftig eben kürzere Schlafintervalle einhalten und häufiger schauen.

Es brist auf. Mit einem guten Tag Verspätung kommt offenbar das gemeldete Tief. Bei geschätzten 28 Knoten Wind baut sich im Morgenlicht rund um CARPE DIEM eine immer höhere Welle auf. Am Horizont zieht schon wieder ein großer Frachter vorbei. Dem Anschein nach befinde ich mich wohl auf einer relativ stark befahrenen West-Ost-Achse. Das ist in Anbetracht des jetzt komplett fehlenden AIS natürlich schlecht, zumal die Sicht durch den zunehmenden Seegang immer weiter abnimmt. Am frühen Nachmittag erreicht die Brise bereits sieben Beaufort. In einem festen Rhythmus rollen die jetzt sicher fünf Meter hohen Wellen unter uns her. Ich schicke gerade eine SMS nach Hause, als hinter mir plötzlich ein weiteres Schiff auftaucht. Im ersten Moment sieht es so aus, also ob der Tanker direkt auf mich zuhält. Eine Kollisionspeilung zu nehmen, macht bei unserer stark gierenden Fahrt keinen Sinn. Also nehme ich Kontakt per UKW auf. »Ha ha, no problem, captain, I can see you. I pass you on starboard«, plärrt es wenig später aus dem Lautsprecher. Der spanische oder italienische Schiffsführer hat offenbar seine helle Freude an meinem wilden Ritt. Gar nicht mal so weit entfernt setzt der Ozeanriese wenig später zum Überholen an. Dadurch habe ich zum ersten Mal einen wirklichen Anhaltspunkt für die tatsächliche Wellenhöhe. Blickt man lediglich auf eine endlose Wasserfläche, ist es nämlich nur schwer möglich, die Höhe des Seegangs realistisch abzuschätzen. Jetzt verschwindet der mächtige Tanker immer wieder und nahezu vollständig, wenn entweder ich oder er in einem Wellental versinkt. »Wahnsinn«, kommentiere ich das Geschehen knapp. Ich weiß natürlich nicht genau, wie hoch der Koloss tatsächlich ist. Wenn ich aber von 20 Metern ausgehe, müssen die Wellen mittlerweile deutlich größer als fünf Meter sein. Nun könnte man denken, die Situation würde langsam bedrohlich. Ich fühle mich aber trotz der Respekt einflößenden See gerade regelrecht wohl. Vielleicht ein Resultat des zuvor nervenaufreibenden Wechselspiels zwischen Flauten, Schwachwind und ungemütlichen Wetterepisoden. Auch meine knappen Dieselvorräte spielen insoweit eventuell eine Rolle. Ich habe wieder das Gefühl, voranzukommen, und spüre neuen Optimismus. In der Bugkoje liegend nehme ich sogar ein Buch zur Hand und lausche gespannt dem unter mir gurgelnden Wasser. Ein wunderbarer Moment.

Es ist der Mittag des 19. Seetags, und ich rechne noch einmal nach, aber es stimmt: In den letzten 24 Stunden haben wir 150 Seemeilen zurückgelegt! Draußen weht es nach wie vor von achtern, wobei der Wind nachts auf fünf bis sechs Beaufort abgenommen hat. CARPE läuft stabil mit durchschnittlich sieben Knoten Fahrt auf Idealkurs Richtung Azoren. Wenn es so weiterläuft, kann ich mein Ziel in vier Tagen erreichen ... wenn! Denn das Wetter ist nach wie vor die große Unbekannte. Nahezu täglich lade ich momentan neue Wetterdaten und finde immer wieder neue Szenarien vor. Hieß es vor zwei Tagen noch, der Südwind würde bis Sonntagabend anhalten, prognostizieren die frischen Files nun ab Samstagmittag Nordwind. Für meinen Kurs Richtung Nordost ist das natürlich denkbar schlecht. Ich muss also wohl oder übel mehr Nord machen, um so später einen besseren Winkel zum Wind zu erreichen. Genauer gesagt, bis auf 38, besser 39° N. Bei meinem aktuellen Kurs bedeutet das circa 300 Seemeilen in 48 Stunden. Nicht unmöglich, aber schwer. Alternativ könnte ich auf einen direkten Nordkurs setzen. Dann würde sich die verbleibende Strecke bis nach Horta allerdings deutlich erhöhen, worauf ich ehrlich gesagt auch nicht so viel Lust habe. Letztlich entscheide ich mich für eine Zwischenlösung und lege einen mittleren Kurs aus Nord und Zielrichtung an. Ich will nur hoffen, dass es damit hinhaut.

Der 20. Tag meiner Fahrt beginnt wie der vorherige. Seit nunmehr 48 Stunden bläst der Wind abwechselnd zwischen sechs und sieben Beaufort aus Südwest, entsprechend mühsam war die Nacht. Hinzu kommt, dass ich wegen des defekten AIS jetzt alle Dreiviertelstunde aus der Koje muss. Das hat alles in allem zwar besser geklappt als befürchtet, jedoch fühle ich mich heute Morgen ganz schön platt. Das neue Etmal liegt mit 145 Seemeilen nur knapp unter meiner anvisierten Wunschmarke. Noch so ein Tag und wir sind halbwegs im Soll. Ein wenig Sorge bereitet mir aber der Luftdruck. Dieser befindet sich nach wie vor im freien Fall und ist in den letzten zwei Tagen von 1025 auf jetzt 997 Millibar gefallen. Da wird also noch was kommen. Kaum ist wieder etwas mehr Action an Bord, flutschen auch die Tage deutlich besser. Im Logbuch vermerke ich dazu: »Manchmal hat es den Anschein, als ob sich dieser Törn aus grundverschiedenen Teilen zusammensetzt. Gefühlt, erlebt und gefahren.« Ich weiß nicht, ob das irgendwie nachvollziehbar ist, aber besser kann ich es auch jetzt nicht beschreiben. Die LOUP DE MER hat sich übrigens auch noch mal gemeldet. Sie hat mich in der Zwischenzeit überholt und wird wahrscheinlich morgen, spätestens übermorgen auf Faial festmachen. Für mich sind es derweil erstmals weniger als 300 Seemeilen bis zur lang ersehnten heißen Dusche.

Was der Luftdruck bereits erahnen ließ, wird am frühen Nachmittag Gewissheit. Rasmus packt noch eine Schippe drauf, und binnen kürzester Zeit weht es mit acht Windstärken. Trotz einiger weniger Sonnenstrahlen, die sich hier und da ins Cockpit verirren, wird es jetzt wirklich ungemütlich. Hinter mir sehe ich die wohl bislang höchsten Wellen meiner Seglerkarriere anbranden. CARPES Heck steigt mehrmals steil nach oben und legt sich Sekunden später gefährlich auf die Seite. Ich habe jetzt wirklich Schiss, vor der See querzuschlagen. Um im Fall der Fälle möglichst schnell eingreifen zu können, verkeile ich mich auf den Stufen des Niedergangs und beobachte das Geschehen. Eine knappe Stunde später ist der Wind dann von jetzt auf gleich verschwunden. Die Wetterkapriolen gehen also weiter, und das zu einem sehr ungünstigen Zeitpunkt, denn ich muss noch sicher 70 Seemeilen Nord machen, bevor der Wind erneut dreht. Mit der Flaute fallen auch die Temperaturen spürbar, und der Luftdruck steigt wieder leicht. »Das wird wohl die Kaltfront gewesen sein«, murmele ich in die plötzliche Stille des Salons. Für die kommenden Stunden hoffe ich nun auf Rückseitenwetter mit etwas Wind.

21.06 Uhr. Wie erhofft ist eine leichte Brise aufgekommen, und wir segeln wieder. Von meinem Platz unter der Sprayhood beobachte ich die aufziehende Dämmerung. Der Tag war doch anstrengender als gedacht. Ich bin regelrecht erschöpft und freue mich zunehmend auf den absehbaren Landfall. Die kalte Nacht bringt leider wieder nur wenig Schlaf. Ursache sind zwei mächtige Gewitter, die zwar nicht unmittelbar über mich hinwegziehen, aber deren Blitze und Donnerschläge mir einen ordentlichen Schrecken einjagen. Wie so oft lässt die Brise nach den Schauern erneut spürbar nach. Bis zum Morgengrauen dümpeln wir so Richtung Nordost.

»Doch nicht so schlecht, die Hitze in der Karibik«, stelle ich fest. Ich bin völlig durchgefroren und ziemlich im Eimer. Dick eingepackt in Wollpullover und Ölzeughose hantiere ich im Cockpit mit den nassen Leinen. Vor ein paar Stunden hat es einen beachtlichen Windsprung auf West gegeben. Deutlich früher als erwartet dreht der Wind scheinbar auf Nord. Der neue Wetterbericht versetzt mir dann einen weiteren Schlag in die Magengrube, und ich bin tatsächlich ratlos. Eigentlich das erste Mal seit meinem Aufbruch auf Fehmarn weiß ich nicht mehr weiter. Denn die GRIB-Files zeigen das Schlimmste, was ich mir im Augenblick vorstellen kann: Gleich für mehrere Tage soll der Wind ab heute Nachmittag aus Nordost blasen, meiner genauen Zielrichtung nach Horta. Wie paralysiert sitze ich in der Naviecke, starre auf meine von Nässe und Kälte aufgequollen Hände und versuche, einen klaren Gedanken zu fassen. Angesichts meiner zunehmenden Müdigkeit ist das alles andere als leicht. Momentan kann ich mit circa 65° noch etwas Höhe Richtung Nord machen. Der angekündigte Winddreher auf Nordost hat also anscheinend noch nicht begonnen. »Was soll ich jetzt machen?«, geht mir der immer gleiche Gedanke durch den Kopf. In Ermangelung echter Ideen und Alternativen fälle ich kurze Zeit später eine Entscheidung. Ich werde versuchen, so hoch wie möglich am Wind weiter meinen aktuellen Kurs zu halten. Meine Hoffnung ist, dass die anstehende Winddrehung dann langsamer als befürchtet vonstattengeht und ich so zumindest einige Zeit weiter nach Nordost laufen kann. Sollte ich die Höhe nicht halten können, muss ich entweder erneut aufkreuzen oder schlimmstenfalls zu einer südlicheren Azoreninsel ausweichen.

Es dröhnt und scheppert. Fast könnte man glauben, die Welt habe sich so kurz vor meinem Ziel komplett gegen mich verschworen. Der Wind schmettert jetzt mit hohen sechs Beaufort aus Nordnordwest. Vor CARPES Bug nur kochende See und sich immer höher auftürmende Wellen. Immer wieder gehen kurze, heftige Schauer nieder, deren kalte Nässe nach und nach selbst die hintersten Ecken meines Boots erreicht. Die Segel sind so weit wie möglich gerefft. Zu viel Fläche darf ich allerdings nicht wegnehmen, da ich ansonsten den extrem spitzen Winkel zum Wind nicht dauerhaft halten kann.

Wieder kracht das Vorschiff beängstigend laut in ein Wellental. Manchmal meine ich für Bruchteile von Sekunden, so etwas wie Schwerelosigkeit zu spüren, wenn wir rasant über den Gipfel eines Wellenbergs fliegen. Den bevorstehenden Einschlag versuche ich dann idiotischerweise durch Zusammenkneifen der Augen und hochgezogene Schultern abzudämpfen. Sind die Aufschläge besonders hart, zittert für Augenblicke das komplette Rigg. Im Geist male ich mir aus, welche Lasten wohl gerade an den dünnen Wanten des Masts zerren. Die Sorgen um einen existenziellen Schaden an Rumpf oder Rigg bekommen so neuen Auftrieb. Mehr noch, ich spüre zum ersten Mal wirkliche Angst in mir aufsteigen. Was, wenn wirklich etwas passiert und beispielsweise der Mast herunterkommt? Wie lange kann ich mein Boot noch halbwegs konzentriert und sicher führen, wenn der schon jetzt deutlich spürbare Schlafentzug weiter zunimmt? Kann ich überhaupt noch mal richtig schlafen, bis wir in Landnähe auf vermutlich noch dichteren Schiffsverkehr treffen werden? Kurz erwäge ich sogar, den zermürbenden Kampf gegen die See abzubrechen, vor dem Wind nach Süden abzulaufen und bei besseren Bedingungen einen neuen Anlauf Richtung Faial zu starten. Schließlich ist es wieder ein Kompromiss, der meine endlosen Gedankenschleifen vorerst beendet. Ich falle etwa 20° ab, fiere die Schoten und hoffe so, die Belastung für Boot und Skipper zu reduzieren. Unser Kurs über Grund liegt jetzt bei nur noch 80°, also fast Ost.

Die folgenden Stunden sind voller Hoffnung und Zweifel zugleich. Ein paar Mal glaube ich, der angesagte Winddreher würde plötzlich einsetzen und unsere Fahrt nach Horta endgültig beenden. Dann plötzlich wieder Zuversicht, wenn der Kurs abrupt zurück auf Nordost springt. An Schlaf oder Entspannung ist währenddessen nicht zu denken. Wenn ich nicht gerade am Kartentisch sitze und wie gebannt auf den Bildschirm des Laptops starre, liege ich für kurze Momente auf den Salonbänken und horche auf das, was CARPE DIEM gerade leistet. Dazwischen steige ich regelmäßig ins Cockpit und suche den nächtlichen

Horizont nach anderen Schiffen ab. Die 21. Nacht auf See wird so zur bislang längsten meiner kompletten Reise.

22. Seetag, 8.38 Uhr. Die schier endlose Nacht ist vorbei. Der Wind hat auf etwa fünf Windstärken abgenommen und beginnt, langsam auf Nordost zu drehen. Unsere aktuelle Fahrtrichtung liegt daher bei jetzt nur noch 95°. Das wäre aufgrund der erfreulich vielen Seemeilen, die wir in der Nacht noch Richtung Nordost fahren konnten, ein recht guter Kurs nach Faial. Sollte der Wind in den nächsten Stunden allerdings noch weiter drehen, kann es mit der Anfahrt noch einmal knapp werden. Entsprechend angespannt sitze ich auch heute Vormittag Stunde um Stunde am Laptop oder Steuerstand und beobachte, wie sich die Bedingungen entwickeln.

11.26 Uhr. Nach fünf erfolglosen Anläufen habe ich noch einmal neue Wetterdaten heruntergeladen. Die Spannung beim Beobachten des Ladebalkens vor mir ist kaum auszuhalten. Wartet eine erneute Hiobsbotschaft auf mich oder kommt endlich die ersehnte Entwarnung? Wenige Minuten später habe ich dann Gewissheit: Der Wind soll nicht mehr wie ursprünglich angenommen auf Nordost drehen, sondern wird sich nach aktueller Prognose bei Nordnordwest einpendeln. Damit ist klar, dass ich Horta ohne anstrengendes und zeitraubendes Gegen-den-Wind-Bolzen erreichen kann.

Eine wahre Zentnerlast fällt von mir ab. Spontan greife ich zur Kamera und spreche die frohe Kunde in die Linse. Natürlich weiß ich, dass mir niemand zuhört, dennoch muss ich die Nachricht irgendwie loswerden. Während ich so gleichermaßen aufgeregt und erschöpft in das Objektiv quassele, bemerke ich, wie sich ein dicker Kloß in meinem Hals bildet. »Mehr kann ich dazu gerade nicht sagen«, bringe ich noch hervor, dann wird es Zeit, die Kamera auszuschalten und ein stilles Tränchen zu verdrücken.

Landfall

Es ist ziemlich genau ein Uhr morgens am 23. Seetag. Im Logbuch habe ich gerade die Kopfzeile der voraussichtlich letzten Seite ausgefüllt. Dort steht neben dem aktuellen Datum auch der Ausgangs- und Zielhafen des laufenden Schlags. In den zurückliegenden Monaten habe ich es mir zu einer Art Gewohnheit gemacht, den Zielhafen erst nach meiner tatsächlichen Ankunft einzutragen. Irgendein Gefühl hat mir vorher davon abgeraten, quasi so eine Art Vorsichtsmaßnahme vor zu hohen und verfrühten Erwartungen. Jetzt aber trage ich, obwohl noch unterwegs, stolz und erlöst Horta ein ...

Nach den guten Nachrichten hatte der gestrige Tag ein versöhnliches Ende genommen: Im Überschwang der Gefühle war ich nachmittags zum Mast geklettert, um dort eigentlich viel zu früh die portugiesische Gastlandflagge zu setzen. Trotz bleischwerer Knochen und tiefer Erschöpfung war es mir nicht gelungen zu schlafen. Über 50 Stunden ging das nun schon so. Es wurde wirklich Zeit, anzukommen, auch weil mir so langsam, aber sicher die trockenen Klamotten ausgingen.

Zwei Uhr. Lichter, ich sehe Lichter! Erst ganz schwach, dann immer deutlicher zeigen sich steuerbord voraus immer mehr schimmernde Lichtpunkte, die wie eine kleine Milchstraße oder die Seitenansicht einer Galaxie wirken. »Faiaaaaal!«, rufe ich in die Nacht, gefolgt von einem schrillen Jubelschrei. Mein nächster Gedanke ist dann wieder ganz pragmatisch: »Gleich kann ich schlafen, schlafen, schlafen.«

Drei Uhr. Von Norden kommend erreiche ich die Meerenge zwischen Faial und der benachbarten Insel Pico. Nach über drei Wochen auf See krame ich die klammen Festmacherleinen aus der Backskiste und hänge die Fender an die Reling. Vor mir kann ich bereits die vielen hellen Lichter von Horta und der vorgelagerten Marina erkennen. Nur unter Genua und bei jetzt raumem Wind lege ich die letzten endlosen Seemeilen zurück. Mein Kopf ist voll und leer zugleich. Voll, weil der Schlafmangel offenbar eine regelmäßige Leerung des Arbeitsspeichers verhindert, und leer, weil ich trotz Euphorie und Freude nichts Vernünftiges denken kann. Ein Moment nur im Hier und Jetzt, den ich hoffentlich irgendwie konservieren kann.

Dann wird es doch noch einmal hektisch, denn als ich kurz vor der Molenzufahrt die Maschine einschalten will, passiert nichts. Noch einmal drücke ich den Starterknopf am salzverkrusteten Motorpanel. Wieder leiert der Anlasser, doch der Motor will auch jetzt nicht anspringen. »Verdammte Scheiße!«, rufe ich entnervt und springe unter Deck. Schnell reiße ich die Polster von den Bänken und klappe die Abdeckung über den Batterien nach oben. Mit meinem keinen Stromprüfer checke ich die Spannung der Motorbatterie. 12,3 Volt, nicht ganz voll, aber eigentlich genug. Ein prüfender Blick in den Motorraum führt auch zu keinem wesentlich anderen Befund. Zurück am Steuerstand entdecke ich dann die Ursache für das Problem. CARPES Maschine wird mithilfe eines Zughebels abgeschaltet, welcher die Dieselzufuhr kurz unterbricht. Und genau diesen blöden Hebel habe ich beim letzten Ausstellen der Maschine offenbar nicht wieder ganz hineingeschoben. Ich drücke den Griff also so weit es geht hinein und betätige erneut den Starterknopf. Der Motor läuft.

Vier Uhr. Noch drei Schiffslängen bis zur Pier. Platz ist genug, auch wenn gleich am Anfang der groben Betonmauer eine andere Yacht festgemacht hat, an deren Heck übrigens eine deutsche Flagge baumelt. Noch zwei Schiffslängen. »Jetzt bloß nicht noch gegen die Mauer fahren«, denke ich kurz. Trotz des deutlich spürbaren Adrenalinschubs fällt es mir schwer, mich zu konzentrieren. Noch eine Schiffslänge. Ich kupple die Maschine aus und lege vorsichtig Ruder nach Backbord. Die große Betonpier vor mir leuchtet jetzt gespenstisch im grünen Licht der Navigationslaterne. Dann greife ich die Heckleine, stoppe auf und treffe gleich beim ersten Versuch den massiven Stahlpoller schräg hinter mir. Wenig später ist auch die Bugleine fest. Mit wackeligen Beinen mache ich nach über 2600 Seemeilen einen großen Schritt an Land. Die ersten Minuten mit festem Boden unter den Füßen wirken fast surreal. Wie bestellt und nicht abgeholt stehe ich etwas verloren im völlig menschenleeren Hafen und weiß gar nicht so recht, was ich jetzt machen soll. Da nähert sich von einem nahe gelegenen Gebäude plötzlich ein Schatten, ein Wachmann in dunkelblauer Uniform, der mich in gebrochenem Englisch willkommen heißt. Fast erliege ich dem Impuls, dem guten Mann nach Wochen des Alleinseins spontan um den Hals zu fallen, dann weckt aber etwas anderes mein Interesse. Der stämmige Portugiese hat nämlich eine Zigarette in der Hand, deren duftende Rauchfahne ich insgeheim schon sekundenlang aufsauge. Denn meine Tabakvorräte an Bord waren bereits nach einer Woche auf See verbraucht, und das nicht ganz ohne Absicht. Ich hatte mir vorgenommen, möglichst wenig zu rauchen, und entsprechend wenig eingepackt. Bei einer Tagesration von fünf Zigaretten hätte das auch prima geklappt, nicht aber, wenn man gleich in den ersten Tagen quarzt, was das Zeug hält, und sich dann wundert, wenn plötzlich alle Schachteln leer sind. Jedenfalls schenkt mir der Uniformierte gleich ein paar Zigaretten, die ich kurz darauf genüsslich im Cockpit paffe. Mit jeder Rauchschwade, die ich in den Nachthimmel puste, weicht meine innere Anspannung einem Gefühl von Dankbarkeit und tiefer Erschöpfung. Fast fühle ich mich wie ein nicht ganz dichter Luftballon, der langsam in sich zusammensackt. Dann steige ich mit steifen Knochen wieder unter Deck und nehme die Kamera zur Hand. Eigentlich weiß ich gar nicht, was ich sagen soll, und so beschränke ich mich auf zwei, drei kurze Sätze, die das Wechselbad der Gefühle hoffentlich halbwegs konservieren können. Schon wieder spüre ich den dicken Kloß im Hals und kann nur mit Mühe verhindern, wie ein Pennäler zu flennen. Ich habe es geschafft!

Azoren

April 2014, Horta

Die Azoren sind so etwas wie mein persönliches Highlight der Reise. Die Mischung aus mediterranem Flair und fast schon irisch anmutenden Landschaften ist genau mein Ding. CARPE DIEM liegt nun schon seit einigen Tagen sicher vertäut an einem Schwimmsteg der Marina und erholt sich von der turbulenten Überfahrt von der Karibik. Obwohl es erst April und damit noch recht früh in der Saison ist, sind die meisten Plätze bereits belegt. Da kann ich mir lebhaft vorstellen, wie es hier in einigen Monaten aussehen wird. Die ersten Tage an Land waren hauptsächlich von ausgedehnten Schlaforgien geprägt. Wie üblich fällt es mir schwer, richtig zur Ruhe zu kommen, zu groß ist die innere Unruhe und der noch immer tiefsitzende Überwachungsmodus. Mittlerweile bin ich nun aber häufiger unterwegs und erkunde während langer Spaziergänge Horta und Umgebung. Das Städtchen und deren Bewohner haben es mir gleich angetan. Abgesehen vom etwas mürrischen Hafenmeister sind hier alle freundlich und offen. Das gilt auch für die vielen Segler, die ich tagtäglich auf den Stegen oder in der kleinen Marinabar treffe. Auch ein fröhliches Wiedersehen mit der Besatzung der LOUP DE MER hat es bereits gegeben. Der Ort selbst strahlt derweil viel Geschichte und maritime Stimmung aus. Die meist engen, kopfsteingepflasterten Straßen sind dicht gesäumt von alten, weiß getünchten Häusern. Dazwischen immer wieder größere Plätze mit beeindruckenden Prachtbauten sowie kleine, gemütliche Parkanlagen. Einer meiner ersten Ausflüge führt mich natürlich gleich ins Café Sport, wo ich mir eines der berühmten Steaks und ein kühles Bier einverleibe. Da sind sie wieder, die wohlig über den Rücken huschenden Schauer. Und während ich hier so sitze und die vielen kleinen

Erinnerungsstücke an Wänden und Decke betrachte, sickert eine Erkenntnis immer tiefer in mein Bewusstsein. Zwei Mal bin ich jetzt allein über den Atlantik gesegelt und gehöre jetzt irgendwie wohl auch zu den vielen Haudegen, die hier ihre Spuren hinterlassen haben. Ein schönes Gefühl, das mich fast ein bisschen stolz macht. Viel größer sind aber Demut und Respekt vor dem, was ich erleben musste und durfte. Schon jetzt ist klar: Diese Reise hat und wird mein Leben verändern.

Ein ebenso bekanntes wie ungewöhnliches Phänomen in Horta sind die vielen bunten Gemälde rund um den Hafen. Wirklich jedes noch so kleine Fleckchen auf Pier, Mole und sogar den Gehwegen ist bemalt. Hintergrund ist eine alte Legende, wonach ein Seefahrer nur dann sicher nach Faial zurückkehren wird, wenn er sich zuvor mit einem persönlichen Kunstwerk im Hafen verewigt hat. In Deutschland würde es dafür wahrscheinlich gleich Strafanzeigen und Klagen hageln. Hier sind die mitunter kunstvoll entworfenen Bilder nicht nur selbstverständlich, sondern eine echte Bereicherung des Stadtbilds. Stundenlang kann man an den Mauern und Wänden entlangflanieren und dabei die teilweise über 20 Jahre alten Gemälde bestaunen, quasi eine Art Freilichtmuseum für vergangene und zeitgenössische Seefahrergeschichte.

Nach einer guten Woche auf Faial bekomme ich Besuch aus der Heimat. Aufgeregt wie ein Dreijähriger vor seiner ersten Radfahrt ohne Stützräder sitze ich im Miniterminal des Flughafens und warte auf Ruth. Für etwa eine Woche wollen wir gemeinsam Urlaub auf Faial machen, bevor es für uns beide zurück in die Heimat geht. Meine Weiterreise zum momentan noch ungemütlichen Ärmelkanal ist nämlich erst für Juni geplant. Mit einem kleinen Mietwagen geht es nun also daran, die restliche Insel zu erforschen. Besonders groß ist Faial nicht, und so ist es selbst zum entgegensetzten Ende der Insel nur eine kurze Fahrt. Wir besuchen die Caldeira, einen erloschenen Vulkankrater im Zentrum des Eilands, sowie den im Norden gelegenen Ort der letzten großen Eruption. Hier am Punta de Capelinhos glaubt man schnell, auf einem fremden Planeten gelandet zu sein. Überall nur schwarze Asche, und der einst küstennahe Leuchtturm steht nun weit und fast verschüttet im Landesinneren. Eine beklemmende Erfahrung ist der Besuch einer ehemaligen Walfangstation. Bis in die späten 1980er-Jahre wurden auf den Azoren die hier ganzjährig lebenden Pottwale gejagt. Ein durchaus zwiespältiges Kapitel, denn der Fang fand eher traditionell mit kleinen, hölzernen Segelbooten als industriell statt. Dennoch bin ich persönlich froh, dass die großen Säuger nun ungestört hier leben können. Am Ende des Tags ist das fahle Gefühl wieder verflogen, spätestens als ich einmal mehr im Hafen duschen gehe, denn auch das ist in Horta etwas Besonderes. Hier wartet kein steriles Sanitärgebäude mit Münzautomaten und endlosen Reihen aus Duschkabinen. Vielmehr atmet der uralte Bau nahe der Hafenkneipe lebendige Geschichte. Das Beste ist allerdings der freundliche Service durch eine ältere Dame gleich am Eingang. Hier erhält man für die fälligen zwei Euro Benutzungsgebühr nämlich nicht nur Zutritt, sondern auch ein großes weißes Handtuch sowie ein Stück Seife.

Zu einer bemerkenswerten Begegnung kommt es dann noch, als ich eines Abends allein über den Steg schlendere und versonnen die vielen Langfahrtyachten betrachte. Da nähert sich von der Hafenzufahrt eine etwa zwölf Meter lange Stahlyacht, die mir bereits zuvor aufgefallen war, als sie am Meldesteiger lag und der offenbar allein segelnde Skipper zum Hafenmeister trabte. Ich stehe gerade zufällig an einer freien Anlegestelle, und genau dort will der Franzose nun auch festmachen. Kurzerhand helfe ich ihm bei dem ansonsten immer etwas fummeligen Einhandmanöver. Natürlich kommen wir gleich ins Gespräch, und ich höre Unglaubliches. Der nette Bretone heißt Stephane und kommt gerade nonstop aus Ushuaia, der südlichsten Stadt Argentiniens. Diese liegt am Beagle-Kanal, jener natürlichen

Wasserstraße, die knapp über dem Kap Hoorn den Atlantik mit dem Pazifik verbindet. Ich bin augenblicklich platt und erfahre weiter, dass Stephane insgesamt 61 Tage allein auf See war und dabei über 6000 Seemeilen zurückgelegt hat. Die Strapazen der Reise sind ihm deutlich anzusehen, auch wenn er beteuert, dass die Fahrt alles in allem recht gut verlaufen sei. »Wow!«, denke ich und halte mich sogleich gar nicht mehr für einen so tollen Segelheld. Der Grund für Stephanes Solotrip stimmt mich dann noch nachdenklicher. Die letzten drei Jahre war er nämlich zusammen mit seiner Frau und den beiden Kindern rund um die Welt unterwegs. In Südamerika war die Fahrt dann jäh zu Ende, als seine Ehefrau eine Krebsdiagnose erhielt. Sofort wurde alles für die Heimreise und Behandlung in einem französischen Krankenhaus organisiert. Sein Boot konnte und wollte Stephane nach eigener Aussage jedoch nicht in Südamerika zurücklassen. Um dennoch möglichst schnell wieder bei seiner Familie zu sein, entschied er sich für den langen Nonstopschlag zu den Azoren. Von hier will er nun in den kommenden Tagen nach Brest fliegen, die Kinder bei den Schwiegereltern einsammeln und seiner Frau beistehen.

Die Zeit auf Faial vergeht wie üblich viel zu schnell. Bevor es über einen Zwischenstopp in Lissabon nach Hause geht, gilt es, noch zwei letzte Dinge zu erledigen. Als Erstes brauche ich jemanden, der während meiner Abwesenheit nach CARPE schaut. Bis Ende Mai kann es hier nämlich immer wieder mal ordentlich pfeifen, wenn eines der noch relativ weit südlich ziehenden Tiefdruckgebiete über den Archipel rauscht. Den blöden Hafenmeister will ich nicht fragen, denn der Giftzwerg ging mir zuletzt gehörig auf die Nerven. Umso besser trifft es sich, dass ich kürzlich nur ein paar Boote neben mir den netten Italiener Alberico kennengelernt habe. Der Lockenkopf lebt seit einigen Jahren auf einem Boot in der Marina und verspricht, für kleines Geld ein Auge auf mein Boot zu haben. Zu guter Letzt muss natürlich auch ich mein Gemälde im Hafen anbringen. Wer weiß schon, was an diesen Legenden so alles dran ist. Bevor es auf die Suche nach einem freien Plätzchen für mein Kunstwerk geht, besorge ich mir im Ort schon mal Pinsel und Farben. Der Laden scheint eine echte Goldgrube zu sein, zumindest ist das Angebot für den ansonsten doch übersichtlichen Ort enorm. Wenig später ist es vollbracht, und vor mir prangt ein etwa 40 mal 60 Zentimeter großes Meisterwerk in Blau und Weiß. Jetzt kann ja eigentlich nichts mehr schiefgehen. Drei Tage später bin ich wieder zu Hause, und das lange Warten auf den Sommer beginnt.

Zurück in die Alte Welt
Juni bis Juli 2014

Noch mal Horta

Juni 2014. Nach einigen Wochen Alltag zu Hause bin ich endlich wieder zurück auf den Azoren. Am Steg treffe ich gleich auf Alberico, der mir von einigen heftigen Stürmen in den zurückliegenden Monaten erzählt. Manch eine der hier zwischengeparkten Yachten wäre dabei ernsthaft beschädigt worden. CARPE DIEM habe aber alles gut überstanden und würde nach wie vor unbeschadet an ihrem Platz liegen. Auch der notorisch schlecht gelaunte Hafenmeister läuft mir gleich über den Weg und fragt ohne Gruß oder sonstige Freundlichkeiten, wann ich denn nun endlich abreisen würde. In Kürze würde nämlich eine Regatta stattfinden, für deren Teilnehmer er unter anderem auch meinen Liegeplatz brauche. Um mich dem Gemecker zu entziehen, kündige ich kurzerhand meine Abreise für die kommende Woche an.

Wie schon erwartet, ist die Marina zu Horta mittlerweile pickepackevoll. Überall arbeiten braun gebrannte Segler an ihren Booten und machen sich für die Weiterreise Richtung Festland fertig. Auch ich habe vor meiner Abreise noch einiges zu erledigen. Das größte Ärgernis stellt dabei ohne Zweifel das Problem mit meinen Bordbatterien dar. Ich hatte ja auf meinem langen Weg hierher immer wieder mit schwächelnden oder sogar leeren Batterien zu kämpfen. Gerade zuletzt war mir das immer merkwürdiger vorgekommen, und so habe ich die Akkus mittlerweile etwas genauer unter die Lupe genommen. Dabei hat sich herausgestellt, dass irgendein Vollpfosten alle meine Stromspeicher genau umgekehrt angeschlossen hat. Also waren sämtliche Bordverbraucher wie Licht, Laptop, Kühlschrank und Navigationsgeräte an die Starterbatterie des Motors angeschlossen, während allein der Motor über die zwei großen Blöcke gestartet wurde. Und ich habe mich immer schon gewundert, warum der kalte Diesel selbst nach Tagen des Stillstands stets wie aus der Pistole geschossen angesprungen ist. Letztlich kann ich nur mutmaßen, wer das verbockt hat, aber eigentlich kann es nur die Werft in Laboe oder mein alter Kumpel Emilio gewesen sein. Jedenfalls ist die Starterbatterie nach monatelangem Missbrauch nun am Ende und muss ausgetauscht werden. Nach einigem Hin und Her bei Tankstellen und Autowerkstätten finde ich schließlich einen passenden Ersatz bei einem der hiesigen Autovermieter. Ein weiterer wichtiger Punkt ist der Einbau einer neuen GPS-Antenne, die sich hoffentlich besser mit dem AIS-Empfänger verträgt. Die Montage der jetzt außen liegenden Antenne ist nichts für schwache Nerven. Wer schon einmal versucht hat, mit über zwei Meter Körperlänge in eine enge Backskiste zu klettern, weiß, wovon ich rede. Ansonsten stehen auch bei mir die üblichen Vorbereitungen wie Proviantbunkern, Riggkontrolle und Motorinspektion auf dem Programm.

Am 2. Juli 2014 bin ich schließlich bereit zum Auslaufen. Das Wetter ist seit Tagen sonnig und ruhig. Leider gilt Letzteres auch für den Wind, der aufgrund des zu dieser Jahreszeit sehr ausgeprägten Azorenhochs nur schwach bläst. Bevor ich Horta verlasse, muss ich natürlich noch meine Latte beim Hafenmeister bezahlen und ausklarieren. Eine halbe Ewigkeit sitze ich dazu in den Büros der Hafenbehörde und warte. Der Hafenchef tippt währenddessen eine scheinbar endlose Zahlenfolge in seinen kleinen Taschenrechner und versucht dabei, möglichst ernst dreinzuschauen. Dann kommt der Oberklopper. Ich soll für die knapp zweieinhalb Monate fast 1000 Euro bezahlen, und das, obwohl auf dem Preistableau der Marina groß und breit eine Monatspauschale von 230 Euro ausgewiesen wird. Auf meine entsprechende Nachfrage wird mir lapidar mitgeteilt, dass diese Preise nur bei einer Bezahlung im Voraus gelten würden. »Ich glaub, ich spinne!«, maule ich vor seinem Schreibtisch, switche zurück auf Englisch und lehne die Zahlung erst mal kategorisch ab. Was folgt, ist ein sicher halbstündiger Monolog über seinen schweren Job, meine Intoleranz, zusätzlich anfallende Steuern und Gebühren und was weiß ich noch alles. Danach gibt er endlich klein bei, und wir einigen uns auf etwa zwei Drittel des ursprünglichen Betrags.

Ich glaube, ich komm nie an

Meine Abfahrt aus Horta verläuft ganz still und leise. Niemand nimmt Notiz, als ich gegen Mittag die Leinen löse. Nur ein einheimischer Fischer beobachtet interessiert mein mittlerweile routiniert ablaufendes Einhandablegemanöver. Zu meiner Freude treffe ich in der Enge zwischen Faial und Pico gleich auf etwas Wind. Blöderweise kommt der aber genau aus Nord, wohin ich muss. Bis auf Weiteres lasse ich also erst mal den Diesel knattern, das tut dem Motor nach wochenlangem Stillstand sicher auch mal ganz gut. Hinter mir werden die Umrisse von Horta derweil immer kleiner. »Schön war es hier«, denke ich und bin fast sicher, dass dies nicht mein letzter Besuch auf den Azoren gewesen ist. Das war es aber auch schon mit meinen wehmütigen Gefühlen. Anders als bei den vorherigen Aufbrüchen mache ich mir aktuell keine großen Gedanken um das, was in den kommenden Tagen auf mich zukommt. Der Wetterbericht prognostiziert ruhiges Wetter, und überhaupt kommen mir die knapp 1200 Seemeilen bis nach Brest gerade recht überschaubar vor. Es ist wirklich interessant, wie sich die Maßstäbe da nach und nach verschieben.

Nach knapp zwei Stunden Motorfahrt wird es Zeit, die Segel zu setzen. Kaum sind die beiden Lappen oben, entdecke ich am Achterliek des Vorsegels einen beachtlichen Riss. »Scheiße!«, rufe ich ins Rigg und wundere mich zugleich, wie es zu dem Schaden kommen konnte. Erst gestern hatte ich mich nämlich am Mast nach oben gewuchtet und sowohl die Aufbauten als auch die Segel überprüft. Der etwa einen Meter lange Riss muss also irgendwie beim Segelsetzen entstanden sein. Wie schon so oft auf meiner Reise stelle ich mir die Frage, was nun zu tun ist. Eigentlich gibt es nur zwei Alternativen. Entweder ich tausche das Segel auf See oder steuere eine der noch nahen Inseln an, um mich dort in Ruhe der Sache anzunehmen. Knapp drei Stunden später liege ich an der felsigen Südküste São Jorges vor Anker. Die Sonne hat mich in den wenigen Stunden meiner Fahrt schon wieder ganz schön frittiert. Nicht zuletzt deshalb und auch weil der Schaden an der Genua nicht so schnell wie erhofft zu reparieren ist, schlage ich in der Abenddämmerung ein Ersatzsegel an. Das fast unbenutzte Tuch ist leider ein gutes Stück kleiner als das bisherige Vorsegel. Mal schauen, wie sich das auf die Segelperformance auswirken wird.

Es ist sieben Uhr am nächsten Morgen, als ich vom leichten Schaukeln CARPES und einem ganz in der Nähe tuckernden Außenborder geweckt werde. Für einen kurzen Moment glaube ich, CARPES Anker hätte sich gelöst, und entsprechend hektisch springe ich aus der Koje. Draußen ist jedoch alles beim Alten. Einzig ein paar Fischer umkurven mich in ihren kleinen Holzbooten und sammeln freundlich winkend ihre Stellnetze und Reusen ein. Wenig später bin ich wieder unterwegs Richtung Europa. An der Westspitze São Jorges unternehme ich einen ersten Segelversuch, den ich allerdings nach zehn Minuten wieder abbreche, zu schwach und unstet ist die Brise. »Gestern hätte ich hier schön segeln können«, hadere ich kurz mit dem Wettergott, schalte den Diesel an und krieche ganz langsam Richtung Nordnordost. Bis 15 Uhr geht das so, dann hat irgendwer endlich ein Einsehen und beschert mir leichte drei Windstärken aus Nordwest. Unter vollem Zeug passieren wir mit La Graciosa die letzte Landmarke bis zum europäischen Festland.

Die folgenden zwei Seetage verlaufen ruhig. Der Wind stabilisiert sich weiter bei etwa vier Beaufort und ermöglicht mir mit 105 und 125 Seemeilen zwei halbwegs vernünftige Etmale.

Ansonsten versuche ich wie üblich, möglichst schnell einen gewissen Bordrhythmus zu finden. Eine schöne Abwechslung sind dabei die regelmäßigen Radioübertragungen der Fußballweltmeisterschaft, die ich abends gespannt verfolge. Außerdem koche ich viel, lümmle stundenlang mit den Büchern von Jussi Adler-Olson in der Bugkoje oder halte ausgedehnte Nickerchen. Die Zeiten von Badehosen- oder gar Nacktsegeln sind unterdessen wohl endgültig vorbei. Ich komme so langsam, aber sicher wieder in nördliche Gefilde, was sich insbesondere durch die kühleren Wassertemperaturen bemerkbar macht. Die regelmäßigen Seewasserduschen entwickeln sich so immer mehr zur Mutprobe. Zum Ende des vierten Tags auf See flaut der Wind dann erstmals dauerhaft ab – der Beginn einer echten Nervenprobe.

Ich sitze müde und mit schmerzverzerrtem Gesicht am Kartentisch. Seit gestern Abend habe ich plötzlich starke Rückenschmerzen. Schon auf den Azoren war mir ab und an ein leichtes Ziehen im Bereich der Lendenwirbelsäule aufgefallen, hatte das aber auf die Turnübungen in der Backskiste und die Schlepperei beim Einkauf geschoben. Jetzt sind die Schmerzen nicht mehr zu ignorieren. Die ganze Nacht habe ich versucht, in der Koje liegend eine möglichst schonende Körperhaltung zu finden. Das war angesichts des schwächelnden Winds und CARPES rollender Fahrt alles andere als leicht. Geschlafen habe ich so gut wie gar nicht, auch wenn ich es tatsächlich geschafft habe, bei nur zwei Windstärken durch die Nacht zu segeln. Dafür musste ich allerdings erstmals für längere Zeit den elektrischen Autopiloten aktivieren, denn das deutlich kleinere Vorsegel sorgt nicht nur für weniger Fahrt und Höhe zum Wind, sondern ließ uns unter Windpilot auch immer wieder aus dem Ruder laufen. Um kurz nach zwölf Uhr mittags verschwindet dann auch noch das letzte bisschen Wind, und ich schalte wohl oder übel den Diesel wieder an. Das neue Etmal liegt mit nur 92 Seemeilen erstmals auf diesem Schlag unter der

Hundertermarke. »Wohl nicht das letzte Mal«, stelle ich kurz darauf in Anbetracht der neuen Wetterdaten fest. Diese melden für die nächsten Tage kaum Wind und kühle Temperaturen. Das Thema Dieselverbrauch wird mich aller Voraussicht nach also auch auf diesem Teilabschnitt beschäftigen. Unzählige Male setze und berge ich heute die Segel, sobald der Wind für kurze Phasen zunimmt. Unterbrochen wird das für meinen Rücken sehr belastende Auf und Ab nur von einem kurzen Walbesuch. Gleich eine ganz Gruppe der sanften Riesen dreht nachmittags neugierig ihre Runden um CARPE und mich. Die Nacht bringt dann wieder leichte zwei Beaufort unter Segeln.

Eine Woche auf See. Nachdem der gestrige Tag fast eine Kopie des fünften war, fahre ich auch heute Morgen unter Maschine in die Morgendämmerung. Mein Rücken schmerzt unvermindert, was mich nicht nur körperlich behindert, sondern auch zunehmend meine Stimmung belastet. Zum ersten Mal nehme ich die Hilfe der Bordapotheke in Anspruch und schlucke alle paar Stunden eine starke Schmerztablette. Die in den letzten 24 Stunden zurückgelegte Strecke beträgt heute nur noch 74 Seemeilen. Das wenige, was ab und zu an Wind auftaucht, hat in der Zwischenzeit außerdem auf Nordost gedreht. Das führt zu gleich zwei Problemen: Zum einen kann ich keinen guten Kurs mehr Richtung Brest anlegen, zum anderen müssen wir ab sofort hoch an den Wind. Das wiederum funktioniert bei den schwachwindigen Verhältnissen und dem unterdimensionierten Ersatzsegel nicht wirklich. Ich muss handeln, und so fallen mittags gleich zwei wichtige Entscheidungen. Ich weiche in das etwas näher gelegene La Coruña aus und werde darüber hinaus versuchen, die beschädigte Genua an Ort und Stelle notdürftig instand zu setzen.

Über zwei Stunden hantiere ich in der engen Bugkoje mit Nadel, Faden und Segelklebeband, bis das alte Segel wieder halbwegs hergestellt ist. Die Schmerzmittel beeinträchtigen dabei ganz offensichtlich auch meine Aufmerksamkeit und

Feinmotorik. Zigmal fluche und schimpfe ich lauthals, wenn ich mir entweder in den Finger steche oder den blöden Faden nicht durch das winzige Nadelöhr bekomme. Anschließend geht es aufs schwankende Vordeck, wo ich noch mal eine ganze Stunde mit den störrisch im Wind flatternden Tüchern kämpfe. Zurück im Cockpit schnaufe ich durch, mobilisiere die letzten Kräfte und setze die Segel. Die Entscheidung war offenbar die richtige, denn sofort läuft CARPE DIEM selbst bei nur zwei Beaufort deutlich schneller, und auch der mechanische Windpilot kann wieder den Kurs halten.

»1:7 ... Deutschland steht im Finale!«, lautet der letzte Eintrag im Logbuch, bevor ich am nächsten Morgen eine neue Seite beginne. Fast hatte ich gestern Abend geglaubt, eine englische Comedy-Sendung zu hören, als die beiden Reporter im Minutentakt neue Treffer der deutschen Mannschaft bejubelten. Zu Hause war das sicher ein super Event mit viel Bier und Freudengesängen. Hier freut mich der Erfolg der deutschen Equipe zwar auch, aber echte Euphorie will nicht aufkommen. Die Seglerei ist gerade wirklich mühselig, obwohl meine Rückenbeschwerden etwas besser geworden sind. Bis nach La Coruña sind es indes noch fast 600 Seemeilen, eine angesichts der l ausigen Segelbedingungen schier endlose Distanz. Ansonsten gibt es nicht viel Neues zu berichten. Der Wind bläst abwechselnd zwischen ein und drei Windstärken, was erneut für einige Motorstunden sorgt. Nachmittags erleide ich plötzlich eine unangenehme Durchfallattacke, was vermutlich an den vielen Tabletten der letzten Tage liegt. Daher nehme ich mir vor, künftig so lange wie möglich auf die Schmerzhemmer zu verzichten.

Der zwölfte Seetag. Die vergangenen drei Tage haben sich im Großen und Ganzen nur marginal von den vorherigen unterschieden. Wenig Wind, schlechte Etmale und das gefühlt hundertfache Setzen und Bergen der Segel lassen die Zeit zäh wie Sirup verstreichen. Seit ganzen acht Tagen fahren wir im

Schnitt nicht schneller als 2,5 Knoten. Im Logbuch findet sich für gestern beispielsweise nur ein einziger Vermerk: »Kein Eintrag, da ohnehin nichts passiert!« Einziger Lichtblick sind die mittlerweile deutlich abgeklungenen Rückenprobleme und die trotz unsäglicher Tagesdistanzen nur noch gut 200 Seemeilen bis nach La Coruña. Sollte ich denn tatsächlich irgendwann in diesem Leben einmal dort ankommen, werde ich nach aktueller Prognose fast 1100 Seemeilen zurückgelegt haben. Der ursprünglich geplante Idealkurs nach Brest war mit 1200 Seemeilen nur unwesentlich länger, dafür aber unsegelbar. Entsprechend zackig und ungelenk windet sich unser Track seit Tagen auf der Seekarte hin und her. Heute Abend steht nun das große WM-Finale in Brasilien an. Grund genug, sich noch einmal mit Pütz und Shampoo auf Vordermann zu bringen. Stunden später sitze ich im völlig dunklen Salon und freue mich mit Schweinsteiger und Co. Deutschland ist Weltmeister!

Noch 90 Seemeilen bis nach La Coruña. Schon wieder röhrt der Diesel und saugt Tropfen um Tropfen des kostbaren Kraftstoffs aus dem Tank. Die Anzeige am Steuerstand zeigt noch »halb voll«, was gleichbedeutend mit ungefähr 30 weiteren Betriebsstunden ist. »Wenn wir die komplette Reststrecke motoren müssen, wird das verdammt knapp«, lautet die wenig erfreuliche Erkenntnis. Vorsichtshalber suche ich mir daher zwei etwas näher gelegene Ausweichhäfen an der spanischen Küste und markiere die entsprechenden Kurse auf der Karte. Die Kraftstoffproblematik macht mich auch im Hinblick auf die Maschine selbst sensibel. In der kommenden Nacht werden wir aller Voraussicht nach das große Verkehrstrennungsgebiet vor Kap Finisterre erreichen. Schon jetzt kann ich auf dem AIS die zahlreichen Signale der dort besonders dichten Großschifffahrt erkennen. Ein etwaiger Motorausfall wäre also gerade da, zumal ohne nennenswerten Wind, mehr als fatal. Irgendein Gefühl rät mir, die Maschine noch einmal zu überprüfen. Und tatsächlich, als ich wenig später den Kopf in den engen

Motorraum stecke, entdecke ich ein Problem. Der Keilriemen schleift an einem der Kühlwasserschläuche und hat das dünne Gummirohr schon fast durchgescheuert. Sofort schalte ich die Maschine aus. Mit ein paar Kabelbindern bringe ich den verrutschten Schlauch wieder in seine alte Position und umwickele die schadhafte Stelle mit etwas Klebeband. Der anschließende Testlauf bringt dann vorerst Entwarnung. Das Rohr ist dicht und bleibt jetzt dort, wo es hingehört. Dennoch werde ich die Maschine nun alle paar Stunden sorgfältig checken.

18 Uhr. »Es geschehen noch Zeichen und Wunder!«, freue ich mich am Kartentisch. Auf der Logge vor mir stehen seit Tagen erstmals wieder dauerhaft über vier Knoten Fahrt. Eigentlich hatte ich mich schon darauf eingestellt, alle Zahlen jenseits der drei nie mehr auf dem kleinen Display zu sehen. Jetzt, kurz vor dem Verkehrstrennungsgebiet, ist ganz plötzlich etwas Wind aufgekommen, und der Motor schweigt. Das Gebiet rund um Kap Finisterre macht seinem Ruf als Windmaschine also wieder mal alle Ehre. Vielleicht wird's ja doch noch was mit einem Landfall unter Segeln.

22 Uhr. Der Wind erreicht fünf Beaufort, Groß und Genua sind im ersten Reff. CARPE und ich befinden uns jetzt genau in der nördlichen Zufahrt der Schifffahrtsroute. Das AIS piept nun fast im Minutentakt und warnt mich gleich vor einer Handvoll anderer Schiffe in meiner unmittelbaren Umgebung. Ein ums andere Mal muss ich unseren Kurs ändern, um einer gefährlichen Annäherung vorzubeugen. Die 13. Nacht seit den Azoren verläuft so weitestgehend schlaflos, aber das ist mir ehrlich gesagt ziemlich wurscht. Hauptsache, es gibt Wind und ich erreiche morgen endlich das spanische Festland.

Der Kreis schließt sich

Das Gesicht im Spiegel erinnert mich spontan an Rocky Balboa nach 15 Runden Preisboxen. Dicke Augenringe und verquollene

Gesichtszüge zeugen von zwei anstrengenden Wochen auf See. Es ist neun Uhr morgens, und noch immer sind wir unter Segeln unterwegs. Vor wenigen Minuten habe ich draußen erstmals die spanische Küste sowie die schemenhaften Umrisse des Torre de Hércules erspäht. Auf den obligatorischen Jubelschrei verzichte ich dieses Mal. Vielmehr schaue ich minutenlang stumm auf die Küstenlinie, atme mehrmals tief durch und schüttle langsam den Kopf.»Was für eine Etappe«, denke ich.

Wieder unter Deck setze ich mich vor den Laptop und inspiziere die Seekarte. Die Distanz zwischen mir und der Hafeneinfahrt von La Coruña beträgt noch ungefähr 15 Seemeilen. Dazwischen schlängelt sich eine dünne blaue Linie entlang der Küste, bevor sie in einem weiten Bogen nach Süden abbiegt: meine alte Kurslinie, die ich im Oktober 2012 auf dem Weg nach Portugal hier hinterlassen habe. Natürlich habe ich während der zurückliegenden zwei Jahre schon mehrfach mein eigenes Kielwasser gekreuzt, spätestens dann, wenn ich Buchten oder Häfen auf dem gleichen Weg wie bei meiner Ankunft verlassen habe. Der in Kürze bevorstehende Kontakt mit meiner alten Spur ist dennoch etwas Besonderes. Hier war ich vor vielen Monaten mit weichen Knien so richtig in mein atlantisches Abenteuer gestartet. Aus der ehemals geplanten Überquerung ist in der Zwischenzeit eine Umrundung geworden, und deren Ende liegt nun unmittelbar vor mir.

Ganz langsam kriecht der Kringel, der meine Position auf der Karte markiert, voran. Ungefähr alle fünf Sekunden macht er einen kleinen Hopser nach Osten. Der blaue Track von 2012 ist nun ganz nah. Aus der geschwungenen Linie ist auf der jetzt gezoomten Karte eine hart gezackte Linie zwischen den damaligen Wegpunkten geworden. Noch ein Hopser, der nächste sollte meine alte Spur überspringen. Dann ist es so weit: Kurz vor den Molenköpfen der Hafenzufahrt vollenden CARPE und ich unsere Atlantikrunde. Jetzt juble ich doch durch den Salon.

Epilog
Juli bis Oktober 2014

Eine knappe Woche liege ich nun im Krankenhaus von Landerneau. Die Ursache für meine Rückenschmerzen hat sich in der Zwischenzeit geklärt: Auf den CT-Bildern zeigt sich ein massiver Bandscheibenvorfall zwischen den Wirbeln L5 und S1. Obwohl ich mich nach Tagen der Ruhe und einer unangenehmen Bandscheibenpunktion nun deutlich besser fühle, ist ans Weitersegeln nicht zu denken. Im Gegenteil, die französischen Ärzte empfehlen mir dringend eine Operation, um dauerhafte Nervenschäden zu vermeiden. »Schöne Scheiße!«, denke ich mehr als einmal, wenn ich langsam und vorsichtig über die Gänge des Krankenhauses schlurfe. So hatte ich mir den Abschluss meiner langen Reise nicht vorgestellt. Auf der anderen Seite bin ich aber auch froh und dankbar, dass ich es überhaupt bis hierhin geschafft habe.

Nach meiner Ankunft in La Coruña hatte ich mir erst mal ein paar Tage Ruhe gegönnt, um den lädierten Rücken wieder in die Reihe zu kriegen. Insgesamt vier Tage lag ich in der stadtnahen Marina Real Club Nautico, deren Hafenmeister mich sogar wiedererkannte und mit zwei Flaschen Rotwein begrüßte. Wirklich auskuriert war mein Rücken jedoch nicht, als ich am 18. Juli 2014 erneut in See stach. Dennoch verlief der erste Tag auch ohne Wind noch halbwegs zufriedenstellen. Am zweiten Tag war es dann schlagartig vorbei. Krampfartige Schmerzen, brennende Gefühlsstörungen und ein sogenannter Schlappfuß machten mir zu schaffen. Letzteres steht übrigens für die Unfähigkeit, den Fuß aktiv zu bewegen. Was folgte, war eine insgesamt fünftägige Odyssee voller Zweifel und Ängste, ob ich die Etappe über die Biskaya eigenständig beenden kann.

Halbwegs schmerzfrei, aber noch ganz schön wackelig

auf den Beinen werde ich am 1. August 2014 aus dem Krankenhaus entlassen. Von hier geht es zunächst mit dem Taxi in ein kleines Hotel im Zentrum von Landerneau. Dort warte ich auf Ruth, bevor wir zusammen erneut nach Camaret-sur-Mer reisen und mit Unterstützung der freundlichen Hafenmeisterin einen guten und sicheren Liegeplatz für CARPE DIEM finden. Es fällt mir nicht leicht, mein geliebtes Boot hier für die nächsten Wochen allein zurückzulassen, aber die Gesundheit geht nun mal definitiv vor. Wenige Tage später fahren wir mit dem Zug etappenweise zurück nach Deutschland. Den zunächst favorisierten Flug hatten wir angesichts meiner Sitzprobleme dann doch sausen gelassen.

Wieder in der Heimat, geht dann alles ganz schnell. Ich werde operiert und liege noch einmal für eine knappe Woche im Krankenhaus. Kurz darauf startet bereits eine ambulante Reha-Maßnahme in Koblenz. Vier Wochen strample, schwimme und turne ich, was das Zeug hält, dann fühle ich mich so weit fit, dass ich das letzte Stück durch den Ärmelkanal in Angriff nehmen kann. Das wird auch langsam Zeit, denn es ist bereits Ende September, und die Vorboten des nahenden Herbsts sind nicht mehr zu übersehen.

Über Paris und Brest reise ich zurück nach Camaret. Das Wiedersehen mit CARPE ist ein ganz besonderer Moment: Viel haben wir zusammen erlebt und durchgemacht. Jetzt visieren wir gemeinsam den Endspurt an. In dem kleinen Hafen ist indes nicht mehr viel los. Die langen Schwimmstege sind nahezu vollständig verwaist, und nur ab und zu kommt noch ein Segelschiff an.

Es dauert dann noch einmal zwei Wochen, bis ich den Weg zurück nach Holland geschafft habe. Natürlich hatte ich gehofft, die finalen Seemeilen meines Törns etwas schneller zurückzulegen, wurde aber immer wieder von tagelangen Ostwinden, nervigen Flauten oder plötzlichem Starkwind ausgebremst. Die Stationen dieser Tage entsprechen im Wesentlichen denen der Hinreise. Hinzu kommen Aufenthalte im winzigen Aber Wrac'h, Cherbourg-Octeville sowie ein Abstecher ins belgische Blankenberge. Sogar auf der kleinen Kanalinsel Alderney mache ich für einige Stunden an einer Muringboje fest, nachdem ich das Cap de la Hague wegen zu starken Gegenstroms nicht runden konnte.

Ein kleines Abenteuer ist dann noch die Passage der Maasmündung bei Rotterdam. Dieses Mal erreiche ich die stark befahrene Hafenzufahrt erst mitten in der Nacht. Es bläst ganz ordentlich, und die Sicht ist trotz der hell erleuchteten Hafenanlagen schlecht. So ist es mir unmöglich abzuschätzen, wann und vor allem wie schnell die nur durch ihre winzigen Navigationslichter erkennbaren Monsterschiffe aufkommen. Fast eine ganze Stunde dümple ich so in der kabbeligen See und erbitte mehrfach per Funk eine Radarberatung. Auf eine Antwort warte ich vergebens. Dafür nähert sich nach einer Weile eines der Schnellboote, die pausenlos durchs Fahrwasser rasen und Lotsen zu den ankommenden Schiffen bringen. »Kanal 13!«, ruft mir jemand durch den Wind zu. Schnell springe ich unter Deck und nehme das Funkgerät zur Hand. Der Niederländer am anderen Ende erkundigt sich zunächst, ob alles in Ordnung sei. Noch einmal schildere ich mein Problem, während CARPE antriebslos durch die Wellen schaukelt. »Okay, I check the radar«, erhalte ich als Antwort. Minuten verstreichen. Unter Deck scheppert und kracht es erbärmlich, wenn wir uns ein ums andere Mal wild von einer Seite auf die andere werfen. Dann klickt es wieder im Funk. »Okay captain, course 360 degrees, full throttle, NOW!«, heißt die unmissverständliche Anweisung, der ich augenblicklich nachkomme. Kurz darauf befinde ich mich mitten im Fahrwasser und habe das Gefühl zu stehen. Das liegt zum einen an der Dunkelheit, andererseits aber auch an dem bereits leicht gegenlaufenden Tidenstrom. Von links nähern sich mit hoher Geschwindigkeit gleich zwei große Schiffe, deren rote und grüne Frontleuchten ich deutlich sehen kann, die also gerade genau auf mich zuhalten. Ich drücke den Gashebel ganz durch. Der Diesel röhrt und mault unzufrieden. Ganz langsam schieben wir uns nun voran, während ich im Sekundentakt die Peilung zu meinen Gegnern nehme. Dann sind wir raus aus der Rinne, und Diesel und Skipper können durchatmen.

Am 18. Oktober 2014 bin ich dann zurück in Stavoren. In etwa einer Seemeile Entfernung kann ich bereits die Molenköpfe des alten Stadthafens erkennen. Die vergangenen vier Tage war ich zusammen mit Ruth gemütlich von IJmuiden über Amsterdam ins Marker- und IJsselmeer gefahren. Den wirklich letzten, kurzen Schlag von Enkhuizen zu meinem alten Heimathafen nehme ich noch einmal allein in Angriff. Viele Gedanken gehen mir durch den Kopf. Vor allem bin ich gespannt, ob denn tatsächlich ein paar Leute meiner zuvor im Internet verbreiteten Einladung zu einem »Meet & greet« nachkommen werden. An der Mole glaube ich, schon einige Wartende zu erkennen. Vorbereitet ist jedenfalls alles. In der Backskiste lagern ein paar Sixpacks Bier, und das Vorschiff ist mit den vielen Gastlandflaggen meiner Reise geschmückt.

16.50 Uhr. »Tatsächlich, da sind Menschen!«, freue ich mich. Bis zur Mole sind es noch circa 500 Meter, und wenn ich mich nicht völlig vergucke, stehen dort gleich Dutzende. »Hoffentlich sind die auch wegen mir da«, zweifle ich kurz. Dann greife ich die bereitgelegte Seenotfackel, reiße an der kleinen Auslöseschnur und strecke die grelle Flamme in den Himmel.

16.55 Uhr. Sprachlos und gerührt erreiche ich die Zufahrt. Vor dem großen Leuchtfeuer der Mole stehen sicher 40 Menschen, die rufen, winken, fotografieren und sogar ein Willkommenstransparent in die Höhe halten. Fast etwas hilflos winke ich zurück und tröte als Übersprungshandlung verlegen in mein Nebelhorn. Im Hafen selbst wird es dann noch besser. Hier warten sogar noch mehr Leute. »Den Anleger darf ich jetzt aber nicht vermasseln«, ermahne ich mich kurz zur Aufmerksamkeit. Das wäre nach so vielen Seemeilen ja die Peinlichkeit schlechthin.

17.00 Uhr. Die Leinen sind fest. Nach und nach trudeln die Menschen von der Mole kommend ein. Noch immer bin ich angesichts des beeindruckenden Empfangskomitees völlig platt. Mehr als ein spontanes »Juchhu« fällt mir nicht ein. Dann plötzlich Applaus, und ich weiß, dass ich nach über 11 000 Seemeilen wirklich angekommen bin. In meinem Kopf hallt nur noch ein Wort: »Danke!«

Danksagung

Mein besonderer Dank geht an Ruth, dafür, dass sie geduldig und ausdauernd meinen endlosen Lesungen und Monologen gelauscht, Zweifel ausgeräumt, Mut gemacht und mir schlussendlich diese Reise überhaupt ermöglicht und mitgetragen hat.

Ein ausdrückliches Dankeswort auch an die vielen Freunde und Besucher meiner Webseite, die mich während meiner Reise virtuell begleitet und mit aufmunternden Worten und Nachrichten unterstützt haben.

Dank an den Verlag Delius Klasing und dessen Mitarbeiter für die Chance, ein Buch zu veröffentlichen, die tolle Betreuung und angenehme Zusammenarbeit.

Schließlich danke ich den vielen Menschen, die zu diesem Buch durch informelle Rezensionen, Vorschläge und Fehlerbehebungen beigetragen haben. Im Besonderen sind dies Jochen Lueg, Christian Speier, Dirk Krauss, Birgit Radebold und Sigrun Künkele.

Für ihre freundliche Unterstützung danke ich außerdem der Apotheke am Ring in Koblenz sowie den Ausrüstern AWN und HanseNautic.

Technische Daten CARPE DIEM

Hersteller: Bavaria Yachtbau GmbH Giebelstadt
Konstrukteur: J & J Design
Typ: Bavaria 32 Holiday
Baujahr: 1997
Zertifizierung: Germanischer Lloyd Klasse A (Hochsee)
Takelung: Slup, 9/10-getakelt
Großsegel: 2 x 25 m² gelattet
Genua: 30 m² Rollsegel
Fock: 15 m² Rollsegel
Sturmfock: 5 m² mit Stagreitern
Kiel: Gusseisen mit Ballastbombe, untergebolzt (1,15 t)
Länge über alles: 9,95 m
Länge Wasserlinie: 8,05 m
Breite Wasserlinie: 2,67 m
Länge Rumpf: 9,75 m
Breite Rumpf: 3,25 m
Tiefgang: 1,70 m
Höhe über Wasser: 14,10 m
Ruder: Radsteuerung plus Notpinne
Rigg: Selden mit konventionellem Groß, Rollfock und Rollgenua, zweites Vorstag für Sturmfock

Gewicht: 3,6 t
Ballast: 1,15 t
Motor: Volvo Penta MD 2020 mit Zweikreiskühlung
Leistung: 14 kW/19 PS
Autopilot: Raymarine S1000 Radpilot
Windsteueranlage: Windpilot Pacific
Bugstrahlruder: Sidepower SE40
Energieversorgung: 2 x 85 Ah für Motor und Ankerwinsch, 2 x 120 Ah für Service
Energiegewinnung: Windgenerator Eclectic Energy D400
Ankergeschirr: 15-kg-Pflugschar-Anker, 30 m Kette (8 mm), Ankerwinsch mit 1000 W
Kojen: 4+2
Material: GFK
Dieseltank: 60 l + Reserve
Frischwasser: 170 l + Reserve

Technik und Ausrüstung
CARPE DIEM

- 12/24-V-Lademöglichkeit für alle Geräte
- Adapter für verschiedene Landstromanschlüsse
- AIS-Receiver
- Angel- und Fischbestimmungsbuch
- Ankergeschirr
- Arztbrief wegen gegebenenfalls notwendiger Medikamente (englisch)
- Aufentermöglichkeit für Mast und Rigg
- Augbolzen zum Einpicken im Cockpit
- Ausrüstung für Datenverbindung (Kommunikation, E-Mail, Wetterdaten)
- Bergeleiter
- Bilgepumpe, manuell
- Blitzschlagschutz am Boot
- Bolzenschneider
- Bootspapiere (IBS oder Flaggenzertifikat)
- Bootsversicherung, Nachweis (englisch)
- Brennstoff und Reserve
- Devisen und bargeldlose Zahlungsmittel
- Dieselheizung (Webasto)
- Dingi mit Außenborder
- Druckwasseranlage (kalt)
- E-Werkzeug (Flex, Akkuschrauber etc.)
- Elektromultimeter
- Energiekapazitäten
- Energiequellen (Windgenerator, Maschine)
- Energieüberwachung (Batteriemonitoring)
- EPIRB ACR AquaLink
- Ersatz für stehendes, laufendes Gut und Beschläge
- Ersatzsegel
- Ersatzteile für Motor, Antrieb und Steuerung
- Ersatzteile und Reparaturmaterial für Beleuchtung
- Ersatzteile und Reparaturmaterial für Elektronik
- Fernglas
- Feuerlöscher (Pulver und gegebenenfalls CO_2)
- Foto- und Videotechnik
- Funkverzeichnis
- Gas und Reserve
- Gastlandflaggen
- Gezeitenkalender und -atlanten
- Handfunkgerät

- Handsignalspiegel
- Handy
- Impfpass
- Insektenschutz
- Klebeband
- Kleidung, bequem, auch warm
- Kochmöglichkeit mit Gasherd und Ofen, seefest
- Koje(n), seefest
- Kompass, elektrisch und magnetisch
- Kühlschrank
- Lappen und Stoff
- Laptop(s) für Datenverbindung und Kommunikation
- Laufleinen zum Einpicken an Deck
- Leckage-Reparaturausrüstung
- LED-Beleuchtung im gesamten Boot
- LED-Kopflicht
- LED-Taschenlampe
- Lenzmöglichkeit
- Lifebelt mit Lifeline
- Literatur, nautisch
- Löschmöglichkeit für Maschine
- Logbuch
- Luken und Schotten, seeschlagsicher
- Material für Notreparaturen (Holz etc.)
- medizinische Ausrüstung
- MOB-Leine zur schnellen Verbindungsherstellung
- MOB-Wurf- und Markierungsboje
- nautische Hilfsmittel (Besteck, Zirkel etc.)
- nautische Instrumente (Logge, Echolot, Windmesser etc.)
- Navigationstechnik (Laptop, Plotter, GPS etc.)
- Nebel- und Signalhorn
- Notfallnummern und Kontakte
- Notfallplan und Notrolle
- Notfalltasche, gepackt
- Notruder und Notpinne
- Obst, Gemüse und Vitaminpräparate
- Ölzeug und leichte Regenkleidung
- Offshore-Rettungsinsel für vier Personen
- Offshore-Rettungsweste (Automatik) und Ersatzpatronen
- Outdoorshampoo
- Packplan
- persönliche Dokumente (Reisepass, Visa, Zertifikate etc.)
- Pfeife

- Proviant (frisch, lange haltbar, kühlungsunabhängig)
- Proviant für Schlechtwetterphasen, leicht und schnell zubereitbar
- Pütt und Pann
- Pützen
- Pump-WC mit 20-l-Fäkalientank
- Revierführer und Hafenhandbücher
- Rigg und Beschläge
- Satellitentelefon
- Schmier- und Pflegestoffe für Motor, Antrieb und Steuerung
- Schmiermittel (zum Beispiel WD40, wasserfestes Fett)
- Schreibutensilien
- Schuhe und Stiefel, rutschfest
- Seekarten und Papierkarten, aktuell, elektronisch
- Seenotzeichen
- Seereling, stabil
- (Segel-)Handschuhe
- Segelreparaturausrüstung
- Selbststeueranlage, zuverlässig, mechanisch und elektrisch
- Signalflaggensatz
- Sikaflex und gute Presse
- Sonnenschutz und Sonnenbrille
- Spannungswandler für 220-V-Geräte
- Taucherbrille und -flossen
- Treibanker
- Trink- und Brauchwasser im Tank
- Trinkwasser in Flaschen
- Uhr, zuverlässig, genau gehend
- UKW-Funk mit DSC-Controller und ATIS
- Unterhaltung (Literatur, Musik, DVD etc.)
- Wachplan
- Wantenschneider
- Waschmittel
- Weltempfänger
- Werkzeug, gut und umfangreich
- Wörterbuch, englisch und französisch
- Yellowbrick-Einheit

Glossar

Abdrift: Kursversatz durch Strom und Wind
Abfallen: Kursänderung vom Wind weg
Abwettern: Durchstehen einer Schlechtwetterphase
Achterliek: hintere Kante eines Segels
Achtern: hinterer Teil des Schiffs
Achterpiek: Stauraum und Platz der Ruderanlage hinten am Schiff
AIS: Automatic Identification System
Am Wind/Am-Wind-Kurs: Segeln mit dem Wind von schräg vorn
Ankergeschirr: Anker, Ankerkette und Ankerwinsch
Ankerlicht: weißes Rundumlicht, meist oben auf dem Mast, wird beim Ankern gesetzt
Ankerwinsch: mechanisches oder elektrisches Hilfsmittel zum Bedienen der Ankerkette
Anluven: Kursänderung zum Wind hin
Ausklarieren: Abmeldeprozedur beim Verlassen eines Hafens/Landes

Autopilot: elektrische Steuerhilfe, die einen bestimmten Kurs automatisch hält

Back stehen/holen: ein auf der Luvseite stehendes Segel bzw. ein Segel nach Luv überholen
Backbord: linke Seite mit Blick nach vorn
Backskiste: Stauraum, meist im Cockpit unter den Sitzen
Baum: Teil des Riggs, verläuft vom Mast abzweigend unterhalb des Großsegels
Baumniederholer: Seilzug zum Niederholen des Baums
Baumnock: äußeres Ende des Baums
Beaufort: Einheit zur Definition der Windstärke
Befeuerung: Lichtzeichen auf Tonnen, Hafeneinfahrten etc. zur Navigationshilfe
Beidrehen: Taktik bei schwerem Wetter. Das Boot läuft vor dem Wind ab oder treibt
Beiliegen: Taktik bei schwerem Wetter. Das Boot treibt quer zu See und Wind
Beschlag: Teil des Riggs, zum Beispiel Befestigungen an Deck

Besteck: Werkzeuge zur klassischen Navigation auf Papierseekarten
Bilge: tiefster Punkt im Inneren des Boots, meist unter den Bodenbrettern
Block: Umlenkrolle für Leinen bzw. Seile
Böe: kurze, plötzliche Verstärkung des Winds und oft auch der Windrichtung
Breitengrad: horizontal verlaufende Gradeinteilung des Globus
Bug: am Schiff vorn
Bugkorb: vorderer, massiver Teil der Bootsumzäunung (Reling)
Bugwelle: Welle, die während der Fahrt vor dem Schiff aufgeworfen wird
Bullenstander: Leine zur Sicherung des Baums gegen ungewolltes Überschlagen

CE-Kennzeichnung: Norm für die Zertifizierung von zum Beispiel Booten
Coastguard: Englisch für Küstenwache
Cockpit: zentraler Aufenthaltsort an Deck und zugleich Steuerstand
Deckslicht: meist weißes Licht am Mast zur Ausleuchtung des Decks bei Dunkelheit
Dichtholen: Anziehen einer Schot/Leine
Dirk: Leine von der Mastspitze zur Baumnock, sichert den Baum vor ungewolltem Herunterfallen
DSC (Controller): automatisierte digitale Notruffunktion am Funkgerät
DSV: Deutscher Segler-Verband
Dümpeln: langsame, meist unruhige Fahrt in Restdünung
Dünung: Seegang
Düse: geografische Verengung, die den Wind verstärkt

Ebbe: niedrigster Wasserstand während einer Gezeit/Tide
Eindampfen: Einfahren in eine ausgebrachte Leine, um mit Hebelwirkungen zu manövrieren
Einhand: allein segeln
Einklarieren: Anmeldeprozedur bei der Ankunft in einem Hafen/Land
Einschäkeln: Verbindung mithilfe eines Schäkels herstellen (siehe auch Schäkel)
EPIRB: Seenotfunkbake
Etmal: die innerhalb von

24 Stunden zurückgelegte Distanz, meist von 12 Uhr bis 12 Uhr

Fahrwasser: in der Regel durch Tonnen gekennzeichnete Fahrrinne

Fall: Leine zum Setzen/Aufheißen eines Segels

Faltpropeller: Schiffsschraube, die sich bei Stillstand zusammenfaltet

Fender: meist luftgefüllte Kissen zum Schutz des Rumpfs (zum Beispiel beim Anlegen)

Festmacher: Leine zum Vertäuen des Boots an Land/Steg etc.

Fieren: das Gegenteil von Dichtholen, in eine Leine lose geben

Flaggenzertifikat: wichtiges Schiffsdokument und Eigentumsnachweis

Flaute: kein bzw. sehr schwacher Wind

Flut: höchster Wasserstand während einer Gezeit/Tide

Fock: Vorsegel (kleiner als Genua)

Front: Luftmassengrenze kalter bzw. warmer Luft, wichtiger Wetterindikator

Furlex: Anlage zum Ein- und Ausrollen des Vorsegels

Fußreling: massive Umrandung der oberen Deckskante des Rumpfs

Gegner: anderes Schiff auf Radar oder AIS

Genua: Vorsegel (oft deutlich größer als die Fock)

Gezeiten: der stetige Wechsel zwischen Ebbe und Flut

Gezeitenstrom: durch die unterschiedlichen Gezeiten verursachte Meeresströmung

Gieren: Schiffsbewegung im Seegang um die gedachte Mastachse des Schiffs

Gischt: fliegendes Wasser bei Starkwind und Sturm

GPS: Global Positioning System, Satellitennetzwerk zur Positionsbestimmung

Grenzkurs: möglicher Annäherungskurs anderer Schiffe aufgrund ihrer Lichterpeilung

GRIB-Files: spezielles hochkomprimiertes Wetterdatenformat

Großfall: Leine zum Setzen/Aufheißen des Großsegels

Großschot: Leine zur Einstellung des seitlichen Anstellwinkels des Baums

Großsegel/Groß: großes Hauptsegel am Mast, oft mit Latten durchzogen
Grundseen: steile, brechende Wellen im flacher werdenden Wasser
Hafenmeister: Hafenchef und Ansprechpartner für Liegeplatz, Einklarieren etc.
Halber Wind/Halbwindkurs: Segeln mit Wind genau von der Seite (rechter Winkel)
Halse: Segelmanöver zur Kursänderung, bei dem das Heck durch den Wind fährt
Havarie: Schiffsunglück
Heck: hinterer Teil des Schiffs
Heckkorb: hinterer, massiver Teil der Bootsumzäunung (Reling)
Hecklicht: Teil der Navigationslichter, strahlt weiß nach hinten (225°-Winkel)
Hoch am Wind: segeln mit dem Wind so weit wie möglich von schräg vorn
Hochdruckgebiet: Gebiet mit hohem Luftdruck und oft gutem Wetter
Hochwasser: siehe Flut
Höhe laufen/machen: so hoch wie möglich auf Am-Wind-Kurs laufen

Holeschlag: Strecke beim Aufkreuzen, die vom eigentlichen Ziel weg führt. Dient dazu, Höhe zu gewinnen, bevor man wieder Richtung Ziel segeln kann.
Holeleine: Leine zur Bedienung der Rollanlage/Furlex
Hurrikan: tropischer Wirbelsturm
Impeller: dient zur Kühlwasserförderung der Maschine, funktioniert ähnlich wie ein Mühlrad
Iridium: Satellitennetzwerk für Telefon- und Datenverbindungen
Kai: Mauer/Wall zum Festmachen
Kaltfront: Luftmassengrenze kalter Luft, bringt oft Wetterverschlechterung
Kapeffekt: Veränderung der Windrichtung und -stärke an Landspitzen
Kentern: vollständiges Umkippen des Boots
Kielwasser: zurückliegende Strecke im Wasser
Killen: Schlagen eines schlecht getrimmten Segels
Kimm: auf See sichtbare

Grenzlinie zwischen Wasser und Himmel
Klampe: Befestigungspunkt für Leinen und Seile an Deck und Rigg
Klüse: Leinendurchführung an der Fußreling
Knoten: Einheit zum Messen der Fahrt- sowie Windgeschwindigkeit (1 kn = 1,852 km/h)
KNRM: niederländischer Seenotrettungsdienst
Koppeln: Bestimmung des Schiffsorts nur anhand von Kurs, Geschwindigkeit und Abdrift
Krängen: seitliche Neigung des Schiffs beim Segeln oder im Seegang
Kurs durchs Wasser: Fahrtrichtung durchs Wasser (in der Regel Magnetkompasskurs)
Kurs über Grund: tatsächliche Fahrtrichtung über Grund, auch Kartenkurs genannt
Kurs: Fahrtrichtung
Kurshalter: gewährt einem anderen Wegerecht, muss aber Kurs und Geschwindigkeit halten
Kursversatz: Abdrift durch Strom und Wind
KVR: Kollisionsverhütungsregeln
Laminat: Bezeichnung für eine mehrschichtige Bauweise von Kunststoffbooten
Längengrad: vertikal verlaufende Gradeinteilung des Globus
Lazy-Jack: Hilfsmittel zum Bergen des Großsegels am Baum (Segeltaschen)
Leck: Beschädigung/Loch am Rumpf
Leckage: Wassereintritt durch Beschädigung am Rumpf
LED: besonders energiesparende Leuchtmittel
Lee: die dem Wind abgewandte Seite
Leegierig: Neigung des Boots, nach Lee zu fahren
Legerwall: Auflandiger Wind oder Strom versetzt das Boot in Richtung Küste, Strandung droht
Lenzen: Abpumpen von Wasser aus dem Schiffsinneren
Lenzpumpe: Pumpe zum Abpumpen von Wasser aus dem Schiffsinneren
Liek: Außenkante eines Segels
Lifebelt: Sicherheitsgeschirr (Brustgurt) zur Eigensicherung an Bord

Lifeline: Leinenverbindung zum Einpicken des Lifebelts zum Beispiel an Deck
Luftdruck: in Millibar gemessen, gibt Hinweise auf etwaige Wetterveränderungen
Luv: die dem Wind zugewandte Seite
Luvgierig: Neigung des Boots, nach Luv zu fahren
Mayday: internationaler Code für Notrufe über Funk
MMSI: Abkürzung für Maritime Mobile Service Identity, eine individuelle Kennnummer, die auch als Rufnummer für den mobilen Seefunkdiensts dient
MOB: Abkürzung für Mann über Bord
Mole: äußerer Schutzwall um ein Hafenbecken
Muringboje: Boje zum Festmachen des Boots

Navigation: Bestimmung des Schiffsorts und entsprechender Kurse zum Zielort
Navigationslichter: vorgeschriebene Beleuchtung des Boots zum Beispiel bei Dunkelheit
Niedergang: Ein- und Ausgang zum Schiffsinneren
Niedrigwasser: siehe Ebbe
Nippzeit: Zu dieser Zeit haben die Gezeiten eine besonders schwache Ausprägung
NOK: Abkürzung für Nord-Ostsee-Kanal
Nullmeridian: zentraler Längengrad (0°), teilt Längengrade in Ost und West

Pantry: Küche an Bord
Passatwind: konstanter Nordost- bzw. Ostwind, Teil des globalen Windsystems
Patenthalse: ungewollte Halse ohne Segelmanöver, sehr gefährlich
Peilen/Peilung: Positionsbestimmung durch Messung der Winkel zu verschiedenen festen Peilmarken
Pier: siehe Kai
Plicht: siehe Cockpit
Plotter: Gerät zur Navigation und Darstellung von elektronischen Seekarten, nutzt in der Regel GPS
Ponton: schwimmender Steg zum Festmachen
Positionslichter: siehe Navigationslichter
Propeller: Schiffschraube
Pütz: Eimer an Bord
Querab: im rechten Winkel

zur Mitte der Längsachse des Boots liegend
Querschlagen: unkontrolliertes Beidrehen des Boots zum Beispiel vor einer hohen achterlichen Welle

Racer: Bezeichnung für ein besonders schnelles Regattaboot
Radar: System zur Überwachung der Umgebung nach Gegnern und anderen Hindernissen
Radarreflektor: Einrichtung zur Spiegelung/Reflexion von Radarwellen
Raumen: Der Wind weht immer weiter von hinten
Raumer Wind/Raumwindkurs: Wind von schräg hinten
Reffen: Verkleinern der Segelfläche
Rettungsinsel: aufblasbares Rettungssystem zum Verlassen des Boots
Reuse: fest ausgebrachtes Fischnetz
Revier: Segelgebiet
Revierdienst: überwachende Dienststelle eines bestimmten Segelgebiets
Rollanlage: siehe Furlex
Rollen: Schiffsbewegung beim Segeln oder im Seegang um die Längsachse des Boots
Rollsegel: Bezeichnung für ein- und ausrollbare Segel
Ruderblatt: Teil der Ruderanlage, steuert durch seitliche Ausschläge das Schiff
Ruderquadrant: Mechanik zur Steuerung des Ruderschafts
Ruderschaft: vertikale Stange, die das Ruderblatt hält und bewegt
Rundumlicht: Bezeichnung für ein Positionslicht mit 360°-Abstrahlung

Saildrive: Teil der Maschine, an dem die Schiffschraube befestigt ist
Schäkel: Verbindungselement aus Metall
Scheinbarer Wind: Windstärke und -richtung gemessen vom fahrenden Boot
Schiebeluk: Einrichtung zum Verschließen des Niedergangs
Schlag: Segeletappe
Schmetterling: Segeln mit dem Groß zur einen und dem Vorsegel zur anderen Seite
Schot: anderes Wort für Leine/Seil
Schott: stabilisierendes Element im Schiffsrumpf, trennt

in der Regel Räume und ist oft wasserdicht
Seemeile: Distanz auf See, 1 sm = 1852 m
Seeventil: Einrichtung zum Öffnen oder Schließen von Rumpfdurchlässen
Selbststeueranlage: in der Regel mechanisches System, das das Schiff automatisch steuert
Slup: Schiffstyp bzw. Art der Takelung, hier ein Mast mit Groß sowie ein Vorsegel
Spinnaker: sehr großes Schwachwindsegel
Spinnakerbaum: wird zum Segeln unter Spinnaker oder zum Trimmen der Genua benötigt
Sprayhood: Aufbau über dem Niedergang zum Schutz gegen überkommendes Wasser und Wind
Spring: spezielle Festmacherleine, verläuft innerhalb der Rumpflänge zum Steg etc.
Springzeit: Zu dieser Zeit haben die Gezeiten eine besonders starke Ausprägung
Stag: starker Edelstahldraht zur Befestigung von Segeln oder des Riggs
Steuerbord: rechte Seite mit Blick nach vorn

Takelage: Art des Riggs
Tide: siehe Gezeiten
Tiefdruckgebiet: Gebiet mit tiefem Luftdruck und oft schlechtem Wetter sowie Fronten
Tonne: anderes Wort für eine Boje
Topplicht: weißes Licht, strahlt mit 225° nach vorn, wird bei Maschinenfahrt gesetzt
Törn: Segelreise
Track: Markierung der zurückgelegten Strecke auf einer Karte
Tragweite: Reichweite eines Lichts
Transponder: Gerät zur Übermittlung schiffsbezogener Daten
Treibanker: ähnlich wie ein Fallschirm im Wasser, bremst beispielsweise das Boot bei Abdrift
Trockenfallen: Das Boot liegt bei Ebbe auf dem Trockenen

Untief/Untiefe: flache Stelle

Verkehrstrennungsgebiet: Gebiet mit festgelegten Einbahnwegen für die Schifffahrt
Verkehrszentrale: siehe Revierdienst

Verklicker: Pfeil, der die Windrichtung anzeigt, in der Regel auf dem Masttopp angebracht
Vorschot: Leine/Seil zum Trimmen des Vorsegels

Wache: Teil der Crew, die für diese Zeit das Boot verantwortlich führt
Wahrer Wind: der tatsächliche Wind, gemessen von einem unbewegten Objekt
Wanten: siehe Stag
Warmfront: Luftmassengrenze warmer Luft, bedeutet oft Niederschlag
Watermaker: Gerät zur Aufbereitung von Salzwasser in Trinkwasser
Wegerecht: Vorfahrt haben
Wende: Segelmanöver zur Kursänderung, bei der der Bug durch den Wind fährt
Windgenerator: Gerät zur Stromerzeugung durch Wind
Windpilot: mechanische Selbststeueranlage, hält das Schiff in bestimmtem Winkel zum Wind
Windsteueranlage: siehe Windpilot
Winsch: Hilfsmittel zur Bedienung von Schoten und Leinen

LESEPROBE

Dirk W. Mennewisch
Out of Office

Freiheit unter Segeln

DK
DELIUS KLASING

Von:	Dirk.Mennewisch@ ███████
Betreff:	**Dirk Mennewisch is out of the office.**
Datum:	3. August 2009 22:02:11 MESZ
An:	mail@meinesee.com

I will be out of the office starting 03.08.2009 and will not return until 31.05.2010.

I will not have access to my emails. Please contact ███████ (+49 40 ███████ or ███████).

288 S., Format 12,5 x 21,0 cm, kartoniert
Euro 19,90 (D)/20,50 (A)
ISBN 978-3-7688-3544-2
www.delius-klasing.de

E-book: 15,99 Euro

Wasser überall

15. August 2009 bis 23. August 2009

8 Tage 1 Std 59 Min
4,2 %

612 sm
5,2 %

Seemeilen: 0–612

Für die Seefahrt wurden immer schon vorzugsweise Nichtschwimmer rekrutiert. Sie kämpfen länger für das Schiff.

Seemannsweisheit

Ein schönes Segelboot. Nach der langen Zeit der Vorbereitung liegt M – meine neuneinhalb Meter lange Stahlyacht – nun seeklar, reiseklar, wunderbar im Hafen von Bensersiel. Die Wellen spiegeln sich am dunkelblauen Rumpf, die Flagge weht leise im sommerlichen Wind.

Viele Ferien haben meine Familie und ich in diesem kleinen Ort an der ostfriesischen Nordseeküste verbracht. Häufig sind wir für einen Tagesausflug nach Langeoog gefahren, knietief im Watt versunken und haben die eine oder andere Sandburg gebaut. Angeblich bestand ich als Dreikäsehoch auf einem täglichen Besuch im Hafen, um Schiffe zu gucken. Gerüchte. Fasziniert haben mich immer die Schiffe und Boote, die sich langsam durch das Fahrwasser schoben und in meiner Fantasie von weither kamen. Eines Tages fahre ich mit einem eigenen Boot hinaus, dachte ich.

Dieser Moment ist nun gekommen. Seit mehr als einem halben Jahr verwende ich fast jede Minute für dieses Segelvorhaben: Routenplanung, Sponsorensuche, Landverbindung trennen. Insbesondere Letzteres verursachte mehr Aufwand, als ich gedacht hatte. Millionen Fragen flogen in meinem Kopf herum, Adressaten dafür musste ich erst suchen und habe sie gefunden. Die Wohnung brauchte einen Untermieter, das Auto musste abgemeldet werden, Versicherungen und Sparverträge wurden auf das Notwendigste reduziert, um meinen finanziellen Handlungsspielraum nach Möglichkeit nicht allzu sehr einzuschränken.

Langsam wird Bensersiel immer kleiner. Familie und Freunde werden zu Strichen auf dem Steg. Zu verschwommenen Strichen, denn Tränen in den Augen machen mir das Sehen schwer. Mit dem Nebelhorn rufe ich zum Abschied und setze die Fock nur für die Optik; Lust zum Segeln habe ich noch keine, stolpere die drei Stufen unter Deck und ziehe mir dabei eine fiese Schnittwunde an der Hand zu. Die Fahrwassertonnen kommen bedrohlich nahe, und viel Wasser ist auch nicht unter dem Kiel. M hat eigentlich zu viel Tiefgang für Bensersiel, sodass ich das Hochwasserfenster abpassen musste.

Mit dem rund 20 Knoten stark pustenden Westwind können M und ich die Shetlandinseln – unser erstes Ziel nördlich von Schottland – anliegen lassen. Laut Wetterbericht soll er noch auf bis zu sechs

Windstärken aufdrehen, in Böen acht. Zwischen uns und Lerwick liegen sechs Segeltage, einige Bohrinseln und sonst nur freier Seeraum. Mir geht es hundsmiserabel, denn der Abschied hängt mir nach, die Seebeine müssen erst wiederkommen, und diese Einschätzung halte ich für realistisch: Ich wage mich mit meinen knapp 600 Seemeilen Segelerfahrung an ein ziemlich anspruchsvolles Projekt.

Langeoog liegt querab, Motor aus. Wir sind auf See, aller Anfang ist schwer. Ich lasse meine Windselbststeueranlage ihren Dienst aufnehmen und bin beeindruckt, dass alles sofort tadellos klappt. Leider hatte ich nie Zeit, sie auch nur ein einziges Mal zu testen. Unter Deck liege ich in der Koje und lese die Seiten mit ein paar guten Wünschen, die mir in Bensersiel in die Hand gedrückt worden sind, höre Musik und schreibe mit der Restenergie des Handy-Akkus noch eine SMS; lasse den Tag an mir vorbeiziehen. Wie versprochen dreht der Wind ein wenig auf, und als sich der Verklicker in einer Bö in das salzige Nass verabschiedet, wird es Zeit, die Genua gegen die Arbeitsfock zu tauschen. Nach einigen Salzwasserduschen gelingt das Werk, und ich kehre klitschnass und durchgeschwitzt wieder ins Cockpit zurück, wechsle unter Deck den kompletten Satz Unterwäsche und haue mich wieder in die Koje.

Nachts klingelt alle 30 Minuten der Wecker. »Schichtwechsel«, sage ich zu mir selbst, denn ich brauche hin und wieder noch eine Minute, um mich daran zu erinnern, dass ich allein an Bord bin und der sich bewegende Stofffetzen in meinem Blickwinkel kein Mensch, sondern nur ein Handtuch ist. Gegen Mitternacht haben M und ich fast 80 Seemeilen auf die Logge gespult, das Meeresleuchten lässt die Bug- und Heckwellen meiner Gefährtin glitzern, und die sternenklare Nacht gibt mir zum ersten Mal das Gefühl, hier gerade den Beginn einer schönen Reise zu erleben. Spät am Nachmittag des zweiten Seetages schwappt Wasser in der Bilge. Wo kommt das denn her? Alle Seeventile sind zu, und die Bereiche neben den Ventilen sind trocken. Doch es gluckert und schwappt unter den Bodenbrettern – das Wasser wird langsam mehr. Wegen des Rostschutzöls, welches sich in der Bilge befindet, ist diese Brühe schmierig und stinkt abartig. Auf allen vieren an Deck zum Vorschiff kriechend, bin ich mir ziemlich sicher, im Ankerkasten die Ursache gefunden zu haben. Als ich das Vorhängeschloss öffne und einen Blick unter den Deckel riskiere, kommt mir der erste Schwall Wasser schon entgegen. Der Ankerkasten ist bis oben hin voll mit Wasser. Durch eine undichte Stelle wird das Nass von dort aus in die Kabine fließen. Die Dichtung im Deckel hatte ich noch vor der Abreise erneuern wollen, es dann aber vergessen.

Wütend auf mich selbst schreie ich den Ankerkasten an und feuere das Vorhängeschloss in die Nordsee. Das ist alles etwas viel für den Anfang. Einmal mehr durchnässt bis auf die Unterwäsche, verziehe ich mich wieder unter Deck. Auf die Idee, während der Vorschiffsturnereien stets die komplette Montur Ölzeug anzulegen, komme ich erst wesentlich später. Manche Leute brauchen halt ein wenig länger ... In einem Anfall von Aktionismus schmiere ich Sikaflex auf den nassen Ankerkastendeckel und stopfe noch ein altes T-Shirt als Dichtung zwischen Deckel und Kasten. Die Hälfte der schwarzen Dichtmasse landet auf dem weißen Deck, auf meiner Hose, auf meinem T-Shirt und an meinen Händen. Elendig klebriges Zeug. Meine Bemühungen scheinen zunächst aussichtslos. Wellen waschen übers Deck, Wasser schwappt aus dem Ankerkasten heraus.

Plötzlich Flaute. Ich genieße die Ruhe auf dem treibenden Boot und beobachte gespannt das auf uns zu laufende Regengebiet. Weltuntergangsstimmung. In der Koje liegend spiele ich auf meiner Mundharmonika, bringe erste Töne heraus. Vor meiner Abreise scherzte ich zu Hause, dass ich gern ein Klavier mit auf die Reise nähme, wenn ich nur genügend Platz hätte. Denn obgleich musikalisch gänzlich talentfrei, hätte ich gern die Zeit genutzt, mir das Klimpern beizubringen. Dies war für meine Eltern Anlass, mir eine Mundharmonika mit auf den Weg zu geben.

Trotz des Wassers im Schiff fühle ich mich in meinem Schlafsack rundum wohl. »Wo fängt dein Himmel an« von Philipp Poisel tönt aus dem Lautsprecher meiner Stereoanlage, und schon wenig später dreht der Wind wieder auf. Hoch am Wind bolzen M und ich unserem Ziel entgegen und werfen dabei viel Wasser über den Bug, was angesichts des Lecks im Wasserkasten alles andere als vernünftig ist. Um zehn Uhr abends befördere ich 50 Liter Wasser über Bord und dahin, wo es hingehört: in die See. Weitere 30 Liter folgen nachts um zwei.

Welche Möglichkeiten habe ich? Weitere zwei bis drei Tage lenzend und hoch am Wind weiter nach Schottland eilen oder abdrehen und einen Reparaturstopp in Norwegen oder Dänemark einlegen? Für keines der beiden Länder habe ich eine Gastlandflagge an Bord, nicht einmal Papierseekarten. Bis nach Dänemark sind es 120 Seemeilen und bis nach Norwegen 90. Meine Entscheidung fällt morgens um vier für Norwegen. Für die gesamte Route habe ich digitale Seekarten an Bord – bis genau fünf Seemeilen vor meinem neuen Ziel Farsund an der Südspitze Norwegens. Glücklicherweise kann ich mir im Revierführer Nordsee Mut anlesen, denn dort heißt es, dass Farsund durch eine gute Betonnung bei Tag und Nacht einfach angesteuert werden könne. Gegen 4 Uhr 30 lenze ich weitere 30 Liter, abends um fünf nochmals zehn. Zu allem Überfluss dreht der Wind auf Nordnordost und bläst M nun mit fünf bis sechs Beaufort direkt auf die Nase. Wasser, Wind und das vorausliegende Verkehrstrennungsgebiet rechtfertigen den Einsatz des Motors. Der gesamte Verkehr, der in die Ostsee möchte und damit Kurs Dänemark, Schweden, Finnland und weiter nach Osteuropa nimmt, läuft hier dicht an dicht in den Skagerrak. Den Kampf gegen das Wasser gebe ich nach inzwischen 200 geschöpften Litern auf, die ersten kleinen Bläschen schieben sich bereits durch die Fugen der Bodenbretter. In Ölzeug eingepackt und in nassen Stiefeln steckend, versinke ich im Zehn-Minuten-Takt mit dem Kopf auf dem Kartentisch in den Schlaf. Vor mir flimmert das Radarbild des Kartenplotters. Durchschnittlich 15 Echos sehe ich um M herum, dazu nerven mich das Dröhnen des Dieselmotors und die Lecks in den Fensterdichtungen. Ich bin fix und fertig, meine Augen tränen und brennen.

Als es langsam Tag wird, habe ich das Verkehrstrennungsgebiet durchquert, und irgendwo voraus muss dieses angeblich so großartig betonnte Fahrwasser liegen. Leider ist davon nichts zu sehen. M schlängelt sich zwischen hohen Felsen und kleinen Tonnen durch den Fjord, der nach Farsund führen soll. Während die ersten Sonnenstrahlen über die Berge schielen, machen M und ich nach 304 Seemeilen in unserem ersten Hafen fest. Sofort sind die Sorgen des Wassereinbruchs vergessen, denn eines ist augenblicklich klar: Hier fühlen wir uns wohl.

M versteckt sich unter einer Schicht von Handtüchern und Laken, Schlafsack und Ölzeug. Schuhe stehen zum Trocknen an Deck. Es sieht aus wie bei Hempels unterm Sofa. Farsund schläft noch, auch der Supermarkt direkt neben dem Steg hat noch geschlossen, und nur vereinzelt fährt ein Auto die Straße entlang. Von einem deutschen Gastlieger erfahre ich, dass die Liegeplätze hier kostenlos sind, ebenso Wasser, Strom und Internet. Das Ganze refinanziert sich über den Tarif für die Duschen, die drei Euro pro Einsatz kosten, insgesamt ein sehr fairer Deal für einen Einhandsegler. Auch im Laufe des Tages sprudelt in Farsund das Leben nicht über. Im Internet steht, dass der Ort weniger als 10 000 Einwohner hat und im Wesentlichen von Fischfang und Tourismus lebt.

Den ersten Tag verbringe ich damit, mich mit norwegischem Geld zu versorgen, eine Gastlandflagge zu organisieren und eine elektrische Bilgenpumpe zu kaufen. Sollte sich noch einmal Wasser in das Boot schleichen: Von Hand werde ich es sicherlich nicht wieder hinausbefördern. Das nächtliche Intervallschlafen scheint mich nicht wirklich belastet zu haben, und ich freue mich, dass ich so fit bin. Das glaube ich jedenfalls bis ich abends in weniger als einer Sekunde einschlafe.

Das Organisieren einer Dichtung für den Ankerkasten wird zum großen Abenteuer. In Farsund gibt es nur einen kleinen Yachtausrüster, der eigentlich gar nichts hat, und auch die kleinen Baumärkte haben wenig, was sich als Dichtung eignen könnte. Glücklicherweise sprechen die Menschen hier alle ziemlich gutes Englisch, was mein Problem etwas einfacher macht. Auf meinem Fahrrad, welches den Namen »Rosalie Klapprad aus der Backskiste« bekommt, radle ich bergauf und bergab, irre von einem Eisenwarenladen zum anderen. In meiner Ratlosigkeit stoppe ich bei einer Großschlosserei, wo man für mich das ganze Lager auf den Kopf stellt und am Ende eine Gummimatte findet, diese in Stücke schneidet und mir zum Preis von »that's okay« verkauft. Den Inhalt einer Tube Sikaflex verwende ich für die Abdichtung der Fenster, eine weitere Tube benötige ich, um den Ankerkasten mit dem Deckel zu sichern, und eine ordentliche Portion Klebeband soll die Dichtung noch dichter machen. Die mir hier gebotenen Möglichkeiten reichen meines Erachtens nicht aus, um das Problem mit dem Wassereinbruch zu lösen – durch das Verkleben des Ankerkastens sollten wir jedoch provisorisch erst einmal bis zum nächsten Yachtausrüster auf der trockenen Seite sein. Später bin ich auf einen kleinen Umtrunk auf einer deutschen Charteryacht eingeladen. Ich lerne allerlei Nützliches und Skurriles für die Weiterfahrt. Eine wahre Flut von Informationen.

Mut zum eigenen Traum

Johannes Erdmann
Allein über den Atlantik
Mein Abenteuer mit MAVERICK
ISBN 978-3-7688-3326-4

Johannes Erdmann hat eben sein Abitur gemacht, kaum Geld, aber eine große Sehnsucht: den Ozean. Nach der Schule, kommt seine Chance. Der Studienbeginn verzögert sich und Erdmann wird aktiv – jetzt oder vielleicht nie!
Dieses Buch ist neben dem Plädoyer, selbst unmöglich scheinende Ziele zu verfolgen, auch ein Einblick in einen jungen, unbeschwerten Menschen, der, geprägt und geformt von der See, eine große Verantwortung übernommen hat.

Erhältlich im Buch- und Fachhandel oder unter www.delius-klasing.de

DELIUS KLASING

Genussvoller Familientörn

Leon Schulz
Sabbatical auf See
Eine Familie setzt die Segel
ISBN 978-3-7688-3398-1

Es ist eine ganz normale Familie, die ein ganz normales Familienleben führt – bis REGINA zu ihnen stößt, die wunderbare Segelyacht. Voller Humor und Selbstironie, absolut nachvollziehbar und mit großer Ehrlichkeit berichtet Leon Schulz, wie sich diese im Alltag verwurzelte Gemeinschaft aus Vater, Mutter und zwei schulpflichtigen Kindern in eine Blue-Water-Crew verwandelt. Nicht ohne Bedenken geben sie ihre Jobs auf, verkaufen ihr Haus, segeln über den Atlantik und erleben in der Karibik, wie Lebensfreude, neue Freunde und einige Wagnisse ihnen unschätzbare Kräfte und Zuversicht schenken.

Erhältlich im Buch- und Fachhandel oder unter www.delius-klasing.de

DELIUS KLASING

Zwei sind einer zuviel

Bernd Mansholt
Blind Date nach Grönland
Ein Segelabenteuer
ISBN 978-3-7688-3912-9

Fernweh ist wie Heimweh, nur umgekehrt. Sechs Jahre nach seiner Weltumseglung will Bernd Mansholt wieder los. Aber nur mit Mitsegler, so der Wunsch seiner Frau. Der Mitsegler findet sich im Internet, die Strecke soll nach Grönland und retour führen – doch am Ende kehrt Mansholt als Einhandsegler zurück, weil sein Partner ausgestiegen ist. Bereichert durch die Welt des Eises, gereift an seinem Allein-Erfolg, beschenkt er die Leser mit seiner Geschichte und beeindruckenden Fotos.

Erhältlich im Buch- und Fachhandel oder unter www.delius-klasing.de

DELIUS KLASING

Der Weg ist das Ziel

Stepahn Boden
Ostseeroulette
Digger Hamburg und Polly wieder unterwegs.
ISBN 978-3-7688-3911-2

Braun gebrannt und leicht verlottert – so kam Stephan Boden nach seinem Segelsommer 2013 in seiner Heimat Hamburg an. Es war ein aus der Zeit gefallener Sommer, das krasse Gegenteil zu 2012. Ein Dauerhoch bescherte nach holperigem Start Sonne satt, die „Kein Plan ist auch ein Plan"-Reise offenbarte, dass das Besegeln selbst kleiner Teile der Ostsee unauslöschlich intensive Erlebnisse bringen kann. Anfängliche Grübeleien über Reviere, Wellen und Wind, das „Wie" des Törns wichen bald einer tiefen Gelassenheit – über das „Wohin" wurde von Anfang an sowieso kein Gedanke verschwendet – es war egal.

Erhältlich im Buch- und Fachhandel oder unter www.delius-klasing.de

DELIUS KLASING

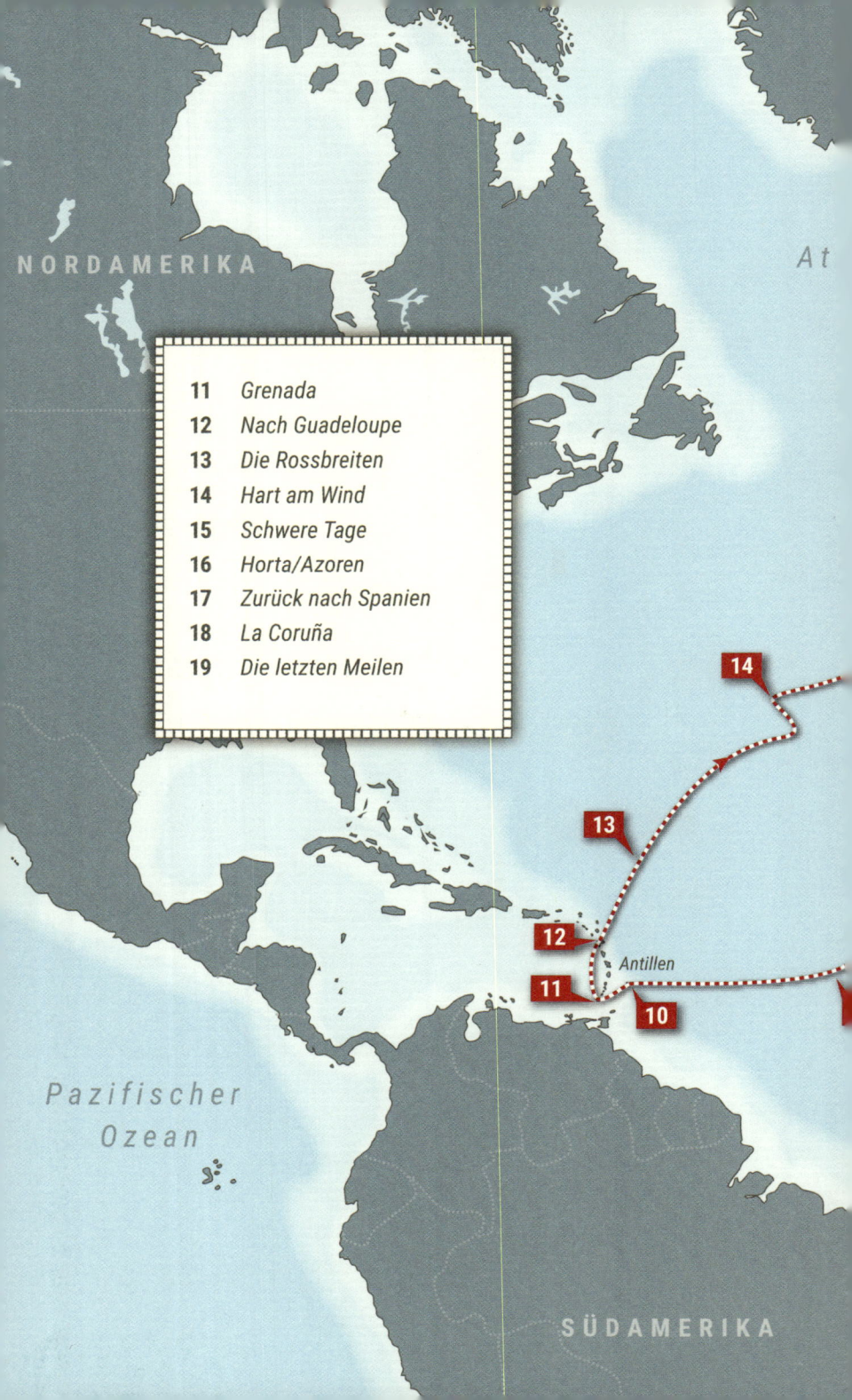

11	Grenada
12	Nach Guadeloupe
13	Die Rossbreiten
14	Hart am Wind
15	Schwere Tage
16	Horta/Azoren
17	Zurück nach Spanien
18	La Coruña
19	Die letzten Meilen